# 古籍保护研究

《古籍保护研究》编委会 编

第八辑

大象出版社
·郑州·

中原出版传媒集团
中原传媒股份公司

图书在版编目（CIP）数据

古籍保护研究. 第八辑 /《古籍保护研究》编委会编. — 郑州：大象出版社，2021.9
ISBN 978-7-5711-1187-8

Ⅰ.①古… Ⅱ.①古… Ⅲ.①古籍-图书保护-中国-文集 Ⅳ.①G253.6-53

中国版本图书馆 CIP 数据核字(2021)第 175678 号

## 古籍保护研究（第八辑）
GUJI BAOHU YANJIU(DI-BA JI)
《古籍保护研究》编委会　编

| 出 版 人 | 汪林中 |
| --- | --- |
| 责任编辑 | 吴韶明 |
| 责任校对 | 牛志远 |
| 装帧设计 | 付锬锬 |

| 出版发行 | 大象出版社(郑州市郑东新区祥盛街 27 号　邮政编码 450016) |
| --- | --- |
| | 发行科　0371-63863551　总编室　0371-65597936 |
| 网　　址 | www.daxiang.cn |
| 印　　刷 | 郑州新海岸电脑彩色制印有限公司 |
| 经　　销 | 各地新华书店经销 |
| 开　　本 | 720 mm×1020 mm　1/16 |
| 印　　张 | 14.75 |
| 字　　数 | 256 千字 |
| 版　　次 | 2021 年 9 月第 1 版　2021 年 9 月第 1 次印刷 |
| 定　　价 | 78.00 元 |

若发现印、装质量问题，影响阅读，请与承印厂联系调换。
印厂地址　郑州市鼎尚街 15 号
邮政编码　450002　　　　电话　0371-67358093

国家古籍保护中心主办
天津师范大学古籍保护研究院承办

## 编辑委员会

| 顾　　　　问： | 杨玉良 | 李致忠 | 刘惠平 | 安平秋 |
| --- | --- | --- | --- | --- |
| | 高玉葆 | 顾　青 | 史金波 | 王余光 |
| | 程焕文 | 郑杰文 | 李　培 | 王刘纯 |
| | 沈　津 | 艾思仁(美) | | |

主　　　　编：饶　权　钟英华
常 务 副 主 编：张志清　姚伯岳
副　主　　编：李国庆　苏品红
编　　　　委：陈红彦　王红蕾　杜伟生　接　励
　　　　　　　顾　钢　黄显功　杨光辉　林　明
　　　　　　　刘家真　孔庆茂　陈　立　刘　强
　　　　　　　朱本军　吴晓云　刘心明　韦　力
编 辑 部 主 任：王振良
编辑部副主任：周余姣　赵文友
编　　　　辑：强　华　李华伟　罗　彧　凌一鸣
　　　　　　　王鸶嘉　付　莉　胡艳杰
编　　　　务：廖　雪

# 目　录

## 古籍保护综述

第六批《国家珍贵古籍名录》和"全国古籍重点保护单位"评审工作综述
………………………………………………………………… 钱律进　001
"十三五"时期古籍保护的宣传实践与特色 …… 陈怡爽　安　平　赵洪雅　010

## 探索与交流

从学问走向学科
　　——古籍保护学科建设述论 ………………… 姚伯岳　周余姣　027
关于古籍保护学科建设与人才培养问题的思考
………………………………………………… 柯　平　胡　娟　朱旭凯　034
《古籍保护研究》发展研讨会实录 ……………………… 董桂存整理　048

## 普查与编目

2012年至2020年全国古籍普查登记工作综述 ………………… 洪　琰　068

## 修复与装潢

四件敦煌遗书的修复与思考 ……………… 彭德泉　景一洵　彭　克　090
德国五家纸质文献修复机构考察情况及启示 ………………… 喻　融　099

古代视觉材料中所见之古籍装具考 ……………………………… 韦胤宗　109

## 保藏与利用

常压低氧气调技术在古籍保护中的应用与探讨
　……………………………………………… 郭晓光　周华华　王　璐　134
纸质文物表面微生物研究及其采样方法优化 ………… 黄艳燕　杨光辉　144

## 再生与传播

甲骨传拓规范刍议 …………………………………………… 郭玉海　150

## 史事与人物

毕生心血付书山
　——丁瑜先生的生平与贡献 ………………………… 王　沛　林世田　160

## 版本与鉴赏

连四纸误为开化纸考论 ……………………………………… 李致忠　172
覆写抑或仿写？
　——以毛氏汲古阁影抄本为例 ……………………… 丁延峰　丁　一　186

## 书评与书话

专业·专精·专深
　——《江苏艺文志（增订本）》评介 ………………… 姚伯岳　凌一鸣　195

## 研究生论坛

天津师范大学藏毛公鼎拓本考 ……………………………… 苏文勇　199

编后记 ………………………………………………………… 王振良　223

# CONTENTS

1. A Review of the Evaluation of the 6th *National Directory of Rare Ancient Books* and the National Key Units of Ancient Book Protection
   .................................................................... Qian lüjin   001

2. The Publicity Practice and Characteristics of Protection and Conservation of Ancient Books from 2016 to 2020
   ............................... Chen Yishuang, An Ping, Zhao Hongya   010

3. From Subjects to the Discipline: A Remark on the Establishment of the Discipline of Protection and Conservation of Ancient Books
   ................................................ Yao Boyue, Zhou Yujiao   027

4. On the Discipline Construction and the Cultivation of Talents of Protection and Conservation of Ancient Books ...... Ke Ping, Hu Juan, Zhu Xukai   034

5. A Memoir of the Symposium on the Development of the Periodical *Studies of Protection and Conservation of Ancient Books* ............ Dong Guicun   048

6. A Review of the National Survey and Register of Chinese Ancient Books During 2012 and 2020 ...................................... Hong Yan   068

7. The Restoration and Reflection of the Four Copies of Dunhuang Manuscripts

................................................ Peng Dequan, Jing Yixun, Peng Ke  090

8. An Investigation Tour to the Five Units of Paper Document Restoration in Germany: An Introduction and the Inspiration ................ Yu Rong  099

9. A Research of Ancient Chinese Book Containers through Ancient Visual Products .................................................... Wei Yinzong  109

10. A Discussion of the Application of Low Oxygen Technology in Atmospheric Pressure for Protection and Conservation of Ancient Books
    ................................ Guo Xiaoguang, Zhou Huahua, Wang Lu  134

11. A Study of Microorganisms on the Surface of Cultural Paper Relics and Optimization of Sampling Methods ...... Huang Yanyan, Yang Guanghui  144

12. A Preliminary Remark on the Standard of Making Oracle Bone Rubbings
    .................................................................... Guo Yuhai  150

13. A Brief Biography of Mr. Ding Yu's Life and Contribution Devoted to the Library .................................... Wang Pei, Lin Shitian  160

14. On the Misidentification of Liansi Paper with Kaihua Paper
    ........................................................ Li Zhizhong  172

15. Tracing or Imitation? A Case Study of the Facsimile Copies in Mao's Ancient Book Library (Jiguge) ................ Ding Yanfeng, Ding Yi  186

16. Expertise, Precision and Thoroughness: A Review of the Revised and Enlarged Version of *The Catalogue of a Biographical History of Jiangsu*
    .................................... Yao Boyue, Ling Yiming  195

17. A Research of the Two Copies of Rubbing of Maogong Tripod Collected at Tianjin Normal University ........................ Su Wenyong  199

> 古籍保护综述

# 第六批《国家珍贵古籍名录》和"全国古籍重点保护单位"评审工作综述

A Review of the Evaluation of the 6th *National Directory of Rare Ancient Books* and the National Key Units of Ancient Book Protection

钱律进

**摘 要**：建立《国家珍贵古籍名录》、命名"全国古籍重点保护单位"，是党中央、国务院做出的加强古籍保护的重要举措。本文介绍了第六批《国家珍贵古籍名录》和"全国古籍重点保护单位"评审工作过程，以及入选的珍贵古籍与藏书单位的特色。

**关键词**：《国家珍贵古籍名录》；全国古籍重点保护单位；古籍保护

建立《国家珍贵古籍名录》、命名"全国古籍重点保护单位"，是党中央、国务院做出的加强古籍保护的重要举措，旨在建立完备的珍贵古籍档案，确保珍贵古籍的安全，推动古籍保护工作，提高公民的古籍保护意识。2018年以来，国家古籍保护中心认真学习贯彻习近平总书记关于弘扬传承中华优秀传统文化的重要论述，贯彻落实党中央、国务院关于古籍保护工作的决策部署，按照文化和旅游部工作安排，在中央有关部门、单位的全力支持和各省级古籍保护中心的积极配合下，经过大量艰苦细致的工作，圆满完成了第六批《国家珍贵古籍名录》和"全国古籍重点保护单位"的申报和评审工作。

## 一、第六批《国家珍贵古籍名录》申报和评审情况

### （一）申报工作

2018年5月，国家古籍保护中心印发了《关于申报第六批〈国家珍贵古籍名

录〉和"全国古籍重点保护单位"的通知》,明确了申报要求和申报流程,并向各省级古籍保护中心发送《国家珍贵古籍名录申报书》《第六批国家珍贵古籍名录申报汇总表》《第六批国家珍贵古籍名录申报统计表》及《古籍定级标准》等文件的电子版。各省级古籍保护中心按照要求积极组织申报。截至2018年7月,计有来自31个省(区、市)的253家收藏单位申报第六批《国家珍贵古籍名录》,参评古籍共3981部。

本次申报与前几批申报有所不同,主要体现在以下几个方面:

一是在申报方式上,前五批均由省级古籍保护中心申报,本次以省级古籍保护中心申报为主、专家点报为辅。省级古籍保护中心对本行政区域内的申报古籍进行汇总、分类、初审,然后再向国家古籍保护中心申报。为了使符合评审标准的古籍尽可能入选《国家珍贵古籍名录》,国家古籍保护中心于2018年6月5日召开"申报第六批《国家珍贵古籍名录》专家讨论会",会上确定由专家点报一批珍贵古籍。根据专家提供的古籍题名、版本、收藏单位,国家古籍保护中心联系相关省级古籍保护中心和中直系统古籍收藏单位,提请申报。

二是在申报数量上,第六批比第五批大幅减少。第五批由31个省(区、市)371家单位申报古籍7278部,第六批由31个省(区、市)253家单位申报古籍3981部,整体数量减少45.3%,但金石碑帖、简帛、舆图、其他文字古籍等有所增加(见表1)。申报数量减少的主要原因是不能重复申报,根据第六批申报要求,凡是前几批申报未入选的古籍原则上不能再申报,确需申报的古籍应在申报时着重讲明重报理由。由于大部分单位的珍贵古籍已经申报入选前五批《国家珍贵古籍名录》,可申报第六批的古籍数量有所减少。

表1 第五批与第六批《国家珍贵古籍名录》各类申报数量对比

| 古籍分类 | 第五批申报数量(部) | 第六批申报数量(部) |
| --- | --- | --- |
| 经部 | 875 | 443 |
| 史部 | 1348 | 692 |
| 子部 | 1737 | 979 |
| 集部 | 2226 | 1084 |
| 敦煌佛经 | 235 | 168 |
| 金石碑帖 | 55 | 57 |
| 少数民族文字 | 730 | 436 |
| 其他文字 | 16 | 17 |

(续表)

| 古籍分类 | 第五批申报数量（部） | 第六批申报数量（部） |
|---|---|---|
| 舆图 | 35 | 82 |
| 简帛 | 21 | 23 |
| 合计 | 7278 | 3981 |

三是在申报类型上有所减少，甲骨类没有申报。主要是收藏甲骨的单位比较少，且此前均已申报入选。

(二)评审工作

此次评审工作坚持以习近平新时代中国特色社会主义思想为指导，坚持正确的政治方向，严格遵循国家珍贵古籍的评选标准，原则上与《古籍定级标准》所规定的一、二级古籍的评定标准相同，优中选优，力求做到规范、公平、公正、公开。遵守《第六批古籍评审工作纪律要求》，并自觉接受国家图书馆纪检部门的监督。

1. 全国古籍评审启动工作。2019年3月15日，全国古籍评审工作会议在国家图书馆召开，第六批《国家珍贵古籍名录》和"全国古籍重点保护单位"评审工作正式启动。文化和旅游部副部长张旭出席会议，并对做好评审工作提出明确要求，强调要充分认识评选工作的重要性，严格按照标准把珍贵古籍和重点保护单位遴选出来，以名录评选为契机，做好古籍保护和宣传工作。文化和旅游部公共服务司副司长陈彬斌宣读了2019年全国古籍评审工作委员会成员名单、2019年全国古籍评审专家名单。国家图书馆党委书记、副馆长魏大威介绍了评审工作的组织情况及后续安排。全国古籍保护工作专家委员会主任李致忠对评审标准做了说明。国家图书馆副馆长、国家古籍保护中心副主任张志清主持会议，全国古籍评审工作委员会及评审专家委员会成员等出席会议。

2. 初审工作。在初审之前，国家古籍保护中心对各省（区、市）申报材料进行整理，按照评审类别编排，将评审材料寄送专家，以便专家提前审核，为评审会做好准备工作。2019年3月18日至19日，"第六批《国家珍贵古籍名录》评审工作会"在国家图书馆召开，评审专家对申报第六批《国家珍贵古籍名录》的古籍进行初审。评审分经部组、史部组、子部一组、子部二组、集部一组、集部二组、敦煌佛经组、少数民族文字组、简帛组、金石碑帖组、舆图组、其他文字组等12组。专家评审组按照原文化部（现文化和旅游部）印发的《〈国家珍贵古籍名录〉申报评审暂行办法》和评审标准，认真核查，严格把关，1500多部古籍通过初审，约占申报数量的40%。

3. 核验存疑古籍。在初审过程中,部分存疑的古籍因需要逐一核验原书而暂时搁置。为精准做好评审工作,国家古籍保护中心于2019年5月至6月组织专家,分成11条考察线路,对北京、天津、云南、广西、内蒙古、广东、湖北、湖南、吉林、辽宁、上海、浙江、江苏、山东、四川、重庆等16个省(区、市)的31家单位的存疑古籍进行现场核验。

4. 复审工作。为保证质量,宁缺毋滥,2019年6月25日至26日,"第六批《国家珍贵古籍名录》复审工作会"在国家图书馆召开。评审专家分经集部组、史部组、子部组、简帛组、敦煌佛经组、金石碑帖组、舆图组、少数民族文字组、其他文字组等,对初步入选的古籍进行复审,近1000部古籍通过复审,约占通过初审古籍数量的60%。

5. 专家审定工作。第六批《国家珍贵古籍名录》初审和复审工作结束后,国家古籍保护中心对复审材料进行了整理,并发送相关专家审核。2019年10月15日至16日,"第六批《国家珍贵古籍名录》和'全国古籍重点保护单位'专家审定会"在国家图书馆召开,经过专家严格认真审核,确定752部古籍拟入选第六批《国家珍贵古籍名录》。

(三)最终入选第六批《国家珍贵古籍名录》情况统计

1. 各系统入选情况统计

入选第六批《国家珍贵古籍名录》古籍收藏单位共有119家,涉及11个部委系统。其中,文化和旅游系统单位入选古籍492部,占入选数量的65.4%;教育系统104部,占入选数量的13.8%;新闻出版和广播电视系统、民委系统、文博系统各有几十部古籍入选;党校系统、社科院系统、中科院系统、档案系统、宗教系统及中共北京市委图书馆等各有几部古籍入选。

2. 各省(区、市)入选名录的古籍统计

入选第六批《国家珍贵古籍名录》古籍收藏单位涉及29个省(区、市),其中北京、江苏各有100多部古籍入选,浙江有80多部古籍入选,上海有60多部古籍入选。以上四省市藏书丰富,善本、珍本多,共有468部古籍入选,占入选数量的62.2%。湖北、香港、云南、内蒙古各有二三十部古籍入选。江西、天津、西藏、湖南、广西、广东、重庆、甘肃各有十几部古籍入选。四川、辽宁、贵州、福建、安徽、河南、山西、吉林、山东、河北、海南、宁夏、黑龙江各有10部以下古籍入选。

3. 各种文字的古籍入选情况统计

入选第六批《国家珍贵古籍名录》的古籍分汉文珍贵古籍、少数民族文字珍贵古籍、其他文字珍贵古籍三部分。

汉文珍贵古籍646部,占入选古籍总数的85.9%。其中先秦两汉时期古籍23部(基本为战国中晚期竹简),魏晋南北朝隋唐五代时期古籍29部(其中敦煌遗书26部均为珍贵写本,3部佛经均为唐五代刻本),宋辽金夏元时期古籍91部(其中刻本78部,拓本12部,写本1部),明清时期古籍503部(其中稿抄本111部,明清刻印本338部,明清拓本22部,明清绘本14部,清代南三阁写本18部)。

少数民族文字珍贵古籍94部,占入选古籍总数的12.5%。其中于阗文1部(8至9世纪写本),藏文38部(其中11至12世纪及元代写本5部,明清抄本17部,明清刻本16部),蒙古文14部(其中清抄本6部,清刻本8部),彝文14部(清抄本),满文7部(其中清刻本5部,清抄本2部),东巴文3部(清抄本),傣文5部(其中清刻本3部,清抄本2部),水文5部(清抄本),古壮字5部(清抄本),多文种2部(明清刻本)。

其他文字珍贵古籍12部,占入选古籍总数的1.6%。其中梵文4部(为4至6世纪写本),拉丁文6部(为15至18世纪印本),德文1部(18世纪印本),多文种1部(16世纪印本)。

(四)入选第六批《国家珍贵古籍名录》古籍的特色

本次《国家珍贵古籍名录》入选名单中,各类古籍异彩纷呈、亮点频现。

1. 战国竹简,展现中华典籍的初期面貌和治国理政思想。清华大学申报入选的战国竹简,均为首次公布的战国佚籍。这批典籍包括一系列阐述治国理政思想的文献,如:《邦家之政》记述孔子与某公问答,从正反两面揭示邦家兴衰原因,倡导简朴慎始的政治理念;《邦家处位》论述处位治国以"度"用人之道,主张贡选良人治事理政;《治邦之道》论述安邦治国之道,其中涉及尚贤、节用、节葬、非命等内容,与《墨子》思想关系密切;《管仲》以齐桓公、管仲问答形式论述修身治国理念,与传世典籍《管子》体例一致,思想相近。此批清华简为先秦历史学、文献学、思想史等方面的研究提供了宝贵资料。

2. 三件早期印刷品,系世界印刷史标志性实物例证。国家图书馆申报入选的《佛说观弥勒菩萨上生兜率天经》《金刚般若波罗蜜经》《弥勒下生成佛经》,为晚唐五代北宋初木版雕刻,其中《佛说观弥勒菩萨上生兜率天经》为五代后唐天成二年(927)刻本,仅比唐咸通九年(868)《金刚经》(现藏英国国家图书馆)晚59年,为国内已知有纪年的最早雕版印刷品。这三件刻本弥补了中国作为发明雕版印刷术的故乡却无早期实物的遗憾。

3. 宋元善本新发现,为现存稀见品种。宋元时期古籍,因刻书时代较早、校勘严谨、讹误少,具有很高的学术、文物、艺术价值。南京图书馆新购藏北宋刻本

《礼部韵略》五卷,为两宋科举考试的权威官韵,字体古朴,刀法古拙,是已知海内外现存《礼部韵略》最早的刻本。湖北省图书馆新购藏北宋两浙路海盐县金粟山广惠禅院写金粟山大藏经本《大方广佛华严经》八十卷,其字体大如铜钱、敦厚质朴,墨色漆黑发亮,纸张厚实坚韧,并经染潢,全球仅存二十件左右;上海图书馆整理未编书时发现的宋刻残本《杜工部草堂诗笺》五十卷本之二卷一册,与国家图书馆、上海博物馆藏本合璧后是一部完整的五十卷本;上海图书馆整理未编书时还发现一部元刻本《书集传辑录纂注》六卷(附《书序》一卷、《朱子说书纲领辑录》一卷),四册,为元刻元印本;安徽省图书馆藏元刻本《玉海》二百卷(附《辞学指南》四卷),为新入藏的章伯钧藏书。

4. 名家稿抄校本,兼具文献和文物价值。名家稿本、抄校本大都是孤本,其书迹不少是艺术珍品,文物价值不言而喻。如国家图书馆藏清抄本《元朝秘史》十卷、《续集》二卷,此本出自洪武本,为现存最佳抄本,上有顾广圻、周叔弢、傅增湘跋;上海图书馆藏范钦辑《建安七子集》不分卷,卷首题词、小传、目录及书眉所注诗文出处均为天一阁主人范钦手迹,有很高的文献和文物价值。

5. 各类《四库全书》本,反映《四库全书》编纂和收藏流传情况。《四库全书》是清代乾隆年间编纂的中国历史上最大的一部丛书,先后共抄七部,先抄的四部藏于紫禁城文渊阁、沈阳文溯阁、圆明园文源阁、避暑山庄文津阁,统称"北四阁"。后抄的三部藏于扬州文汇阁、镇江文宗阁和杭州文澜阁,统称"南三阁"。南三阁本,太平天国时俱遭兵燹,唯文澜阁本幸存残帙,本次入选了17部南三阁零种,如广西壮族自治区图书馆藏清乾隆内府写南三阁《四库全书》本《文苑英华》一千卷等。本次入选还有《四库全书》进呈本、底本、样本等,如国家图书馆藏《文津阁四库全书样本》不分卷、中共北京市委图书馆藏《四库全书》底本《北溪先生大全文集》五十卷等,保留了《四库全书》原貌,为四库学和各个学科的学术研究提供了宝贵材料。

6. 珍本方志,是研究地方历史风物的文化宝藏。明清时期著名私人藏书楼天一阁收藏的大量方志,记述各地山川疆域、历史沿革、田赋物产、名胜古迹等情况,是研究历史及历史地理的重要资料。宁波市天一阁博物院入选52部方志,大部分是明代方志孤本,保留了明代书籍的装帧形式,非常珍贵,如明嘉靖刻本《[嘉靖]雄乘》二卷,为现存最早的雄县方志,保存了雄县地理、历史与风土人情等相关史料,是不可多得的历史文献,对研究雄安新区的文化发展史、推进当代文化建设具有一定的参考价值。

7. 碑帖拓本,传拓精良、存世稀少。碑帖拓本是中华传统文化的重要遗存。

香港中文大学中国文化研究所文物馆申报入选 7 部宋拓本《兰亭序》，为南宋名相游似旧藏，十分稀见。在古籍普查培训中新发现一些珍贵碑帖拓本，如重庆图书馆藏明初拓本《汝帖》十二卷，是明清拓本中的精品；孔子博物馆藏清乾隆年间初拓本《乾隆御定石经》，经文献和实物改刻字考证，为清内府御制墨初拓本，自嘉庆元年赏赐孔府后，保存至今。

8. 舆图古籍，绘制精美、内容丰富。舆图是古人对地图的称谓，天为盖，地为舆，故地图称舆图。古地图的图文内容反映了当时的历史面貌，绘制技术和艺术风格体现了古人对空间的感知、表达方式。国家图书馆藏清康熙年间彩绘本《黄河全图》，采用传统形象画法，绘出了黄河自星宿海至安东县（今江苏涟水县）入海之全程；国家图书馆藏清道光年间彩绘本《北京内外城全图》，形象绘出北京内城城郭、城门、宫殿、官署、王公府第、寺庙，以及纵横交错的街道、胡同等，为研究北京古城发展和变迁提供了难得的史料。

9. 少数民族文字珍贵古籍，体现中华文化多元一体、丰富多彩。我国是统一的多民族国家，各民族形成了独具特色的民族文化，创造了丰富灿烂的文化遗产。西藏自治区朗县金东乡人民政府藏清抄本《仁普地域志》（藏文），详细记录西藏仁普地区的地理环境和民俗文化等内容；内蒙古大学图书馆藏清抄本《水浒传》《西游记》《红楼梦》（均为蒙古文），生动体现了民族文化交融、多元一体的特点；鄂尔多斯市图书馆藏清铜版印本《般若波罗蜜多八千颂》（藏文），据题记，该书以铜版印制于内蒙古库伦地区，刻版材质特殊。

10. 其他文字珍贵古籍，见证东西方文化相互影响和交流。国家图书馆藏 1867 年汉堡版德文初印本《资本论》，为李一氓旧藏；国家图书馆藏 1590 年澳门印本《天正遣欧使节记》，是新航路开辟以来，第一批由传教士将金属活字技术带到东亚后印刷制作的早期文献，此部是在澳门印刷，具有重要的版本价值。

## 二、第六批"全国古籍重点保护单位"申报和评审情况

（一）申报工作

2018 年 5 月，国家古籍保护中心印发了《关于申报第六批〈国家珍贵古籍名录〉和"全国古籍重点保护单位"的通知》，明确了申报要求和申报流程，并向各省级古籍保护中心发送《全国古籍重点保护单位申报书》《第六批全国古籍重点保护单位申报统计表》及评审要求等文件的电子版。各省级古籍保护中心按照要求积极组织申报。截至 2018 年 7 月，共有来自 16 个省（区、市）的 27 家单位提出申报。第六批比第五批申报数量增加 5 家，增幅超过 20%，主要原因是随着

古籍普查工作开展,多家藏书单位查清古籍数量,改善古籍保护环境,达到"全国古籍重点保护单位"的申报条件。

(二)评审准备工作

1. 制定评分标准和考察规范。2018年7月23日,"第六批'全国古籍重点保护单位'专家讨论会"在国家图书馆召开,就第六批"全国古籍重点保护单位"评分标准、考察注意事项等征求意见。

2. 组织"全国古籍重点保护单位"考察。为切实做好评审工作,国家古籍保护中心于2018年7月至9月组织专家,分成10条考察路线,对北京、河北、辽宁、黑龙江、内蒙古、江西、广东、浙江、云南、甘肃、陕西、四川、青海、西藏、天津、安徽等16个省(区、市)的27家申报单位进行现场核验。核验内容包括古籍收藏数量、古籍专用书库、自动灭火系统、专门的古籍保护机构、专职工作人员、管理制度、专项古籍保护经费等。考察组向国家古籍保护中心提交考察报告,说明考察情况,为公正、科学地开展评审工作奠定了基础。

(三)评审工作

此次评审工作坚持以习近平新时代中国特色社会主义思想为指导,坚持正确的政治方向,严格遵循"全国古籍重点保护单位"评选标准,力求做到规范、公平、公正、公开。遵守《第六批古籍评审工作纪律要求》,并自觉接受国家图书馆纪检部门的监督。

2019年3月16日在国家图书馆召开"全国古籍重点保护单位"评审会。专家评审组按照原文化部印发的《"全国古籍重点保护单位"申报评定暂行办法》及评审原则和评分体系,对申报材料与调查材料进行了认真的审查,从古籍藏量(各申报单位提供馆藏古籍目录)、硬件环境、库房管理等多方面进行综合评价。因楚雄彝族文化研究院和云南省西双版纳傣族自治州图书馆的部分馆藏古籍目录为第一次考察后补报,专家评审组认为古籍质量和数量需要再次确认;巴彦淖尔市图书馆在第一次考察之后安装了气体自动灭火系统,专家评审组认为需要再次实地验查。

2019年6月至7月,国家古籍保护中心组织专家对楚雄彝族文化研究院和云南省西双版纳傣族自治州图书馆、巴彦淖尔市图书馆等三家单位进行现场核验,并将第二次考察报告、相关照片等相关材料寄发评审专家,请专家评审。2019年10月15日至16日,"第六批《国家珍贵古籍名录》和'全国古籍重点保护单位'专家审定会"在国家图书馆召开,经过专家严格审核,确定23家申报单位拟入选。

（四）最终入选第六批"全国古籍重点保护单位"藏书单位的特色

入选第六批"全国古籍重点保护单位"的藏书单位共 23 家，比第五批增加 9 家，增幅超过 60%。主要特色如下：

一是中西部地区申报入选数量明显增加。因存藏条件有很大改善，甘肃、青海、内蒙古、云南等民族地区多家古籍收藏单位，包括西北师范大学图书馆、西北民族大学图书馆、青海省图书馆、鄂尔多斯市图书馆、内蒙古社会科学院图书馆、楚雄彝族文化研究院、西双版纳傣族自治州图书馆等均申报入选。

二是通过古籍普查基本摸清家底。自"中华古籍保护计划"实施以来，全国公藏单位积极开展古籍普查，基本摸清了家底。如宁波市图书馆、浙江省平湖市图书馆、安庆市图书馆等单位在普查中发现善本数量超过 3000 部，符合评选标准，申报入选。

三是文博系统积极参与。文博系统一些单位藏书丰富，保管条件好，符合入选条件。本次申报的国家博物馆、天津博物馆、西安碑林博物馆、浙江省余姚市文物保护管理所、张掖市甘州区博物馆等单位符合评选标准，均入选。

四是以申报评审促进古籍保护。在申报评审"全国古籍重点保护单位"的过程中，部分古籍收藏单位增加古籍藏量，修建库房，改善古籍保护环境，提升保护质量。如巴彦淖尔市图书馆，认真落实专家考察组意见，完善基础设施，特别是新装了气体自动灭火系统，成为"以评促改"的典范。

本次申报评审工作历时两年多，经过全国申报、汇总整理、专家评审、现场考察、网站公示、文化和旅游部推荐、国务院批准等环节，文化和旅游部于 2020 年 10 月正式向社会公布《第六批国家珍贵古籍名录（752 部）》和《第六批全国古籍重点保护单位名单（23 个）》。截至目前，国务院先后批准公布 6 批《国家珍贵古籍名录》，共收录古籍 13026 部；先后批准命名 6 批"全国古籍重点保护单位"，共 203 个。《国家珍贵古籍名录》和"全国古籍重点保护单位"的申报评审，带动了《省级珍贵古籍名录》的申报评审，推动了古籍分级保护制度的建立，促进了被命名单位古籍保护环境的显著改善和有效利用，使中华民族珍贵的文献典籍惠及当代，泽被后世。

（钱律进，国家图书馆副研究馆员）

# "十三五"时期古籍保护的宣传实践与特色

The Publicity Practice and Characteristics of Protection and Conservation of Ancient Books from 2016 to 2020

陈怡爽　安　平　赵洪雅

**摘　要**："十三五"时期是古籍保护事业的黄金时期，本文在梳理"十三五"时期古籍保护相关政策法规的基础上，对这一时期"中华古籍保护计划"的宣传工作进行梳理和回顾，并从策划、组织和传播三个方面，总结这一时期的宣传实践与宣传特色。

**关键词**："十三五"时期；古籍保护；宣传工作

## 一、"十三五"时期古籍保护宣传工作的重要性

文化是一个国家、一个民族的灵魂。中华民族从五千年绵延不断的悠久历史中走来，创造了博大精深的中华文化，孕育出世界上唯一没有断流的中华文明。而古籍则是除物质文明和非物质文化遗产外，传承中华民族文化的又一重要渠道，是继承和弘扬中华民族传统文化的重要组成部分。甲骨、竹木简、帛书、纸书等典籍准确记载了大量中华民族文化形态和民族发展历史，是中华民族绵延不断、一脉相承的历史见证，也是人类文明的瑰宝。因此，做好古籍保护工作意义重大[1]。

自2007年"中华古籍保护计划"实施以来，古籍保护事业蒸蒸日上，从大型古籍修复工程到"中华传统文化百部经典"丛书的编纂出版，社会各界从原生性、再生性等多个方面对古籍文献进行抢救、保护、挖掘和阐释，在保存保护古籍原

本的同时,传承弘扬古籍承载的精神和价值。因此,宣传古籍保护成果、传播弘扬古籍所蕴含的思想内核,成为古籍保护事业不可或缺的重要议题。

"十三五"时期是我国经济社会发展非常重要的时期。习近平总书记在"十三五"开局之初便指出要坚持立足优势、趋利避害、积极作为,系统谋划好"十三五"时期经济社会发展。"中华古籍保护计划"在"十三五"时期迎来了古籍保护事业的黄金时期。"十三五"期间,从国家政策,到行业规划,再到《中华人民共和国公共图书馆法》正式立法,层层细化,逐步落实,都明确提出了古籍保护和中华优秀传统文化"宣传"的方式方法和价值意义,为各图书馆开展各项宣传工作提供了根本遵循。其中涉及古籍保护宣传工作的政策法规主要如表1所示。

表1 涉及古籍保护宣传工作的主要政策法规

| 颁布时间 | 颁布主体 | 名称 | 相关内容 |
| --- | --- | --- | --- |
| 2015年10月 | 中国共产党第十八届中央委员会第五次全体会议 | 《中共中央关于制定国民经济和社会发展第十三个五年规划的建议》 | 推动物质文明和精神文明协调发展。坚持"两手抓、两手都要硬",坚持社会主义先进文化前进方向,坚持以人民为中心的工作导向,坚持把社会效益放在首位、社会效益和经济效益相统一,坚定文化自信,增强文化自觉,加快文化改革发展,加强社会主义精神文明建设,建设社会主义文化强国 |
| 2017年1月 | 中共中央办公厅、国务院办公厅 | 《关于实施中华优秀传统文化传承发展工程的意见》 | 加大宣传教育力度。综合运用报纸、书刊、电台、电视台、互联网站等各类载体,融通多媒体资源,统筹宣传、文化、文物等各方力量,创新表达方式,大力彰显中华文化魅力 |
| 2017年5月 | 中共中央办公厅、国务院办公厅 | 《国家"十三五"时期文化发展改革规划纲要》 | 进一步明晰了加快现代公共文化服务体系建设、创新公共文化服务运行机制、推进数字图书馆等问题,还将"传承弘扬中华优秀传统文化"正式列入规划当中,其中包括加强中华优秀传统文化研究挖掘和创新发展、开展中华优秀传统文化普及、加强文化遗产保护、传承振兴民族民间文化、保护和发展传统工艺等,指明要推动中华文化现代化,让中华优秀传统文化拥有更多的传承载体、传播渠道和传习人群 |

(续表)

| 颁布时间 | 颁布主体 | 名称 | 相关内容 |
|---|---|---|---|
| 2017年8月 | 文化部 | 《"十三五"时期全国古籍保护工作规划》 | 组织开展古籍宣传推广活动。建立中华优秀古籍的宣传推广机制,运用数字化、信息化、网络化等现代技术手段,采取线上线下相结合的方式,加强对中华优秀古籍多媒体、多渠道、多终端传播 |
| 2017年11月 | 第十二届全国人民代表大会常务委员会第三十次会议 | 《中华人民共和国公共图书馆法》 | 政府设立的公共图书馆应当加强馆内古籍的保护,根据自身条件采用数字化、影印或者缩微技术等推进古籍的整理、出版和研究利用,并通过巡回展览、公益性讲座、善本再造、创意产品开发等方式,加强古籍宣传,传承发展中华优秀传统文化 |

在国家政策法规的引领下,各级公共图书馆也不断推进古籍保护工作。俞月丽以国家图书馆、29家省级公共图书馆、15家城市图书馆共45家图书馆的"十三五"规划文本作为调研对象,发现"古籍保护"在各馆"十三五"规划文本中的提及率位列前十(达71.11%)[2]。可见各图书馆高度重视古籍保护,并取得了显著成效。"古籍保护"在几个重点文化工程中提及最多,且预计在今后五年即"十四五"期间仍将是各馆关注的重要内容。

古籍是中华文明的载体,其中蕴藏着伟大的民族精神和优秀的传统文化,这是中华民族生生不息、长盛不衰的文化基因。经过"十三五"时期的发展,我国经济实力、科技实力、综合国力跃上新的台阶,经济结构持续优化,全面深化改革取得重大突破,人民生活水平显著提高。在这种社会背景之下,必须高度重视古籍保护工作,为弘扬中华优秀传统文化、增强文化自信提供坚强支撑。

## 二、"十三五"时期"中华古籍保护计划"宣传工作综述

(一)"十三五"时期重点工作宣传情况

"十三五"时期,国家古籍保护中心以习近平新时代中国特色社会主义思想为指导,深入贯彻落实党的十九大精神,落实中央关于传承和弘扬中华优秀传统文化的重要决策部署,按照《"十三五"时期全国古籍保护工作规划》要求,结合全国古籍保护工作实际,有序推进各项工作,充分发挥职能,加大古籍保护宣传力度,提升古籍保护水平,拓展社会参与的广度和深度,进一步提升了古籍传承

文明、服务社会的能力。

1. 古籍普查工作

古籍普查登记工作是了解全国古籍存藏情况、建立古籍总台账、开展古籍保护的基础性工作。"十三五"期间，古籍普查工作有序开展，截至2019年12月底，全国古籍普查完成总量270余万部另18000函（含部分少数民族古籍数据，个别省份上报数据含民国数据），占预计总量的90%以上。2760家古籍收藏单位完成古籍普查登记工作，占预计总量的92%以上，基本完成了全国古籍普查登记工作。各省级古籍保护中心古籍普查完成情况通过"两微一端"（微博、微信及新闻客户端）及时推送，国家古籍保护中心也在《中国文化报》上多次专版介绍全国古籍普查登记工作的相关情况，让公众第一时间了解古籍普查工作的进度和意义。

"十三五"期间，第五批和第六批《国家珍贵古籍名录》和"全国古籍重点保护单位"评审工作圆满完成。截至2020年12月，已先后评选并公布了6批《国家珍贵古籍名录》，累计收录古籍13026部；命名了6批共203家"全国古籍重点保护单位"。2020年11月13日，文化和旅游部召开第六批《国家珍贵古籍名录》和第六批"全国古籍重点保护单位"新闻发布会，获得媒体广泛关注。据不完全统计，本次发布会共有媒体报道111篇，其中中央广播电视总台、《人民日报》、新华社等中央媒体报道27篇，内蒙古卫视、西藏卫视、《兰州日报》等地方媒体报道84篇。

"十三五"期间，在古籍普查相关工作过程中显现出不少新发现和宣传亮点。2019年4月，在国家古籍保护中心主办、山东省古籍保护中心和孔子博物馆承办的"第四期全国碑帖编目与鉴定研修班"授课过程中，专家们发现《乾隆御定石经》初拓本，国家古籍保护中心微信公众号及时跟进推送这一新发现，获得社会广泛关注。古籍普查志愿者工作也一度成为宣传亮点，《雪域高原迎来古籍普查志愿者》《十年风雨书与人——全国古籍普查登记侧记》等多篇文章报道了少数民族古籍普查志愿者的工作情况，记录了志愿者的工作感想，报道还配有富有民族特色的现场普查图片，引起了广泛关注，让更多青年人了解古籍普查志愿者的工作并积极参与其中。

2. 古籍数字化工作

古籍数字化是使古籍保持生命力并发挥价值的重要举措。古籍数字化具有易储存、便于检索等优点，可以打破时间和空间的限制，在保护古籍的同时，使古籍资源传播更便利，使读者可以更便捷地获取古籍资源[3]。《"十三五"时期全国古籍保护工作规划》明确提出:"加强古籍数字化工作。鼓励和支持各古籍收藏单位加快古籍数字化步伐,借助互联网、大数据、云服务等高新技术,率先对馆藏特色文献和珍贵古籍进行数字化,加快建立中华古籍数字资源库和中华古籍综合信息数据管理平台,扩大古籍数字资源开放,促进资源共享,提高利用效率。"[4]

"十三五"期间,国家古籍保护中心联合各地古籍存藏单位,基于开放共享的理念推动古籍数字化资源服务[5],共举办四次数字资源发布活动。2019年11月12日,国家古籍保护中心联合全国19家图书馆共同在线发布古籍数字资源7200余部(件)[6]。"中华古籍资源库"发布古籍总量达到3.3万部,全国资源发布总量超过7.2万部,提前超额完成《"十三五"时期全国古籍保护工作规划》提出的古籍数字资源发布任务。据不完全统计,发布会新闻经国家古籍保护中心微信公众号推送,点击量突破6.1万人次;相关媒体报道51篇,包括中央广播电视总台及《人民日报》《光明日报》等中央媒体报道21篇,北京电视台新闻频道、安徽卫视、《北京晚报》等地方媒体报道30篇;荣新江、周少川、杜泽逊等专家在发布会上的精彩发言也经《中国文化报》专刊发布,国家古籍保护中心微信公众号转载,获得社会公众和学术界的广泛认可和好评,为今后古籍数字化工作的进一步开展增强了信心和力量。

3. 少数民族古籍保护工作

少数民族古籍既是各民族文化的传承载体,也是中华民族的重要文化遗产和人类文明的宝贵财富。少数民族古籍保护一直是"中华古籍保护计划"关注的重点之一。"十三五"期间,国家古籍保护中心全面贯彻党和国家的民族政策,牢固树立"保护民族古籍、增进民族团结、维护祖国统一"的理念,在制度设计、古籍普查、价值挖掘等方面取得了丰硕成果。对照"十三五"规划要求,一是完善制度设计,对少数民族古籍保存保护、民族古籍收藏单位和地区予以重点帮扶。依托西藏和新疆古籍保护工作专项,推动各项工作落实;先后在贵州召开"'十三五'期间贵州少数民族古籍保护研讨会",在云南召开"西南少数民族古籍保护工作座谈会"和"藏文古籍保护工作调研会",为少数民族古籍保护政策制定提供决策支持。二是推进少数民族地区古籍普查,各少数民族地区的藏文、蒙古文、水文、傣文等少数民族文字古籍普查工作有序开展。三是评选《国家珍贵古籍名录》。四是设立少数民族文献数字化项目,支持和指导少数民族地区古籍数字化项目的开展。2019年9月27日,全国民族团结进步表彰大会召开,国家古籍保护中心办公室被评为"全国民族团结进步模范集体",这一荣誉的获得是对全国少数民族古籍保护工作者的肯定。

"十三五"期间,少数民族古籍保护宣传工作不断加大宣传力度,凸显民族特色。《迪庆纳格拉洞藏经的发现与重生》《少数民族古籍:珠玑锦绣多珍爱》《少数民族古籍保护工作:有成果亦有挑战》等专题文章介绍了少数民族古籍保护工作的发展情况。此外,国家古籍保护中心微信公众号也不断跟进宣传少数民族古籍保护的相关情况。

4. 古籍修复工作

古籍修复是保护古籍最直接、最有效的方式之一。通过古籍修复,古籍的生命得以延续,文脉得以传承。"十三五"期间,国家古籍保护中心联合各省级古籍保护中心围绕古籍修复的主题,举办了近 80 期修复培训班,培训学员近 3000 人次,增设 17 家传习所,成功举办了"古籍保护 你我同行——古籍修复技艺进校园"及首届全国古籍修复技艺竞赛等活动。围绕着古籍修复的主题,国家古籍保护中心开展了大量宣传推广工作。2019 年,国家古籍保护中心联合《藏书报》制作《工匠筑梦——古籍修复影响力人物口述史》,开展拍摄采访,并在《藏书报·古籍保护专刊》发布。2020 年 9 月,国家古籍保护中心主办、全国各省级古籍保护中心联合举办的"妙手补书书可春——全国古籍修复技艺竞赛暨成果展"在国家图书馆开幕。这是新中国成立以来首次全国范围的古籍修复技艺竞赛,汇集了全国 21 个省(区、市)43 家单位推选的百余册(件)参赛作品,此次展览在汇集参赛作品的同时,还展出《赵城金藏》、敦煌遗书、《永乐大典》等珍贵古籍修复作品,是目前以古籍修复成果为主题的最大规模的展览。据不完全统计,本次展览相关报道共 37 篇,其中中央媒体报道 6 篇,地方媒体报道 31 篇。2020 年 12 月,首部古籍修复保护纪录片《古书复活记》登陆中央广播电视总台央视纪录频道,受到业内人士及广大观众的关注和热烈讨论。"古籍修复"热点以一种全新的模式出现,成为宣传古籍修复技艺、推进古籍修复工作全面开展的一项重要尝试。

(二)"十三五"时期古籍展览情况

古籍展览是让社会公众了解古籍实物最直接和最重要的方式之一,在古籍保护中发挥了极大的价值与作用。"十三五"期间,"中华古籍保护计划"系列展览以传承优秀传统文化、讲好中国故事为宗旨,在选题策划、组织举办、宣传推广等方面,进行了一系列的探索和实践。截至目前,全国各级古籍保护中心依托馆藏特色资源,结合时事热点,累计举办各类特展、专题展览 1300 余场,覆盖全国 30 余个省(区、市),成功打造了多个大型典籍展览,如 2016 年的"民族记忆 精神家园——国家珍贵古籍特展",2017年的"圣贤的足迹　智者的启迪——孔府珍藏文献展",2018年的"书卷为媒　友谊长青——日本永青文库捐赠汉籍入藏中国国家图书馆展",2019年的"中华传统文化典籍保护传承大展",2020年的"妙手补书书可春——全国古籍修复技艺竞赛暨成果展"等,并打造了"册府千华"系列珍贵古籍展览品牌。

"十三五"期间,国家古籍保护中心通过与各古籍存藏单位通力合作,借助多种展陈形式和推广方式,生动全面地展示了"中华古籍保护计划"成立以来的丰硕成果,使存藏于各机构的珍贵古籍走入寻常大众,让其中蕴含的古籍故事、文化得到更广泛的传播。

1. 立足馆藏典籍,弘扬民族精神

中华民族在数千年的历史中创造了卷帙浩繁的文献典籍,其蕴含着中华民族的历史记忆、思想智慧和知识体系,既是传承华夏文明的重要载体,也是传统文化的重要组成部分[7]。国家古籍保护中心通过展览的形式,借助重要时间节点和事件,对典籍中所承载的中华优秀传统文化予以挖掘与阐发,不仅能提升展览本身的影响力,更为坚定文化自信、振奋民族精神提供了宝贵土壤。如2019年为庆祝中华人民共和国成立70周年,国家图书馆(国家古籍保护中心)汇集全国20多个省(区、市)46家公藏单位、31位私人藏书家的330余种珍贵藏品,在国家典籍博物馆举办"中华传统文化典籍保护传承大展",展示中华民族的核心思想理念、传统美德和人文精神,以及中华人民共和国成立以来中华传统文化典籍保护传承事业的发展历程和成就。展览得到了社会各界的广泛认可与好评,为爱国主义和党政教育提供了平台。其间举办了部长专场,各行政机关、企事业单位、大中小学校等也陆续组织人员前来参观学习,累计参观人次超过52万,接待专场参观1000余场次。据不完全统计,作为新中国成立以来国内外规模最大、等级最高的一次典籍展览,各类媒体对展览进行了集中关注和持续报道,相关报道共计274篇,其中通讯社报道4篇,广电媒体报道24篇,平面媒体报道119篇,网络媒体报道106篇,新媒体报道21篇。展览影响范围广泛,全国24个地区的媒体关注本次展览;平面媒体中,中央媒体以44%的报道数量占比最重,《人民日报》《光明日报》等多家媒体刊发述评文章予以报道,表示展出的典籍见证着一个古老民族走向伟大复兴的历史进程,给人以精神鼓舞和前进力量。

2018年是《中日和平友好条约》缔结40周年,日本永青文库向中国国家图书馆无偿捐赠4175册汉籍。借此时机,"书卷为媒　友谊长青——日本永青文库捐赠汉籍入藏中国国家图书馆展"在国家图书馆举办。该展以日本永青文库所捐汉籍为主,配合中国国家图书馆所藏9种宋元善本、12种和刻本及多种明清佳刻,全方位地展示了此批捐赠汉籍的文化内涵和历史意义,展现了千余年来中日两国的交流融合与互学互鉴。展览得到中国外交部、文化和旅游部与日本前首相、永青文库理事长细川护熙的高度赞扬,也让社会公众共同见证中日两国源远流长的书籍文化交流史,为增强民间文化自信、传播中日友好的正能量发挥了示范和推动作用。展览期间,新华社、中国新闻社、中央广播电视总台、《人民日报》、光明网、中国网等中央媒体,北京电视台、《文汇报》、澎湃新闻网等地方主流媒体,《大公报》《澳门日报》等我国港澳地区媒体及日本共同通讯社、日本时事通信社等海外地区重要媒体原发报道150篇,其中通讯社稿件5篇,广电媒体报道26篇,平面媒体报道60篇,网络媒体报道59篇。网络媒体转载相关报道约6600篇次。

2. 调动地方力量,打造品牌活动

我国古籍浩如烟海,古籍保护观念的传播需要各级、各方力量的积极配合、广泛参与。"十三五"期间,由国家古籍保护中心倡导、地方各级力量深入落实举办的大型专题展览渐呈增长之势,对多方面、多角度推动古籍文化在大众领域的传播,促进文化交流与合作意义重大。自2014年以来,国家古籍保护中心启动"册府千华"系列珍贵古籍展览项目,各地以当地入选《国家珍贵古籍名录》及《省级珍贵古籍名录》的古籍珍品为主,辅以特色地方文献,全方位、多角度展示地域文化和各地"中华古籍保护计划"取得的阶段性成果。截至目前,展览先后在全国18个省(区、市)举办了25场,观众达300万人次,有效推动了各地的古籍展览展示工作。作为古籍保护宣传推广活动的重点品牌,"册府千华"系列珍贵古籍展览已成为历年媒体最为关注的事件之一。以2018年为例,据不完全统计,共监测到有关12个"册府千华"珍贵古籍特展的媒体报道93篇,位居本年度国家古籍保护中心相关媒体报道数量首位。

同时,各省级古籍保护中心也注重宣传当地古籍文化,举办了多场展览,如"十年耕耘 砥砺前行——北京市古籍保护工作回顾展""河北省珍贵古籍书影展""中华古籍保护计划10周年天津地区古籍保护成果展"等。此外,各地积极探索走出国门,走向世界,如浙江图书馆在巴黎开展"楮墨浙韵——浙江印刷文化展",山东省图书馆与澳大利亚南澳州州立图书馆合办"一山一水一圣人——山东珍贵文献展"等,有效利用古籍传承和弘扬中华优秀传统文化,推动中外文化交流合作。

### 3. 吸纳社会力量，拓展发展路径

国家古籍保护中心在"十三五"期间积极拓展多元渠道，利用展会、年会等形式，丰富展示平台，以分享交流实现业界合作和社会关注，为古籍保护事业的发展提供更多可能。如2016年和2018年在"中国图书馆年会展览会"上设立"中华古籍保护计划"展示体验区，采取展板、实物展示、多媒体播放和互动体验等形式，全方位展示了古籍保护行业的发展成就和前景，在加深公众对古籍认识和理解的同时，促进了图书馆行业的联动、交流和发展，也为社会力量加入古籍保护行业提供了窗口与机会。

### 4. 利用多元媒体，营造保护氛围

据不完全统计，"十三五"期间涉及国家古籍保护中心所举办展览的相关媒体报道达千余条，涵盖自中央至地方的多层级媒体资源，初步形成了广电媒体、平面媒体、网络媒体及新媒体等联动的全媒体宣传矩阵，使展览内容和背后故事打破时间、空间限制，得以全方位传播。例如，中央广播电视总台、北京人民广播电台、上海东方卫视、《光明日报》和《人民政协报》等传统媒体对多场展览进行报道，权威、准确地传递展览信息，有效提升展览的传播力和影响力。新华网、光明网等网络平台，国家图书馆、国家古籍保护中心、国家典籍博物馆等机构所管理的"两微一端"平台，央视频、光明网直播、抖音等新媒体平台开展配套的线上活动，以新技术、新创意、新形式贴近受众需求，激发公众兴趣。如北京市人民政府新闻办公室与光明网联合对"中华传统文化典籍保护传承大展"进行网络直播，累计观看超过200万人次，既满足了大众足不出户享受文化大餐的需求，也打响了展览知名度，引爆线下参观流量。

### 5. 开发展览图录，提升服务水平

为增强古籍知识分享与交流，国家古籍保护中心配合相关展览，编纂出版《中华优秀传统文化典籍保护传承大展图录》《书卷为媒 友谊长青——日本永青文库捐赠汉籍入藏中国国家图书馆特展图录》《从〈诗经〉到〈红楼梦〉——那些年我们读过的经典》《圣贤的足迹 智者的启迪——孔府珍藏文献展图录》等多个图录，将展览的内容以文字、书影、图片等形式加以呈现，形成对实物展览的补充、阐释和延伸。同时，为进一步总结展示"十三五"时期"中华古籍保护计划"成果，2020年国家古籍保护中心设立《"册府千华"系列展览图录》编纂项目，服务更多大众读者与业界学者，力争打造具有学术影响力和社会影响力的"中华古籍保护计划"特色品牌，为古籍保护宣传推广的体系建设提供模式与样本。

## (三)"十三五"时期公益讲座情况

公益讲座是"中华古籍保护计划"宣传工作的重要组成部分。"十三五"期间,全国各级古籍保护中心举办传统文化系列讲座、配合主题活动及展览的相关讲座,使古籍中的文字活起来,向社会公众普及古籍知识,增强古籍保护意识。据不完全统计,"十三五"期间累计举办讲座1700余场次。其中国家古籍保护中心主办的传统文化系列讲座共举办50余场,主要包括2016年与中国国家图书馆学会合办的"国家珍贵古籍系列讲座"、2017年与北京大学《儒藏》编纂与研究中心合办的"孔子·儒学·儒藏——儒家思想与儒家经典名家系列讲座"、2018年与中国科学院自然科学史研究所合办的"格致·考工·源流——中国古代重要科技发明创造名家讲座"、与北京大学历史学系合办的"稽古·贯通·启新——北京大学中国古代史名家讲座"、2019年与北京大学中文系合办的"风雅·风骨·风趣——中国古代文学名家名作讲座"、2020年举办的"书山有路"系列线上讲座等。

"十三五"期间,"中华古籍保护计划"所涵盖的公益讲座立足于讲授知识,传播优秀传统文化,并借助"两微一端"平台,打破传统公益讲座的时间和空间局限,逐渐摸索形成自有特色。

### 1. 整合优势资源,打造品牌讲座

国家古籍保护中心通过同高校及科研机构的合作,结合馆藏资源优势,搭建科普教育平台,邀请名家学者现场讲学,打造优质品牌讲座。"十三五"期间,国家古籍保护中心联合北京大学、中国科学院自然科学史研究所合办的"孔子·儒学·儒藏——儒家思想与儒家经典名家系列讲座"等国图名家系列讲座,对应经、史、子、集,邀请相关领域内最重要学者或资深带头人作为主讲人,进行现场讲授,线上同步直播,场场讲座均座无虚席,赢得广泛好评。同时,国家古籍保护中心、中国图书馆学会主办,各省级古籍保护中心合办的"国家珍贵古籍系列讲座"在全国多地开展,发挥各自存藏资源优势,为社会公众开展传统文化普及活动。

### 2. 融合新旧媒体,拓宽宣传渠道

围绕讲座宣传,国家古籍保护中心依托传统媒体和新媒体平台,开展多元宣传报道。传统媒体以其受众面广、技术成熟、发展基础厚,以及在一些方面依然具有权威性的特征,成为宣传工作中必不可少的一部分。以传统媒体为例,《藏书报》《中国社会科学报》《中华读书报》等媒体争相对国图名家系列讲座进行了跟进报道。新媒体以其传播速度快、信息量大、互动性强的特点在讲座宣传中也

发挥了不可替代的作用。文化和旅游部展演信息讲座平台及国家图书馆、国家古籍保护中心所管理的"两微一端"新媒体平台及时、准确做好讲座信息的审核、发布工作,力求在内容、形式上贴近民众。人民网、中国新闻网等多家网络媒体线上宣传,让社会公众第一时间获取相关资讯。

3. 推动在线直播,创新传播方式

公益讲座通过网络直播方式打破时间和空间的限制,扩大受众范围,更好地满足人民群众需求。2020年由于新冠肺炎疫情影响,国家古籍保护中心推出"书山有路"系列线上讲座,选择时下公众关注的古籍修复等热点话题,通过光明网、"文旅e家"APP、国家图书馆抖音及天猫旗舰店等多家直播平台同步直播的方式同公众见面,名家学者通过线上平台讲授知识、在线回答网友提问,在传播知识的同时,增加了讲座的创新性、趣味性。讲座直播结束后视频影像保留在相关平台,读者可以根据自己需求回看视频,更有效地获取讲座资源。截至2020年12月底,据抖音和光明网平台不完全统计,讲座直播累计点击量超过180万人次,反映了社会公众对本系列在线直播讲座的认可。

4. 开发讲座衍生品,深度服务读者

为了满足读者多元化需求,让古籍中的文字活起来,进一步推动优秀传统文化创造性转化和创新性发展,国家古籍保护中心联合北京大学、中国科学院自然科学史研究所结合讲座内容,整理推出"国图名家讲座集"丛书,由北京大学出版社结集出版发行,共四册,包括《孔子·儒学·儒藏:儒家思想与经典》《格致·考工·源流:中国古代科技发明创造》《稽古·贯通·启新:中国古代史》《风雅·风骨·风趣:中国古代文学名家名篇》。该丛书使讲座内容以文字的形式得以留存,一经出版广受好评,取得了良好的社会效益,同时也为文化普及提供了一种新的范式。

(四)"十三五"时期推广活动情况

"十三五"以来,国家大力号召弘扬传承优秀传统文化,使古籍中的文字活起来是图书馆应尽的使命。在国家古籍保护中心的倡导下,全国不断创新活动表现形式,累计举办千余场丰富多样的活动,通过面向学校师生开展文化传承活动,面向社会大众举办文化惠民活动,面向业界联盟组织文化交流活动,普及古籍知识,展示古籍保护成就,让广大普通民众以多种途径、形式更为直观地了解古籍、认识古籍、阅读古籍,进而喜爱古籍,实现传统文化的传承与发展。

1. 面向学校师生的文化传承活动

校园是传承弘扬传统文化的沃土,推动优秀传统文化进课堂,已成社会共识。国家古籍保护中心针对校园师生,甄选主题,以青少年喜爱的方式和手段,打造了多场宣传活动,让中华优秀传统文化在校园中生根、发芽。如2018年,为配合《四库全书》申报世界记忆遗产工作,国家古籍保护中心策划举办"走近四库全书"活动,以实物展览、展板展示、讲座、抄写书页等形式,将《四库全书》请入图书馆和高校等,受到北京多个中小学和高校的欢迎,进而陆续在甘肃、湖北、青海等地开展数十场活动,让《四库全书》的悠久历史和中华优秀抄写诵读传统在校园中传承。活动举办期间,20余家媒体刊发30余篇报道予以关注。其中,光明网和中国新闻网进行了现场直播,北京电视台《北京新闻》《北京您早》《直播北京》《都市晚高峰》栏目5次报道此次活动。

2019年,以"古籍保护 你我同行——古籍修复技艺进校园"为主题的线下活动在全国范围内开展50余场,辐射北京、重庆、河北等全国20余个省(区、市)50余所学校的万余名大中小学生,不同年龄段、不同学历层次的青少年借此亲身体验了非遗传统技艺,近距离感受非遗技艺的独特魅力,有效推动传统文化基因代代相传。本次活动覆盖面积和影响范围广泛,据不完全统计,全国共有来自20余个地区的60余家媒体刊发100篇报道,其中广电媒体报道2篇,平面媒体报道14篇,网络媒体报道84篇。主办方以各大网络媒体作为宣传主阵地,联合新华网、光明网、中国新闻网等主流媒体,对各地、各活动现场进行了全方位跟进;各承办单位利用其官方网站刊发30篇相关文章,记录活动现场,传播活动理念。

2. 面向社会大众的文化惠民活动

多年来,古籍一直保持着"高冷"的身份,为将"可望而不可即"的古籍融入大众生活,国家古籍保护中心大胆创新与尝试,举办丰富多彩的惠民活动,吸引民众积极参与,营造了全社会保护古籍的良好氛围。如2019年和2020年农历七夕之际,国家古籍保护中心结合中国自古的晒书、曝书传统,联合各省级古籍保护中心,在全国广泛开展以传统文化推广为重点内容的"中华传统晒书大会"。全国20余个省(区、市)近80家古籍相关收藏机构围绕活动主题,结合古籍保护和地方文化实际,以"晒国宝""晒经典""晒技艺""晒传统"等为主题,举办各类特色活动100余场,辐射群众万余人。活动策划与推广过程中,一是植根典籍,对标中央,深入挖掘中华典籍的当代价值与现实意义。如孔子博物馆举办的晒书沙龙上,现场展示了《孔子家语》等儒家典籍,专家们围绕先哲的思想智慧,探讨家风家训等中华传统美德的思想精髓及其对今天的现实意义。二是围绕各地特色资源,开展地方文献的推广活动。如安徽省图书馆举办"晒传统——品味书香 诵读经典"线上诵读活动,推荐与安徽有关的人物古诗文名篇佳作,让读者通过诵读了解皖省优秀典籍。三是多方融合,创新活动形式,引领公众参与。如浙江图书馆在晒书活动中力图以典籍为依托,围绕西湖盛景打造一条文化旅游路线。四是采取多元宣传渠道,线上线下媒体同发力。一方面通过国家级主流媒体带动,多家地方媒体主动跟进,形成规模性报道;另一方面借助"两微一端"、网络直播等新媒体、新技术手段,最大限度打破时空局限,向大众分享古籍知识、传播保护方式,烘托了全国上下联动、南北呼应的浓厚晒书氛围。据不完全统计,晒书活动引发160余家媒体刊发300余篇文章进行关注,央视新闻、央视频、光明网、抖音、微博等直播渠道观看量达到百余万人次,成为近年来古籍保护宣传推广活动的典范。

《"十三五"时期文化扶贫工作实施方案》指出,要"广泛发动文化系统力量加强对口支援、合作共建等工作,鼓励发达地区文化部门、文化部直属单位与贫困地区的县、乡开展各种形式的结对帮扶,形成工作合力"[8]。为此,2019年,国家古籍保护中心积极响应中宣部、文化和旅游部号召,分别在湖南省凤凰县和辰溪县、云南省大理白族自治州和怒江傈僳族自治州开展"我们的中国梦  文化进万家——文化文艺小分队下基层活动",通过现场春联抄送、修复传拓技艺演示、主题讲座等多种形式,传承、弘扬中华优秀传统文化。活动赢得了当地群众和社会媒体的一致好评。据不完全统计,指向"文化扶贫"的相关报道共计24篇,《人民日报》《光明日报》及新华社等主流中央媒体均刊文关注,表示该活动彰显了图书馆的时代担当,真正实现了"文化乐民、文化育民、文化富民"的目的。

3. 面向业界联盟的文化交流活动

古籍保护行业的建设与发展离不开社会的关注,更离不开行业组织的交流研讨与合作共赢。2016年,国家古籍保护中心联合中国图书馆学会举办"我与中华古籍"创客大赛。围绕各古籍收藏机构的经典古籍元素,来自全国各级各类图书馆的工作人员、各高校设计院系的师生和文创企业的专业设计师共提交海报、文化产品、多媒体等类别参赛作品300余件(套)。作品题材多样,创意妙笔生花,成为古籍"活化"的重要实践;各图书馆、藏书楼、相关机构等提供的1160个创意元素,以及由图书馆、设计工作机构、古籍爱好者、创意爱好者等组成的创意人才队伍,为图书馆开展文化创意活动提供前景保障。时至今日,创客大赛的部分参赛作品依然被用于古籍保护宣传的推广过程中。活动受到图书馆界、收藏界、创意设计界等多个领域热切关注,引发各类媒体广泛报道。据不完全统计,共收集到142篇媒体原发报道,其中广电媒体报道4篇,通讯社发文2篇,平面媒体报道58篇,网络媒体原发报道78篇。此外,重要网络媒体转载报道180篇。

## 三、"十三五"时期"中华古籍保护计划"宣传特色

古籍保护宣传活动,包括展览、活动、讲座等,都是"十三五"时期文化建设中的内容资源和文化产品,不仅能扩大古籍保护事业的知名度和影响力,还能丰富人民群众的文化生活、弘扬中华优秀传统文化、加强社会主义精神文明建设。由于宣传活动的设计、实施涉及面广,因此对古籍保护宣传进行策划组织至关重要。

(一)活动的策划

1. 以受众群体为基点开展活动策划

成功的策划对广大受众具有强烈的感染力,特别是对青少年受众的世界观、人生观与价值观会产生持续性影响,因此策划者在活动一开始就需要对受众、内容、主题、时间及呈现方式等做好定位,根据受众的特点进行有针对性的策划。如"我们的中国梦 文化进万家——文化文艺小分队下基层活动",其受众群体是基层村镇的普通民众,举办时间又恰逢春节之前,因此便通过组织春联抄送活动为基层群众送去节日祝福,以增加节日气氛。而"古籍保护 你我同行——古籍修复技艺进校园"活动主要面向在校学生,受众群体为青少年,他们好奇心强,认知能力和接受能力都处于上升阶段,且动手能力和参与意愿突出,需要以实物和实际动手操作的方式提升其兴趣,因此活动采用现场互动实操的方式进行。这些活动均取得了良好的效果。

2. 以内容和形式为切入点彰显创新

活动内容和活动形式都是创新的切入点,二者相辅相成。首先,内容创新需从优势资源入手,对古籍深入挖掘,发现以往没有注意的闪光点,再加以创新性利用和加工。如2016年举办的"我与中华古籍"创客大赛,将以往不受关注的经典古籍元素都提炼汇集起来,再由参赛人员以这些古籍创意元素为基础进行创作,既吸引了社会公众对古籍的关注,也使古籍中的经典元素花样翻新,倍增新意。其次,形式创新亦需从传统文化中汲取养分,推陈出新,适应时代潮流和受众心理。2019—2020年连续两年举办的"中华传统晒书活动"即是形式创新的典范。活动策划者从《穆天子传》《论衡》等古代典籍中寻找有关"晒书"的习俗,并加以现代化的改造,把除霉防蠹的传统"晒书"概念,与英文share(分享)相结合,为"晾晒图书"增添了阅读经典、传承技艺、弘扬中华优秀传统文化的时代新意。尤其是2020年浙江晒书分会场举办的"晒书雅集",别开生面地还原了古代文人读书、校书、抄书、藏书、晒书、修书及文化交往场景,其在形式上的创新不仅

为晒书活动增添了新意,也赢得了很高的社会关注。

(二)活动的组织

1. 注重细节

大型活动往往规模大、环节多、情况复杂,因此在组织实施过程中,必须高度重视细节,尽可能做到细腻而不烦琐,使受众感受到活动的细微之处,对活动留下良好的整体印象。2018年,日本永青文库向中国国家图书馆无偿捐赠4175册汉籍。因涉及中日邦交,此批汉籍自鉴定、清点,到双方确定捐赠意向,再到押运、入境、入馆、入藏、策划举办展览及开幕式,其间手续之繁杂琐碎、涉及人员部门之广、筹措时间之紧,对展览策划和开幕式活动的组织实施都造成很大压力,但同时也更需要注重对细节的把控。2018年"书卷为媒 友谊长青——日本永青文库捐赠汉籍入藏中国国家图书馆展"开幕后,不仅展览本身赢得了社会公众的认可,其开幕式上中日双语的宣传册、展览中展示的永青文库图像、书画作品等细节,也都给中日嘉宾留下了很好的印象。

2. 制定预案

展览、活动、讲座等在实施过程中,存在人为、自然等多方面的风险,因此在组织实施前要预先制定应急预案,时刻保持零风险观念,尽力消除隐患,熟悉应对措施,确保活动开展万无一失。例如:很多活动是在室外进行的,需考虑天气和场地因素;系列讲座需考虑授课人员临时变动等问题;网络直播活动亦需考虑录制、摄像、网络等诸多技术因素。这些隐患都需要我们在活动实施前制定应急预案,以随时应对变化。

(三)活动的传播

1. 应用新媒体

随着现代科技的发展,我国的新媒体技术在"十三五"期间取得了长足的发展,广大读者对信息的接受和处理方式发生了深刻的变化,这就需要图书馆在宣传古籍保护的知识和成果时改进服务模式,优化信息的传播。在新媒体蓬勃发展的大背景下,各图书馆尝试利用微信公众号、微博、抖音等新媒体,开展各式各样的阅读推广和活动宣传。国家古籍保护中心微信公众号自2016年6月开通,在"十三五"时期逐渐成为"中华古籍保护计划"的重要网络宣传窗口,众多文章成为网络爆款,受到微信用户的一致好评。如2019年,《7.2万部古籍,网上免费阅览——国家图书馆等全国二十家单位联合在线发布古籍数字资源》一文,阅读量高达6万余次,点赞700余次,当天新增粉丝1768人,当之无愧成为全年的流量高峰,为古籍数字资源发布的宣传推广做出了积极贡献。微信公众号发布的内容以短平快的多媒体消息为主,包括新闻报道、小视频、图文消息等,成为集业界信息、古籍保护知识和数据库为一体的便捷传播平台[9]。

2. 注重媒体融合

媒体深度融合是多媒体环境下宣传工作转型升级的必由之路。在深度融合的过程中,渠道、平台、技术、内容的策划与选择都要与活动主题、预期效果、传播媒介等进行综合考虑,在实际运营过程中也应灵活多变,考虑不同层级媒体的受众和影响力,不存在固定不变、覆盖所有类型媒体的融合模式。新媒体为古籍保护的宣传工作提供了新的传播方式,也带来了更大的挑战,其便利性、即时性和交互性改变了以往活动的传播流程与模式。国家古籍保护中心在开展"中华传统晒书活动"及"书山有路"等系列直播活动时,都采用了现场直播的方式,先通过微信公众号、抖音进行宣传预热,再将小规模线下活动以视频直播的方式转移至线上,多家媒体同时引流、推流,活动结束后观众还可以进行视频回放,因此实现了跨场地、跨时空的媒体传播,取得了良好的活动效果。

3. 组建多媒体矩阵

国家古籍保护中心在多年的宣传实践中,逐步探索出"报纸专刊+微信公众号+网站"相互融合、各有侧重的传播策略。其中报纸专刊主要侧重系统性、专业性、深度性的专题报道,自2017年始,国家古籍保护中心陆续与《藏书报》《图书馆报》合作推出《古籍保护专刊》,刊发相关活动报告、人物采访等文章每年各100版,逐渐成为古籍保护业界的重点交流阵地和平台。微信公众号主要侧重短平快的图文消息和短讯,突出即时性和互动性,以视频、图片、链接等新媒体形式拓展宣传方式。中国古籍保护网则侧重专业性和应用性,其中内嵌"中华古籍书目数据库""国家珍贵古籍名录数据库""中华古籍数字资源库"和"全国联合发布古籍数字资源"4个专业数据库,并辅有线上展览、政策法规等众多模块,全面揭示古籍保护的资源和成果。报纸专刊、微信公众号、网站三者联合,融合传统纸媒和新媒体、网络的各自优势,为古籍保护事业形成宣传矩阵。

策划和组织各类古籍保护宣传活动是新时期下中华优秀传统文化的重要组成部分。"十三五"时期,国家古籍保护中心明确活动理念与目标,积极创新,提升活动的策划和组织水平,让"十三五"时期"中华古籍保护计划"的宣传工作发挥出应有的效益。

(陈怡爽、安平、赵洪雅,国家图书馆馆员)

**参考文献:**

[1]周和平.近年来我国古籍保护工作的探索与实践:在中国古籍保护协会2019年度理事会辅导讲座上的主题报告[G]//《古籍保护研究》编委会.古籍保护研究:第4辑.郑州:大象出版社,2019:1-14.

[2]俞月丽.公共图书馆"十三五"规划文本研究及"十四五"规划预测[J].图书馆研究与工作,2021(1):84-89.

[3]曹瑞琴.古籍数字化与共建共享研究[J].图书馆工作与研究,2020(S1):41-44.

[4]文化部关于印发《"十三五"时期全国古籍保护工作规划》的通知[EB/OL].(2017-09-06). http://www.gov.cn/xinwen/2017-09/06/content_5223039.htm.

[5]赵文友.基于开放共享理念的古籍数字资源服务:以"中华古籍保护计划"为中心[G]//《古籍保护研究》编委会.古籍保护研究:第6辑.郑州:大象出版社,2020:21-28.

[6]周玮.国家古籍保护中心:7.2万部古籍网上免费阅览[EB/OL].(2019-11-12). http://www.xinhuanet.com/politics/2019-11/12/c_1125224147.htm.

[7]国家图书馆.翰墨流芳:国家图书馆馆藏精品大展图录[M].北京:国家图书馆出版社,2014:5.

[8]文化部发布《"十三五"时期文化扶贫工作实施方案》[EB/OL].(2017-06-29). http://www.gov.cn/xinwen/2017-06/09/content_5201138.htm.

[9]安平,陈怡爽,赵洪雅.2019年"中华古籍保护计划"宣传工作综述[G]//《古籍保护研究》编委会.古籍保护研究:第6辑.郑州:大象出版社,2020:7-20.

> 探索与交流

# 从学问走向学科
## ——古籍保护学科建设述论*

From Subjects to the Discipline: A Remark on the Establishment of the Discipline of Protection and Conservation of Ancient Books

姚伯岳　周余姣

**摘　要**：古籍保护学科建设是古籍保护人才培养的关键，是培养高质量古籍保护人才的基本保障。各种因素呼唤着古籍保护学科的产生，古籍保护的学科建设极为必要。应该按照一级学科的规模对古籍保护进行学科规划和建设，积极探索其建设路径，这实质上是古籍保护工作者对于学科独立的一种学术觉醒。

**关键词**：古籍保护；学科建设；一级学科；交叉学科

中国是世界上仅有的主要通过文字传承了数千年文化的国家，而古籍就是记录这些文字的物质载体。古籍所承载的内容是我们民族所特有的文化，是中华民族的命脉所系。没有丰厚久远的历史文化传承，就没有我们的文化自信，而古籍保护事业正是我们文化自信的重要支撑点。

自2007年"中华古籍保护计划"正式实施以来，我国古籍保护事业取得了巨大的成就。但随着古籍保护事业的不断推进，专业人才匮乏的问题也日益凸显，且严重制约了古籍保护事业的可持续发展。古籍保护专业人才的培养非一朝一夕之功，如果没有高瞻远瞩的教育规划，没有全面合理的教学设计，没有足够的从事古籍保护教育的师资力量，必然导致古籍保护人才的青黄不接乃至断档。

---

\* 本文系国家社科基金重大项目"古籍保护学科建设与基础理论研究"（项目批准号：19ZDA343）研究成果之一。

同样,如果没有一定数量的古籍保护专业人才,传世的古籍就得不到应有的保护,我们的文化就不能得到很好的传承。不懂专业的古籍保护,很可能是对古籍的人为破坏。

学科建设与人才培养存在相互促进关系,学科建设是人才培养的基础,人才培养能够为学科建设提供动力[1]。同样,古籍保护学科建设也是古籍保护人才培养的关键,是培养高质量古籍保护人才的基本保障。要想持续推动古籍保护事业不断发展,切实提高古籍保护人才培养水平,形成事业后继有人的局面,就必须从国家文化战略的高度来规划古籍保护的学科建设[2]。

**一、古籍保护学理论体系需要主动建构**

古籍保护作为一项历史悠久的实践活动,有着很强的应用色彩,在长期的实践过程中,形成的理论并不多。但没有强大的学术理论做基础,古籍保护就不能成为一门学科。如果只是在以往实践的基础上进行单纯的经验总结,不能上升为学术理论的高度,古籍保护学科的合法性将会受到严重质疑。因此,在新的时代发展背景下,有必要结合历史与现实,采用移植与借鉴等方式,从新的研究视角,总结、概括出自成体系的古籍保护理论,这是古籍保护学科的立身之法,也是我们应该重点努力的方向。

要进行古籍保护的学科建设,首先须明晰学科创立和发展的条件。苏新宁认为,学科的创立与发展通常涉及这样几个因素:其一,在某个领域、某个范围涉及大量科学问题需要探索和解决,一些理论模型亟待建立;其二,应用领域的需要,在社会生产实践中,需要大量的技术与方法,这些技术与方法需要学科领域的成果来担当,一些应用型的学科也会应运而生或得到发展;其三,学科之间的交叉,也会酝酿出新的学科领域;其四,国家和社会的发展及时代发展的需要,也会促进新的学科诞生和刺激学科快速发展[3]。确如其说,自2007年"中华古籍保护计划"实施以来,随着古籍保护事业的日益发展,在古籍保护领域也出现了大量亟待解决的问题,一些新的保护技术和方法随势产生,国家与社会对古籍保护人才的需求急剧增长,等等,这些因素都在呼唤着古籍保护学科的产生。可见,古籍保护的学科建设既是学理逻辑自然而然发展的结果,也是出于社会逻辑的发展要求,二者虽不尽同步,但基本上是统一的[4]。

学科非"自动机",自身就会建设,而是需要学科研究人员进行有目的、有意识的积极建构。古籍保护学理论研究既是学科理论发展的要求,也是社会需求的结果,已由最初少数几个有识之士的呼吁变成了现在诸多机构的共同诉求。

其研究主体也来自多个学科,如图书情报、文物与博物馆、文献学、美术学、科技史、非物质文化遗产保护等,呈现出一定的"跨学科性"。经由多年的努力,古籍保护研究领域内也逐渐形成了一个学术共同体。学术共同体内部的研究者出于自身职业发展的需要和学科使命感,对古籍保护的学科领域形成了特有的"学术忠诚"。古籍保护的学科身份现已在学术共同体内得到高度认同,但还有待于学术共同体之外其他学科及社会的承认(有学者谓之为"学科公认度")。这就需要古籍保护研究领域保持一定的开放性,一方面要鼓励古籍保护工作者加入到学科建设理论研究中来,另一方面也鼓励相邻学科或近缘学科的学者参与进来,共同推动古籍保护学科的建设。古籍保护的学科建设可以凝聚古籍保护工作者和研究者的学科认同与学术向心力,提高古籍保护学科的学术竞争力和影响力。

## 二、古籍保护相关学科建设的前期讨论

在古籍保护的学科建设明确提出之前,学界已开展了较多的理论探索。还在20世纪80年代时,霍旭东就曾提出建构中国古籍整理学学科,并将其细分为古籍目录学、古籍版本学、古籍校读学、古籍注释学、古籍今译学、古籍编选学、古籍辑录学、古籍考辨学、古籍检索学、古籍印行学等各种分支学科[5]。进入20世纪90年代后,程千帆、徐有富提出建立典藏学,并认为典藏学的内涵跟现代图书馆学一致,是研究我国古代书籍保管与利用规律的一门学问[6]。新世纪以来,对古籍保护相关学科建设的讨论更是多见,如彭庆怀、丁学义提出建立"中国古代藏书学"的构想,并认为其研究内容为中国古代藏书史、中国古代藏书学的基本理论、古代藏书活动的具体实践[7]。宋承志提出设立古籍鉴定与保护学一级学科的初步构想[8]。张美芳则主张对图书保护、档案保护、文物保护学科进行整合,形成一个"ipreservation"(interdisciplinary preservation,跨学科保护)的"保护联盟"或单独开设文化遗产保护专业[9]。周崎等人提出古籍保护学科知识体系有待细化充实,核心内容有待厘清,并认为学科建设应以人才培养为突破点,宜依托图书情报领域进行建设[10]。

以上代表性观点各有其理论依据,但于当代的古籍保护事业来说,其构想各有不足的地方。如霍旭东提出的古籍整理学没有涉及古籍的原生性保护;程千帆、徐有富提出的典藏学,彭庆怀、丁学义提出的古代藏书学,都忽略了古籍内容再生及古籍修复技艺和文化传承性的一面,均失之片面;张美芳提出的开设文化遗产保护专业是将宏大的内容只单独开设为一个专业,周崎等人提出的古籍保

护学科知识体系建设仅仅依托在图书情报领域,都显得格局太小。

我们认为整合的思维非常重要,但上述诸说难以涵盖内容丰富、任务艰巨的古籍保护的内容,因而还需建构更为完善的古籍保护学科体系。

### 三、古籍保护学科建设的进展

自2016年以来,国家古籍保护中心已牵头举办了四次"古籍保护学科建设研讨会",分别在南京艺术学院(2016年)、天津师范大学(2017年)、中山大学(2018年,2020年)举办。四次研讨会充分讨论了古籍保护学科建设的各种关键问题,各校相关负责人各就其学科点的古籍保护人才培养现状做总结和思考;陈红彦曾两度提出其对古籍保护学科建设的思考;杨光辉拟订《古籍保护学纲要》;柯平从古籍保护学科建立条件、学科归属、研究重点、人才培养模式等方面,提出建设古籍保护学科的路径;姚伯岳强调了纳入传承性保护对于古籍保护学科建设的重要意义;张志清认为,建立古籍保护学,就是在"寻找古籍保护的灵魂"。经过数年的讨论,学界已经普遍认为古籍保护应该"独立成学",对此基本达成共识。

"古籍保护学科建设研讨会"的连续举办有利于古籍保护研究者和从业者共商古籍保护学科建设问题,对于凝聚学科共识、推动古籍保护学科建设的深入发展有着重要的意义。该会议还将继续举办,形成常制。

2019年,国家社科基金重大项目"古籍保护学科建设与基础理论研究"分别在天津师范大学和中山大学获批立项。该课题意在以充分的论据、完整的设计和科学的规划,确定古籍保护的学科身份,明确其学科定位和学科归属,为古籍保护进入中国高等教育学科专业目录提供理论依据,从而为我国古籍保护的人才培养提供长期可靠的制度保障。

学科建设是围绕学科方向、学科梯队和学科基地,通过硬件的投入和软件的积累,提高学科水平,增强人才培养、科学研究和社会服务综合实力的一项系统工程建设的过程[11]。

在我国,随着古籍保护事业的发展,培训基地、传习所、高等教育"三位一体"的人才培养模式日渐成熟。据统计,从2007年至2020年6月,国家古籍保护中心共举办各类古籍修复培训班64期,共培训人员1968人次。目前,全国共有古籍修复国家级传习中心1家,地方性传习所32家①。高校的古籍保护研究生培

---

① 以上数据来自2020年9月在国家典籍博物馆举办的"妙手补书书可春——全国古籍修复技艺竞赛暨成果展"相关展板。

养方面,全国现已有三家专门的古籍保护研究院,即复旦大学中华古籍保护研究院、天津师范大学古籍保护研究院和贵州民族大学古籍保护研究院。中山大学虽无古籍保护研究院之专门设置,但也一直是古籍保护人才培养的重镇。除此之外,中国社会科学院大学、南京艺术学院、金陵科技学院、辽宁大学、沈阳师范大学、山东艺术学院和山东师范大学等,都陆续开始培养研究生层次的古籍保护人才。全国每年都有数十篇古籍保护方向的研究生毕业论文产生,大大地提高了古籍保护的研究力量。

作为一门学科,古籍保护需要有专门的学术刊物,以促进相关学术交流。2015年国家古籍保护中心主办的《古籍保护研究》集刊创刊,自2019年第四辑起,该刊由天津师范大学古籍保护研究院接手承办,现已出版至第八辑。每辑发表专业论文约20篇,成为古籍保护学术交流的重要平台。图书馆学方面的一些刊物,如《图书馆杂志》《图书馆论坛》也先后开设了古籍保护专栏,为古籍保护的学术交流助力。

总之,为构建古籍保护学科,以国家古籍保护中心为主体,以高等院校为骨干,我国古籍保护工作者已经在相关各方面做了大量工作,为古籍保护学科的建设奠定了较为坚实的基础。

**四、古籍保护的学科地位和学科归属**

从2011年起,国务院学位委员会、中华人民共和国教育部颁布的《学位授予和人才培养学科目录》只开列学科门类和一级学科,二级学科可以由学位授予单位自主设立。按我国对学科设置的规定,学科门类是对具有一定关联学科的归类,一级学科是具有共同理论基础或研究领域相对一致的学科集合,二级学科是组成一级学科的基本单元。古籍兼具物质文化遗产和非物质文化遗产的特性,古籍保护学和现有的历史文献学、古典文献学、图书情报与档案管理都有紧密的关系,只有在一级学科的视野下,才能将相关的内容从容布局,给予其应有的地位,理顺相互之间的关系,建构起科学合理的古籍保护学科体系。

我们应该按照一级学科的规模对古籍保护进行学科规划和建设,但按照国际上通用的"基础科学指标"(Essential Science Indications,ESI)中22个学科的划分,古籍保护学科应属于"综合交叉学科",放在我国现有学科目录的哪一个学科门类之下,都有牵强之处[12]。

为了破解这个难题,我们曾经设想在现有的13个学科门类之外,增设一个"文化遗产保护"学科门类,并在该学科门类之下设立"文物保护""非物质文化遗产保护""古籍保护"三个一级学科。当时我们是这样表述的："如果能够设立'文化遗产保护'学科门类,将古籍保护作为其下的一级学科,下设古籍保护基础理论、古籍编目、古籍保藏、古籍修复、古籍再生传播等二级学科,则顺理成章,妥帖自然,必将极大地完善我国的古籍保护教育机制,更有利于培养出符合古籍保护实际工作需要的合格人才,为我国的古籍保护事业提供长期而有力的保障。"[4]

现代的古籍保护已经融合了文学、历史学、哲学、图书馆学、信息管理学、传播学、物理学、化学、生物学等社会科学和自然科学中的许多种学科因素和技术手段,是一门综合性的新型交叉学科,其作用不仅仅在于研究保存旧的实物,还在于可以借此探索传播中华优秀传统文化的新途径和新手段,使中华优秀传统文化既有继承又有发扬。2020年8月初召开的全国研究生教育会议传来好消息,我国决定新增交叉学科作为新的学科门类,即第14个学科门类[13]。这也为古籍保护学科的归属指明了一条新路,就是在交叉学科这一新增学科门类下设立古籍保护一级学科。我们认为,这种设置方法符合古籍保护的逻辑属性,较之我们之前提出的设想实现难度较小,似乎更加现实可行。

## 五、结语

从学问走向学科,在现代学科建制化过程中屡见不鲜。例如图书馆学、情报学、档案学最初曾分别只是语言文学、管理学、历史学的三级类目,现在已合并为"图书情报与档案管理",并作为一级学科列入研究生专业目录,建立了博士学科点,也在国家社会科学基金等基金指南中以"图书馆·情报与文献学"的学科名称获得了相应地位。作为新时代的古籍保护工作者,必须勇敢地踏出这一步,为古籍保护的学科建设进行积极而大胆的探索。这实质上意味着古籍保护工作者对学科独立的一种学术觉醒,如果没有这一种学术觉醒和魄力,古籍保护学科化就会永远停留在起点。

目前古籍保护的学科建设已经成为古籍保护界关注的焦点。我们要抓住时机,大力加强对古籍保护学科理论的研究,加大古籍保护人才培养的规模和力度,为古籍保护事业的持续发展及时提供相应的人才资源和方向指导,同时也为今后相关学科的整合创造有利条件,成为这一进程的积极推动力。

(姚伯岳,天津师范大学古籍保护研究院教授;周余姣,天津师范大学古籍保护研究院副教授)

**参考文献：**

[1] 金玥.学科建设研究的热点主题与未来展望[J].教学研究,2020(4):21-31.

[2] 姚伯岳.古籍保护学科建设路在何方[N].新华书目报,2019-07-19(15).

[3] 苏新宁.大数据时代情报学学科崛起之思考[J].情报学报,2018,37(5):451-459.

[4] 姚伯岳,周余姣.任重道远 砥砺奋进:我国古籍保护学科建设之探索与愿景[J].中国图书馆学报,2019,45(4):44-60.

[5] 霍旭东.中国古籍整理学学科建设刍议[J].古籍整理研究学刊,1988(2):1-6.

[6] 程千帆,徐有富.校雠广义:典藏编[M].济南:齐鲁书社,1998:1-9.

[7] 彭庆怀,丁学义.关于建立"中国古代藏书学"的初步构想[J].图书馆理论与实践,2001(6):54-56.

[8] 宋承志.设立古籍鉴定与保护学一级学科的初步构想[J].图书情报工作,2010,54(11):128-131.

[9] 张美芳.图书保护、档案保护、文物保护学科整合研究[J].大学图书馆学报,2016,34(4):69-73,42.

[10] 周旖,赵心,刘菡,等.古籍保护学科建设核心议题述评[J].图书馆论坛,2020,40(3):107-114.

[11] 陆军,宋筱平,陆叔云.关于学科、学科建设等相关概念的讨论[J].清华大学教育研究,2004(6):12-15.

[12] 姚伯岳.关于在高等教育学科专业目录中增设"文化遗产保护"学科门类的建议和设想[G]//《古籍保护研究》编委会.古籍保护研究:第4辑.郑州:大象出版社,2019:33-42.

[13] 杨频萍,王拓.交叉学科将成第14个学科门类[EB/OL].(2020-08-17)[2020-09-30].http://education.news.cn/2020-08/17/c_1210755884.htm.

# 关于古籍保护学科建设与人才培养问题的思考*

On the Discipline Construction and the Cultivation of Talents of Protection and Conservation of Ancient Books

柯 平 胡 娟 朱旭凯

**摘 要**：近年来，我国古籍保护事业不断推进，古籍保护学科建设与古籍保护人才培养的呼声越来越高。本文论述了古籍保护学科建立的学科背景、社会需求和已有基础，并利用 SWOT 方法分析古籍保护学科的归属问题，在此基础上探讨了古籍保护学科的研究重点以及古籍保护学科的人才培养战略走向，以期为我国未来古籍保护学科发展与人才队伍建设提供建议。

**关键词**：古籍保护；古籍保护学；学科建设；人才培养

古籍是我国重要的文化遗产，古籍保护事业的发展势在必行。在这个大背景下，2018 年、2020 年中山大学连续举办了第三届、第四届"古籍保护学科建设研讨会"，针对古籍保护学科建设的问题进行了探讨。在此，笔者结合近年图书情报与档案管理一级学科的发展情况及古籍保护这门学问的特点，提出在建设古籍保护学科过程中需要关注的问题，展望并给出相应的建设意见，为今后古籍保护学科体系化发展提供参考借鉴。

## 一、古籍保护学科建立的条件

不同学科有着不同的知识体系。要成立一个新学科，就要建立一个新的知

---

\* 本文以柯平先生于 2018 年 9 月 13 日"第三届古籍保护学科建设研讨会"上所做的报告《关于古籍保护学科建设问题》为基础，由博士生胡娟和硕士生朱旭凯参与撰写完成。

识体系,而古籍保护作为一个学科能不能成立,需要进行学科背景、社会需求和已有基础三个方面的科学论证。

(一)学科背景

从国家文化政策的角度来看,学科背景较为清晰。首先,党的十九大报告中指出要坚定文化自信,深入挖掘中华优秀传统文化蕴含的思想观念、人文精神、道德规范,结合时代要求继承创新,让中华文化展现出永久魅力和时代风采。特别强调了要"加强文物保护利用和文化遗产保护传承"[1],其中包括对古籍的保护。其次,针对古籍保护,国家各部委也制定了许多利好政策。如文化部(现文化和旅游部)在2017年印发了《"十三五"时期全国古籍保护工作规划》,提出基本完成全国古籍普查登记工作,切实加大古籍保护力度,全面提升古籍修复能力,加强古籍整理出版和数字化建设,利用古籍传承和弘扬中华优秀传统文化,加强古籍保护制度、法规和标准建设这六项重点任务[2],为古籍保护工作和学科建设指明了方向;教育部近些年来鼓励高校培养紧缺专业人才,允许一些高校自设二级学科;文化和旅游部印发通知,公布了《第六批国家珍贵古籍名录(752部)》和《第六批全国古籍重点保护单位名单(23个)》,并就进一步做好古籍保护利用工作提出要求:指导各级古籍保护中心和古籍收藏单位进一步加大珍贵古籍的保护力度,有计划地对破损珍贵古籍进行修复;促进古籍重点保护单位不断改进存藏条件,完善管理办法,确保珍贵古籍的实体安全;推动各地区各有关单位加强对珍贵古籍的诠释和解读,通过组织开展线上线下相结合的中华优秀古籍宣传活动,深入挖掘其中的文化内涵,促进古籍保护成果的创造性转化、创新性发展[3]。从整体上看,相关政策和学科专业化发展形势均有利于古籍保护这一新兴学科的建立。

(二)社会需求

目前古籍保护行业人才缺口比较大,全国各地有关古籍保护的企事业单位普遍存在人手短缺的情况。究其原因,一方面是当今图书情报学界对古籍保护的相关学科——目录学的人才培养不足。例如,古籍数字化是古籍保护工作的重要内容,其中的古籍数据库建设、古籍可视化(即利用可视化的技术开展古籍整理与古籍阅读等)工作都需要拥有深厚文史功底的目录学人才。但20世纪90年代以后,目录学研究领域不断被信息化的图书馆工作所影响,目录学教育逐渐失去了其在图书馆学教育体系中的核心地位。在目录学被边缘化的同时,不仅新一代图书馆员不学目录学,就连原有的一些目录学者也纷纷改行投向其他学科,导致古典目录学一度无人问津,现代目录学发展缓慢。因此,图书情报学界难以培养足够的古籍保护事业紧缺人才,如古籍修复人才、版本鉴定人才、书目索引工作者等[4]。另一方面,古籍保护是一门偏向实践的学问,技能的学习中蕴含着大量隐性知识,需要大量实践和老师手把手带教。虽然文化部印发《关于进一步加强古籍保护工作的通知》(文社文发〔2011〕12号)提出加强与教育、科研部门的合作,在有条件的高校及科研机构挂牌成立"中华古籍保护教学培训基地",在有条件的古籍收藏单位挂牌成立"中华古籍保护实践基地",联合开展人才培养[5],但是这种培养模式还处于试点阶段,培养成本较高,也限制了古籍保护人才的数量。全国古籍藏量基数庞大,而东西部人才待遇存在差异,部分地区基层缺人才的问题未得到根本性解决,一线操作人员、修复人员未成为培养的重点,还缺乏对研究型人才的培养。

(三)已有基础

国家政策支持古籍保护工作的学科背景和古籍保护人才的社会需求,都能够说明建立古籍保护学科的必要性,如今已有的基础则为建立这门学科提供了可能性。已有基础分为五个方面,分别是明确的研究对象、稳定的研究方向、丰富的研究方法、强大的研究队伍和丰硕的研究成果。

1. 明确的研究对象

一门学科研究什么,要有一个明确的范畴,具有独特的、其他学科替代不了的研究对象至关重要。古籍保护作为一门学科,和相关的学科如图书馆学的关系一定要明确。在这方面,姚伯岳教授明确指出了古籍保护学的研究对象与范畴。他认为针对古籍本身的"物质易损性"和"内容可复制性",古籍保护可以引申出原生性保护和再生性保护两个方面。前者将重点放在妥善保管和看护古籍,防止古籍受到损坏并努力保持其现有形态,千方百计延长其寿命等工作上,如控制温度湿度,延缓古籍酸化的速度;后者指通过各种技术方法包括现代数字化等手段将古籍内容复制或转移到其他载体,以达到对古籍长期保护与有效利用之目的,如对其进行影印出版、缩微复制、数字化与网络传播等。古籍的原生性保护和再生性保护所涉及的领域,即是古籍保护学的研究范围[6]。图书馆学是古籍保护学的相关学科,其研究对象和范畴涉及现代文献和古籍。随着图书馆学科的发展,图书馆学研究对象的观点从"要素说"到"图书馆事业说",再到"知识说",发生了较大的变化。柯平教授曾提出图书馆学的研究对象是知识资源的观点,即关注知识资源的收集、组织、管理与利用,研究与文献和图书馆相关的知识资源活动的规律,以及研究知识资源系统的要素与环境[7]。因此,图书馆学的研究对象与古籍保护差异较大,古籍保护研究的对象更为具体,就是研究保护作为载体的古籍本身和古籍保护的各种方法技术,以及所涉及的各项要素。

2. 稳定的研究方向

任何一门学科都需要一批社会认可度和学术界认可度高的研究方向做支撑。古籍保护学有没有这样的研究方向?答案是肯定的。在古籍保护的研究方向上,全国形成了几支有重大影响力的研究团队,每个团队都有不同的主攻领域和稳定的研究方向。张靖教授对此总结为:国家古籍保护中心以古籍保护实践方面的研究为主,如古籍保存方法手段、古籍修复、古籍的载体材料分析等;全国高等院校古籍整理研究工作委员会主要研究古籍版本、知识内容的整理归类;中山大学团队研究方向涉及文献整理、文献保护与修复、文献保护管理等,对西文文献、古籍及民国文献等的修复也有涉猎;武汉大学和中国人民大学团队主要从档案学中档案保护的角度进行古籍保护相关论述;复旦大学团队进行跨学科的研究,从化学、纸张材料等内容研究古籍修复技艺的改进和古籍文献的开发利用;云南大学团队着重研究突出地方文化、民族文化的少数民族古籍文献,探讨地方或民族档案遗产的保护方式及机制、防治措施及整理研究[8]。目前,古籍保护研究呈现出百花齐放的局面,形成了一大批重要学术成果,但就研究方向的成熟度来说,古籍保护研究领域主要还是围绕古籍修复和古籍整理两个方面。

3. 丰富的研究方法

一门学科不仅拥有多种研究方法,而且要形成自己的研究方法论。古籍保护学的相关学科数量多,范围广。它与图书情报领域的文献学、目录学、编目学,与自然科学领域的化学、生物学,与文学领域的汉语言文字学、音韵学等都有着广泛的联系,这就意味着有丰富的多学科研究方法可以选用。比如在古籍修复材料的选用和开发上,可以使用实验法和实证研究法;在古籍保护理论的形成过程中,可以使用跨学科研究法和思维方法;在古籍修复技艺的研究上,可以使用个案研究法和经验总结法;在古籍的数字化过程中,可以使用大数据技术、可视化技术和信息分析研究方法等。目前,古籍保护学在应用多学科方法基础上,正在形成自己的研究方法体系。

4. 强大的研究队伍

一门学科的人才队伍不是零散的,也不是兼职的,需要的是专精这个学科方向的研究者。目前,古籍保护人才队伍有一定规模,但从学科建设的角度来看还不充分,业界也已经认识到加强人才队伍建设的重要性。过去古籍保护的学科建设没有达成广泛共识,不成体系,导致人才培养工作并不能很好地匹配古籍保护业界对人才数量的需求，同时也难以满足信息化时代古籍保护工作对人才素质日益增长的要求。要改变这种现状，唯有将古籍保护单独设置为一门独立的学科，广泛招收具有复合知识背景的人才，比如开展专业硕士招生，招收有志于为中华文化传承而奋斗的、具有图书情报或理工背景的、具有良好信息素养和中国传统文化素养的学生。研究者的研究方向应该囊括从古籍保护理论研究到保护、保存、操作、技艺、创新等各个方向。各个研究机构、研究队伍之间可以通过全国高等院校古籍整理研究工作委员会来加强联系，除了可以向其主办的《中国典籍与文化》杂志及大型学术集刊《中国典籍与文化论丛》投稿外，有条件的学校还可以另外创立专注于古籍保护方向的期刊来促进学科的发展和影响力的提升。

5.丰硕的研究成果

任何一门学科都有标志性的研究成果。对于古籍保护学科来说，已有的专著、重点项目和重大项目、重要的系列成果都是体现学科价值的标志。全国高等院校古籍整理研究工作委员会高瑕伟先生在《高校古籍整理卅五年》一文中归纳了近年来全国各古籍保护研究单位所取得的丰硕成果：大型断代诗文总汇类，有《两汉全书》（山东大学古籍整理研究所主持）、《魏晋全书》（东北师范大学古籍整理研究所主持）、《全唐五代诗》（南京大学古典文献研究所与河南大学、苏州大学合作主持）；海外汉籍复制工程类，有《日本宫内厅书陵部藏宋元版汉籍选刊》170册、《美国图书馆藏宋元版汉籍图录》；大型古籍研究项目类，有根据全国高等院校中的学者提供的较高质量研究成果编纂出版的"中国典籍与文化研究丛书"；电子版古籍基本文库及图书馆古籍数字化工程类，有"中国基本古籍库""北大图书馆善本数据库"和"宋代文化研究信息资料库"等[9]。这些丰硕的研究成果不仅为树立文化自信、培育社会主义精神文化做出了贡献，还从侧面有力地证明了古籍保护方向大有可为。

## 二、古籍保护学科的归属

与古籍保护学科相关的一级学科有三个，分别是图书情报与档案管理一级学科、中国语言文学一级学科和历史学一级学科。古籍保护学科应该归属于哪一个一级学科之下？这个问题需要重点解决。因为古籍保护与多个一级学科关联紧密，所以需要从多方面综合考虑。用SWOT分析方法来研究学科归属是一个合适的选择，因为学科归属关系到学科的长远发展，要有战略眼光，要运用战略分析工具，对优势和劣势、机遇与挑战进行分析。

(一)优势分析

1.归属图书情报与档案管理一级学科的优势

古籍保护学科归属图书情报与档案管理一级学科的优势比较突出。其一,古籍保护的对象是古籍,根据《汉文古籍特藏藏品定级 第1部分:古籍》(GB/T 31076.1—2014)的定义,"古籍"是"中国古代书籍的简称,主要指书写、印制于1912年以前又具有中国古典装帧形式的书籍"。而古籍以在全国各地图书馆、档案馆保存的为多,因此图书馆、档案馆有古籍资源优势,研究的实物对象丰富易得;同时,鉴于古籍材质较为脆弱,最好采用就地保护、就地研究的模式,减少古籍散失、损坏的风险。其二,图书馆学、情报学、档案学已有的学术研究方向契合古籍保护,比如有文献学和目录学包括历史文献学、古籍目录学的优势,能够确定古籍的详细版本信息,在此基础上根据详细的编目规则、技术和成熟的标引方法为古籍编目分类,考镜源流;情报学方向的信息检索,大数据研究可以很好地结合计算机信息技术明确古籍保护数字化的发展方向;甚至最近兴起的数字人文方向的学术研究也可以与古籍保护无缝衔接,为古籍保护赋能,产生更多的学术成果。其三,图书馆和档案馆的日常工作实践形成了一整套的保护理论和保护技术沉淀,为古籍的实物保护与修复提供借鉴。从硬件设备的角度来讲,图书馆和档案馆也更具备常态化保存古籍的条件,比如恒温恒湿的库房、面积较大的场地和专业的保护人员,这些硬件条件都是中国语言文学学科和历史学学科所难以具备的。

2.归属中国语言文学一级学科的优势

古籍保护学科归属中国语言文学一级学科具有一定的优势。其一,中国语言文学一级学科已形成古籍整理研究方向,有古典文献学较好的研究条件,也有古代文学文献的相关研究可供依托。其二,语言文学学科对于汉语言文字方面的研究非常扎实,可以结合现代汉语与古代汉语的异同做出相应研究成果,同时对于古籍所呈现的内容可以通过古代文字学、训诂学、音韵学加以深入研究。

3.归属历史学一级学科的优势

古籍保护学科归属历史学一级学科也具有一定优势。其一,历史学一级学科也已形成古籍整理研究方向,有历史文献学较好的研究条件,长于对历史文献进行研究和整理。一大批历史文献学家为文献学的发展做出过重大贡献,如陈垣先生、张舜徽先生、刘乃和先生等,他们的历史学研究和文献学研究为古籍整理与保护奠定了深厚的理论基础。其二,古籍保护学科需要古代历史文化基础知识,如中国通史、文学史、文化史等对于古籍保护研究都有重要的意义。

（二）劣势分析

1. 归属图书情报与档案管理一级学科的劣势

从图书情报与档案管理学科来说，虽然在古籍保存保护方面做了很多贡献，对于文献管理与利用研究较多，但缺乏对古籍进行整理和系统性研究，古籍的整理成果、出版成果相对比较少，与其他学科的结合做得不够。

2. 归属中国语言文学和历史学一级学科的劣势

从中国语言文学学科和历史学学科角度来说有两大劣势。其一，在保护的技术方面存在不少空白，特别缺少现代的保护手段的应用型研究，大部分是偏古典的研究，缺乏关于古籍保护的新进展成果。其二，在古籍保护成果的利用传播上存在一定缺陷。古籍保护的根本目的是更好地传承古籍中所承载的知识和优秀文化，利用纸本出版发行、网络数字化传播等方式向社会输出古籍的内容和学术思考，这并非中国语言文学学科和历史学学科的研究方向，而图书馆学、情报学和档案学反而更为贴近。

（三）机遇分析

"古籍保护学科需要单独成学"这一观点，在近几年的讨论中已经成为不少学者的共识。同时，现在正是国家对高等教育政策的战略调整期，围绕"两个一百年"奋斗目标出台了一系列关于学科建设远景和规划的文件。如《统筹推进世界一流大学和一流学科建设总体方案》（2015）、《统筹推进世界一流大学和一流学科建设实施办法（暂行）》（2017）、《中国教育现代化2035》、《加快推进教育现代化实施方案（2018—2022年）》（2019）、《专业学位研究生教育发展方案（2020—2025）》（2020）。这表明在中国当前高等教育深化改革的背景下，学科建设的环境发生了很大的变化，这为学科的融合创新、革故鼎新创造了有利条件，同时减轻了古籍保护学科建立的阻力。

随着国家古籍保护中心、中国古籍保护协会的成立以及各地古籍保护中心的建立，全国古籍保护形成了事业发展的大好形势，对理论指导有着迫切需求，理论研究不断深入，古籍保护学科建立有了比较充分的事业依托和实践基础。

（四）挑战分析

如今高校的古籍研究所是古籍保护的中流砥柱，但是它们有的归属图书馆，有的归属中文系，也有的归属历史系，处于一个分散的局面，各自为战，缺乏合力。学界关于古籍保护单独成学的内在要求是一致的，但对于具体在哪一个学科门类下设置，设置成一级还是二级学科，还存在分歧。要在短期内把它们整合起来，包括研究队伍的整合、研究方向的整合、研究项目的整合等，形成一个统一的学科仍存在着较大的难度。

笔者认为,基于上述分析,无论是从相关理论角度还是实物保存角度,古籍保护同图书情报与档案管理一级学科联系最为紧密,如果同时联合中国语言文学和历史学的有关力量,那么就能形成合力共建古籍保护学科。因此,综合考虑已有的基础和未来发展的空间,古籍保护学科应当归属于图书情报与档案管理一级学科。

### 三、古籍保护学科的研究重点拓展

这几年古籍保护学科做了很多研究,比如古籍的修复、数字化等,在国家古籍保护中心、中国古籍保护协会和有关院系的努力之下取得了可喜的进展,这也是古籍保护工作开展的基础性研究。那么下一步就应该进一步拓展研究的深度和广度,除古籍保护方法技术研究、古籍保护理论研究两大重点外,还应当重视编目工作的古籍保护标准化研究和古籍阅读推广研究这两方面重点工作。

(一)编目工作的古籍保护标准化研究

古籍保护作业流程的标准化是指对"古籍编目—古籍状况评估—古籍修复和保存—古籍数字化—古籍利用与传播"这一整套流程中的各个环节确定相关技术标准。古籍编目作为古籍序化保存研究的第一步,具有重要意义。古籍编目做得好,不仅方便后续流程的保护工作开展,还有利于读者这一最终的知识接受者了解古籍之间的联系,了解古代的学术流派演变和对比,"辨章学术,考镜源流"的古典目录学精神也能得以传承。

对古籍的编目标准化要重点提倡古典目录学的思想方法,因为古典目录本身就产生于古人对前朝前代文献的整理。西汉刘向、刘歆父子编撰《七略》《别录》,东汉班固在此基础上编写《汉书·艺文志》,形成我国最早的目录学专著;宋代郑樵呕心沥血写就的《通志·艺文略》将文献分为十二大类;清代目录学发展到达顶峰,分类、版本、校勘等各个学术方向都有相应发展。因此古典目录学的整序、校勘思想可以系统化地应用于古籍的编目中,这与古籍修复中"整旧如旧"的原则异曲同工。

古籍的编目标准化也需要运用现代目录学的技术,以提高古籍编目的效率。古籍内容对于现代读者来说较为晦涩,因此在面向读者时要尽量提供详细的情报,帮助读者降低阅读门槛,构建知识网络。特别需要采用搜索引擎、导航链接等对古籍内容进行知识节点的序化和展示,既可应用计算机书目编制等基本方法,也可应用数据挖掘、可视化等新技术。

古籍数字目录的标准化要有国际视野。现今仍有不少古籍流传于海外,特别是欧美地区,这些地区的古籍编目有的已经存在一定标准,有的还不受重视。为了做好海外古籍的数字版本收集整理,也为了中华文化的全球化传播,需要加强与国外古籍整理编目同仁的交流合作,提升古籍标准化编目方法的"兼容性",同时加强学术交流,向研究中国古籍的学术同行传播我们的编目思想。在这个过程中要保持"以我为主,为我所用"的学术态度,因为绝大多数汉文古籍仍然保存在我国,绝大多数汉文古籍研究人员仍然在我国,绝大多数的汉文古籍研究成果在我国学术期刊上发表。

古籍整理委员会、古籍保护相关机构可以加强与目录学委员会的合作,联合开展古籍书目编制,促成古籍整理的标准化作业模式。

(二)古籍阅读推广研究

关于古籍阅读推广的研究也应该提上日程。古籍保护要想和中国文化的传承紧密结合,就要在向年轻群体推广这方面知识上下功夫,要有"出圈"的新思路。所谓"出圈",就是要让古籍阅读跳出传统的读者圈子,让年轻的"90后""00后"们爱上古籍事业,传承文化。

特别重要的是,要进行古籍数字阅读推广,对古籍的知识传播方式和形式进行相关研究,增强古籍接触体验的舒适度。2020年中国新闻出版研究院发布的第十七次全国国民阅读调查报告指出,数字阅读在信息普及、知识传播上发挥了重要作用,2019年我国成年国民数字化阅读方式(网络在线阅读、手机阅读、电子阅读器阅读、Pad阅读等)的接触率为79.3%,较2018年上升了3.1个百分点。而2019年我国成年国民人均每天读纸质书时间为19.69分钟,比2018年减少了0.12分钟[10]。数字化阅读已经是大势所趋,这就需要研究古籍内容如何才能生动形象地呈现在移动设备终端上。

要加紧古籍整理工作成果的纸质书出版与宣发工作。数字阅读可以培养大众对于古籍的好感度和熟悉感,改变青年对古籍敬而远之的态度,但是对其中有兴趣深入研究的潜在深度读者,则需要提供足够明确的引导,同时可以增加古籍整理出版行业的景气度,实现自主造血。精品化古籍内容纸质出版物能够赢得严肃爱好者的口碑,逐渐培养起相关市场,这也能帮助古籍保护学科培养的人才实现对口就业,形成产学研的良好闭环运行模式。

总之要把握一个原则,古籍保护不是不利用古籍,恰恰相反,保护是为了更好地利用,要实现保护和利用相互结合与相互促进,这对促进古籍利用、古籍阅读推广等方面的研究非常重要。

## 四、古籍保护学科的人才培养

毫无疑问,人才培养是一个学科能走可持续发展道路的必要保证。对于古籍保护这一新兴学科,需要制定既着眼未来又符合实际情况,满足目前学术界和行业内人才需要的培养战略。笔者认为可以从以下两个方面切入。

(一)推进古籍保护职业专业化发展

2008年,陈红彦同志在《古籍修复与人才培养》一文中指出,"需要修复的古籍数量超过1000万册,面对数量如此巨大的待修古籍,我们仅仅拥有100余位专业修复技师,而这些技师职称以中级、初级为多,学历以高中、大专为主,年龄多在40岁以上,对修复技术进行研究并能诉诸文字的更是凤毛麟角","长期以来,古籍修复人才的培养一直沿用的是口耳相传、师徒授受的传统方式,直到今天这种方式仍然是修复业的主要教学模式"[11]。出于历史原因,古籍修复人员的社会地位与待遇偏低,人才流失现象严重,而且修复保护人员的数量与需要保护的古籍的数量严重不匹配,知识素养的欠缺和教学模式的限制也使得从业人员难以总结传播其修复知识与经验。近几年情况虽有好转,但并未得到根本性改变,在全国12家国家级古籍修复中心任职的古籍修复师仅有133人,资深修复师(20年以上工作经验)32人,而副高以上职称的修复师仅有12人[12]。

为了扭转这一局面,需要推进古籍保护职业的专业化发展。这也是国际上主流的做法,英国、法国、比利时、意大利等欧盟成员国建立了古籍修复职业准入制度,这些国家签署协议组建了欧洲保护师—修复师组织联盟(E.C.C.O),其中获资格认证的会员已超过6000人[12]。严格的准入制度保障了人才培养的质量,对于古籍保护人才的待遇和社会声誉的提升起到了关键作用。我国也可以根据本国特色,在完善职称评价体系与建立职业准入的问题上同步进行。

为了满足未来职业组织的评判标准,应以在职培训和继续教育的模式,培养从业人员的专业素养和工作技能。这也是因为当前古籍收藏单位数量众多且分散,从业者需要兼顾日常工作,所以短期高频的培养模式较为合适。

在职培训和继续教育的优势有两点:一是形式灵活,知识多向传递。可以通过在线会议、短期集训等线上、线下渠道交流经验,以更好地发挥各单位充当古籍保护人才培训基地的作用。因为参与培训的在职人员都是一线从业者,这种多向的交流活动效率较高,也方便各单位分享自己在古籍整理出版、古籍修复技艺、古籍数字化等方面的优势技术。二是方便纠错。各地各单位在古籍保护工作中有各自的流程,但是因为地区差异、人员素质等原因,有些单位的流程方法并不科学,这就需要通过在职培训和继续教育帮助从业者了解古籍保护技术标准、管理标准和评价标准。

(二)注重高校专业人才培养

近几年,国家古籍保护中心、中国古籍保护协会做了很多人才培养的工作,例如传承人的认定、培训班的开设和一些教学基地的建立,都做得非常好且积累了一些宝贵的经验,这是古籍保护教育从师徒口传心授到学院化教育过程中的有益尝试。不过,要让这个学科发扬光大,还是要通过高校进行专业人才培养。因为古籍保护这门学问是跨专业、多学科的知识组合,高校内方便抽调建立跨学科师资队伍,开展理论与实践统一的教学模式,这对古籍保护的标准化建设有重要意义,同时也能提升社会各界对古籍保护人才的认可度,形成一个正向的循环。这里,笔者就高校古籍保护专业人才培养发展策略提出一些建议。

1. 建设古籍保护二级学科

在研究生教育中,建设古籍保护二级学科,培养古籍保护专业博士和硕士研究生。

全国高校现有图书情报与档案管理一级学科博士点 11 个,分别是北京大学、武汉大学、南京大学、中国人民大学、吉林大学、南开大学、华中师范大学、中山大学、河北大学、南京农业大学和湘潭大学。如果这 11 个博士点都有古籍保护的二级学科,那么相当于全国的高校就有 11 个古籍保护的博士点和硕士点。这样能发挥高校古籍教学科研人才较多的优势,利用高等院校古籍人才培养及整理研究专项基金,加强对古籍保护研究型人才的培养。

国务院学位委员会图书情报与档案管理学科评议组已经进行过一级学科的论证,在论证中已列出六个二级学科:图书馆学、情报学、档案学、信息资源管理、信息分析、古籍保护。这也是因为现在有部分高校已自设了二级学科博士点,如信息资源管理(武汉大学)、信息分析(中国人民大学)。古籍保护成为二级学科已经有先例可循,在此基础上可以推动更多的学校增设古籍保护二级学科博士点和硕士点。

笔者建议由图书情报与档案管理学科评议组和国家古籍保护中心、中国古籍保护协会共同推动研究生教育,并将专项论证报告报送国务院学位委员会办公室。同时建议召开古籍保护研究生的培养工作会,联合教育部的专业委员会、国家古籍保护中心、中国古籍保护协会以及若干高校共同召开一次会议,请教育部的相关领导参加,从顶层设计的角度促进多方合作,将古籍保护这一专门领域做大做强。

2. 论证申报"古籍保护"专业学位

专业学位以提高实践创新能力为目标,在适应社会分工日益精细化、专业化、对人才需求多样化方面具有独特优势,论证申报"古籍保护"专业学位是为了培养古籍保护职业人才。

专业学位研究生教育是培养高层次应用型专门人才的主渠道。国际上有比较成熟的面向职业型人才的培养模式,如美、英、法、德、日、韩等发达国家普遍重视专业学位教育,以职业导向或应用性较强的领域为重点,通过设置多样化的专业学位满足社会对于职业人才的需求,有力支撑经济与社会发展。

最近印发的《专业学位研究生教育发展方案（2020—2025）》充分肯定了近二十多年的专业学位建设成绩,将发展专业学位研究生教育作为经济社会进入高质量发展阶段的必然选择,进一步明确了专业学位研究生教育发展目标:到2025年,以国家重大战略、关键领域和社会重大需求为重点,增设一批硕士、博士专业学位类别,将硕士专业学位研究生招生规模扩大到硕士研究生招生总规模的三分之二左右,大幅增加博士专业学位研究生招生数量,进一步创新专业学位研究生培养模式,产教融合培养机制更加健全,专业学位与职业资格衔接更加紧密,发展机制和环境更加优化,教育质量水平显著提升,建成灵活规范、产教融合、优质高效、符合规律的专业学位研究生教育体系[13]。

由此可以看出,国家将大力发展专业学位研究生教育,此时申报"古籍保护"专业学位,正逢其时。专业学位具有相对独立的教育模式,以产教融合培养为鲜明特征,是职业性与学术性的高度统一。古籍保护专业学位研究生教育就是针对古籍保护这一特定职业领域需要,培养具有较强专业能力和职业素养、能够创造性地从事古籍保护工作的高层次应用型专门人才。专业学位培养实行双导师制也很契合古籍保护的学科特色,能更好实现高校与古籍保护行业理论与实践结合,真正体现联合培养,因此申报"古籍保护"专业学位势在必行。

3. 论证申报"文化遗产保护与管理"本科专业

早在2005年,我国就出台了《关于加强文化遗产保护的通知》《关于加强我国非物质文化遗产保护工作的通知》等重要政策文件。党的十九大报告中进一步明确提出要保护和传承我国的优秀文化遗产,古籍作为重要的文化遗产已得到社会的广泛重视。为了发展古籍保护事业,不仅需要培养研究生,也需要培养本科专业人才。论证申报"文化遗产保护和管理"本科专业,目的是为基层培养专门管理人才。

"文化遗产保护和管理"这一专业名称是柯平教授在2018年9月13日第三

届古籍保护学科建设研讨会提出的初步构想，其包含的范畴会大一些，既可以包括古籍保护和非遗保护，也可以包括普通文献保护和档案保护等基础内容，这样能同时满足社会上对文化遗产保护人才"专"和"广"的要求。

要加强本科专业论证，做好社会需求的调查，做好人才培养的方案。就近些年的人才培养趋势来看，只要社会发展产生新的急需人才的需求，教育部就会大力支持批准相关新专业。比如说这几年迅速发展起来的信息安全专业，2018年各高校大量开设的大数据专业，这些专业培养的都是社会急需人才，教育部批得很快。如果我们论证有力，抓住了机遇，就可以把古籍保护相关专业建起来。古籍保护学科人才培养的路径，可以用先易后难的办法，论证申报本科专业可能是相对较难的一件事情。鉴于此，我们可以提前启动古籍保护学术型研究生教育和专业学位教育论证。

今天，建立古籍保护学科既要依靠学术界推动，也要依靠行业推动。有四大组织是建立古籍保护学科所依托的重要力量：国家古籍保护中心和中国古籍保护协会拥有古籍保护行业的资源优势，全国高等院校古籍整理研究工作委员会有强大的研究力量，全国古籍整理出版规划领导小组有其出版和传播的平台。要将各方力量联系起来，加强合作与交流，共同推进古籍保护的学科建设和人才培养。在第三届古籍保护学科建设研讨会上，柯平教授建议今后要加强"保—学—研"三结合，这实际上是未来的三大力量：一个就是古籍保护行业，一个是古籍保护相关专业的高校院系，另一个是与古籍保护相关的研究机构（如古籍研究所）。这"三驾马车"开出去，古籍保护学科将有望建立，人才培养也将大有前途。

（柯平，南开大学商学院信息资源管理系教授；胡娟，南开大学商学院信息资源管理系2019级图书馆学博士研究生；朱旭凯，南开大学商学院信息资源管理系2020级图书情报专业硕士研究生）

**参考文献：**

[1] 习近平在中国共产党第十九次全国代表大会上的报告[EB/OL]．(2017-10-28)[2020-11-18]．http://cpc.people.com.cn/n1/2017/1028/c64094-29613660-9.html.

[2] 文化部关于印发《"十三五"时期全国古籍保护工作规划》的通知[EB/OL]．(2017-09-06)[2020-11-18]．http://www.gov.cn/xinwen/2017-09/06/content_5223039.htm.

[3] 第六批国家珍贵古籍名录和全国古籍重点保护单位名单公布[EB/OL]．(2020-11-13)[2020-11-18]．https://culture.gmw.cn/2020-11/13/content_34366917.htm.

[4] 柯平.关于中国目录学创新发展的几个问题[J].图书情报知识,2014(3):21-23,11.

[5] 文化部关于进一步加强古籍保护工作的通知[EB/OL]．(2011-03-29)[2020-11-18]．http://www.gov.cn/gzdt/2011-03/29/content_1834019.htm.

[6]姚伯岳,周余姣.任重道远 砥砺奋进:我国古籍保护学科建设之探索与愿景[J].中国图书馆学报,2019,45(4):44-60.

[7]柯平.知识资源论:关于知识资源管理与图书馆学的研究对象[J].图书馆论坛,2004(6):58-63,113.

[8]张靖,刘菡.古籍保护学科建设研究:背景、现状及空间[J].图书馆论坛,2020(3):101-106.

[9]高瑱伟.高校古籍整理卅五年[J].中国出版史研究,2018(1):29-42.

[10]孙山.第十七次全国国民阅读调查:2019年成年国民人均纸质书阅读量4.65本[EB/OL].(2020-04-20)[2020-11-29].http://news.cyol.com/app/2020-04/20/content_18577163.htm.

[11]陈红彦.古籍修复与人才培养[J].国家图书馆学刊.2008(3):69-71.

[12]刘捷,王智芹.关于推进古籍修复工作职业化发展的思考[J].河北科技图苑,2020(4):13-16.

[13]国务院学位委员会,教育部.专业学位研究生教育发展方案(2020—2025)[EB/OL].(2020-09-30)[2020-11-29].http://www.moe.gov.cn/srcsite/A22/moe_826/202009/t20200930_492590.html.

# 《古籍保护研究》发展研讨会实录

A Memoir of the Symposium on the Development of the Periodical *Studies of Protection and Conservation of Ancient Books*

董桂存整理

**摘　要**：2020年12月22日和23日,由国家古籍保护中心主办、天津师范大学古籍保护研究院和天津师范大学图书馆承办的《古籍保护研究》发展研讨会在天津师范大学举行。来自全国的古籍保护领域领导和专家四十余人齐聚津门,共商《古籍保护研究》的发展和未来。与会专家畅所欲言,对《古籍保护研究》的今后发展发表了宝贵意见和建议。本文根据录音基本完整地实录了专家的发言。

**关键词**：《古籍保护研究》；国家古籍保护中心；天津师范大学古籍保护研究院；研讨会

2020年12月22日和23日,由国家古籍保护中心主办、天津师范大学古籍保护研究院和天津师范大学图书馆承办的《古籍保护研究》发展研讨会在天津师范大学举行。来自全国的古籍保护领域领导和专家四十余人齐聚津门,共商《古籍保护研究》的发展和未来。开幕式上,天津师范大学党委书记张玲,国家图书馆馆长、国家古籍保护中心主任、《古籍保护研究》第一主编饶权致辞。与会专家畅所欲言,对《古籍保护研究》的今后发展发表了宝贵意见和建议。

【12月22日下午的会议,开幕式由天津师范大学图书馆党委书记接励主持,研讨环节由国家图书馆副馆长、国家古籍保护中心副主任张志清主持】

**姚伯岳（天津师范大学古籍保护研究院常务副院长，本刊第二常务副主编）做工作报告：**

各位领导、各位嘉宾、各位老师、同学们：

大家下午好！现在我受《古籍保护研究》编委会的委托，做关于《古籍保护研究》编辑情况的工作汇报。

《古籍保护研究》是为了配合实施"中华古籍保护计划"而推出的古籍专业连续出版物，旨在及时揭示"中华古籍保护计划"的实施进程，为古籍保护工作者提供一个学术交流平台，总结推广先进工作经验，及时发布研究成果，推动古籍保护事业向纵深发展。

《古籍保护研究》最初拟定的刊名叫《古籍保护工作与研究》，2014年7月18日发布了创刊号的约稿函，计划由国家古籍保护中心主办、天津市古籍保护中心主编、河南大象出版社出版，是一份以书代刊的集刊。2015年11月第一辑正式出版时改名为《古籍保护研究》，责任者署名为"国家古籍保护中心编"。

作为国家古籍保护中心的机关刊物，《古籍保护研究》前三辑刊登了许多政府指导性文件、领导重要讲话等。重要规划和文件如《"十三五"时期全国古籍保护工作规划》等；本专业领域领导人重要讲话如时任文化部公共文化司巡视员刘小琴、国家古籍保护中心主任韩永进、国家古籍保护中心副主任张志清、中国古籍保护协会会长刘惠平的重要讲话和工作报告等。前三辑还发表了对古籍保护学科建设进行集中探讨，以及总结我国古籍保护人才培养状况的系列文章。这些文章在古籍保护界产生了较大的影响。

2019年，从第四辑开始，该刊改为由国家古籍保护中心主办、天津师范大学古籍保护研究院承办。这个转变过程，天津图书馆历史文献部原主任李国庆先生起了很大的作用，同时也得到了国家古籍保护中心和天津市古籍保护中心的鼎力支持，大象出版社真诚协作，密切配合，保证了本刊的顺利交接。

我们接手该刊的编辑后，首先对编辑委员会做了很大的扩充：顾问由原来的3人增加为13人，均为古籍保护界的名家；编委由原来的8人扩充到16人，也都是古籍保护界的代表人物；此外还增设了以天津师范大学古籍保护研究院教师为主体的编辑部，聘请天津问津书院掌门人、天津师范大学新闻传播学院王振良教授担任编辑部主任。本刊的编者署名也变为"《古籍保护研究》编委会"。

至于刊期，仍定为每半年一辑，一年两辑，分别于每年3月31日、9月30日前由大象出版社出版，每辑约25万字。目前经过编委会同仁的艰苦努力，基本以半年为周期,按期出版了第四、五、六共 3 辑,第七辑稿件也已按时全部交付出版社,将按期于明年 3 月出版。今后我们将努力落实既定计划,保证本刊的刊期稳定。

从我们接手后的第四辑开始,《古籍保护研究》在文前增加了英文题名、摘要、关键词。注释和参考文献的位置做了区分:正文的注释用脚注形式;参考文献则集中于文后,并要求根据国家标准《信息与文献 参考文献著录规则》(GB/T 7714—2015)标注,还运用了交叉引用格式。刊物的开本也由小 16 开图书开本改为国际通行的小 16 开期刊杂志开本。这些改进使得本刊朝着标准化期刊的方向又迈进了一步。至于封面,我们几乎完全保留了原来的样式,以表示本刊传承的一致性。

为了扩大本刊文章的传播渠道和社会影响,今年 11 月,本刊又与《中国学术期刊(光盘版)》电子杂志社有限公司沟通协商,签订了《辑刊许可使用协议》,今后本刊的所有文章将被收入《中国学术期刊(光盘版)》,现在第四辑至第六辑的文章已全部可以在知网上检索和下载。

天津师范大学古籍保护研究院接手此刊后,由于编辑大都是本院的教师,都有自己的专业所长,所以到目前为止审稿的任务基本由老师们分工承担。经过充分论证,为了实现本刊来稿和审稿方式的规范化操作,本刊的投稿和审稿也将采用知网的期刊编辑出版平台"腾云"全流程系统,明年 1 月份[①]即正式启用。既然加入了知网的编辑审稿系统,今后必将进一步扩大外审队伍,使审稿编辑工作更加正规化和规范化。我们的编辑力量和审稿力量必将更为强大。目前可以说,本刊的运行已经基本走上了正轨。

在《古籍保护研究》初步走上正轨之际,我们也面临着本刊的定位和发展方向问题,也存在着刊物内容和形式上的改进完善问题。我们意识到,必须更多地发挥我们的顾问和编委的作用,积极调动顾问和编委的力量,这对于本刊的正确发展和产生更大社会影响是至关重要的,有必要及时召开一次顾问和编委研讨会讨论相关问题。

为此,在 2020 年 10 月 22 日,本刊主办方和承办方在国家图书馆先行召开了一次磋商会,做了充分的沟通。在这次会上,大家提出了很多建议。归纳如下:

1. 主办方和承办方两方应同时组稿,突出合办性质,例如"古籍保护综述"栏目今后将完全交由国家古籍保护中心供稿;每个省所出的古籍普查报告,都可以

---

① 实际启用时间是 2020 年 12 月 28 日。

陆续发表在我们这个刊物上;官方的声音要及时在刊物上出现;基于新发现资料的研究成果,本刊应及时先行公布,形成"披露+研究"的模式。

2. 要借重中国古籍保护协会的力量,使本刊同时也成为中国古籍保护协会的发表园地。

3. 在论文之外,应适当增加业界动态、通讯等信息,在行业内扩大影响。刊物内容应活泼一些,要有可读性,要注意古籍宣传推广。

4. 要请名家组织专题性栏目,并亲自撰写导言。比如可以选择某一地区工作做小专题,由名家写导言;可以采用通讯员制度,设立一个工作坊;编辑部也可以组织学术会议,如以"古籍新发现"为主题召开学术研讨会等等。

5. 要向古籍保护工作者积极宣传《古籍保护研究》。本刊应有一批古籍保护领域一线的作者队伍,虽然他们可能不太会写,但能及时披露最新信息。本刊可以组织有关的培训班,讲授"如何向《古籍保护研究》投稿""如何写一篇合格的古籍保护论文"等,指导古籍保护工作者撰写相关论文。同时也应加强对编辑队伍的编辑业务培训。

6. 在校研究生应发挥作用,可以设立一个研究生科研奖,专门用来鼓励学生作者积极投稿。

这次磋商会开阔了我们的眼界,启发了我们的思路,也使我们意识到此前办刊的不足。今天的会议我们还特意邀请了《文献》编辑部的同仁参会,但她们由于忙着明年第一期的出稿,实在抽不出时间,很遗憾未能出席。《文献》历史长久,办刊扎实,很有分量,值得我们学习。《文献》上发表的文章偏重于对古籍的静态研究,而《古籍保护研究》可以偏重于对古籍保护工作的动态研究,二者其实正好相辅相成。我们在向《文献》刊物学习的同时,也可以考虑相应的分工,争取在国家古籍保护中心的统一领导下,合理分配资源,履行自己的使命,从不同方面为古籍保护事业贡献力量。

最后我想谈一下本刊的栏目设置问题。

最初拟编刊的《古籍保护工作与研究》,栏目设置有"特别关注、专家新谈、妙手回春、化身千百、书楼寻踪、藏书综述、编目新得、书林清话、先哲遗书、我与古籍、故老追怀、异域芸香、文津茶座、石渠断简、琅嬛琐录"等等。可以说是活泼多样,不拘一格,刊物的散文化倾向是很明显的。

但正式面世的《古籍保护研究》的前三辑,其栏目分别是"古籍保护综述、古籍普查与编目、古籍定级与《名录》、古籍人才培养、古籍存藏环境、古籍修复、古籍再生性保护、古籍数字化建设、海外中华古籍保护、古籍标准规范化建设、古籍保护推广"。刊物的学术气息浓厚,基本排除了散文式的文章。

从天津师范大学古籍保护研究院接手后的第四辑开始,本刊调整栏目为"古籍保护综述、探索与交流、普查与编目、保藏与修复、再生与传播、收藏与整理、版本与鉴定、人才与培养、历史与人物、名家谈古籍、书评与书话、研究生园地"。更加注意刊物范围的宽广性、专题分布的均衡性、作者身份的多样性、表现形式的规整性。

我们的上述想法和做法不知是否正确,还望在座领导、专家畅所欲言,各抒己见,并在今后的日子里多加提携,多加关怀,从各个方面帮助我们将这个刊物越办越好,成为不负众望的高水平专业刊物,这就是我们举办这次会议的初衷。

最后要感谢一直支持本刊的各位相关单位的领导和同仁!感谢国家图书馆和国家古籍保护中心对天津师范大学古籍保护研究院的高度信任和热情支持!感谢天津图书馆和天津市古籍保护中心领导特别是李培馆长对本刊的特殊贡献和无条件支持!感谢大象出版社领导特别是王刘纯原社长和各位编校老师对本刊的高度关注和感人付出!感谢各位顾问和编委对我们的厚爱和教诲!感谢我的编辑部同仁的辛勤劳动和无私奉献!让我们共同努力,使《古籍保护研究》这份刊物成为中国古籍保护领域的一个重要元素,让这束鲜花绽放出更加绚丽的光彩!谢谢大家!

**刘惠平**(**中国古籍保护协会会长,本刊顾问**。姚伯岳代为宣读书面发言):

刊物办得很好,态度严谨、功底扎实,从理论到实践都对我这个门外汉给予了重要指导,我们协会也由此获益良多。最近,国家古籍保护中心和协会在举行2021年度恳谈会时,讨论了未来五年协会发展和提升思路,涉及方方面面,想必今后《古籍保护研究》这个重要阵地还会给协会工作带来更多的支持和帮助。记得协会在编《海峡两岸中华古籍保护论著提要(2010—2015)》时有一个感觉,那时期的古籍保护论文论著有一些局限性,二分之一是研究《四库全书》的,相当篇幅是论述开展中华古籍保护工作意义的,真正涉及古籍原生性和再生性保护本身的理论性和实践性研究文章有限。我想,《古籍保护研究》为未来这方面工作的提升创造了条件,开辟了绿色通道。期待刊物在助力国家古籍保护工作中飞得更高,行得更远。

**倪晓建**(**中国古籍保护协会副会长,特邀嘉宾**):

天津师范大学古籍保护研究院承办的《古籍保护研究》刊物作为一个很好的平台,应该承担起以下三项责任:

第一,应该担负起研究、交流和宣传的责任。在目前刊物栏目设置的基础上,还应该扩大栏目范围,将古籍的活化、古籍保护及古籍的收藏、鉴赏和修复、学科建设、人才培养、古籍数字化、善本再造等方面考虑进去。同时,还应该扩大研究范围,将世界范围内的中国古籍收藏单位和业内人士作为研究对象,如美国、日本、德国、法国等海外收藏单位及学者。

第二,针对习近平总书记提出的"让古籍活起来""始终继承和弘扬中华传统文化"等方针,应该将总书记关于古籍和传统文化方面的指示作为一项重要的研究对象。例如,如何"让古籍活起来"?有很多的途径和方式需要我们深入研究。如今,古籍保护工作能够受到党中央、国务院和领导人的高度重视,这样高规格的重视来之不易,我们应该把握好这次难得的机遇,将古籍保护事业做大做强,引起全社会的注意,引起领导层的关注,才能争取到将古籍保护事业列为国家的重大工程。

第三,策划一些古籍保护方面的重大工程,如精品文创工程、海外流失古籍数字化回归、善本再造工程、古籍修复工程、体制外古籍保护等,以工程的形式来扩大古籍的影响力。

1.精品文创工程,就是将能够代表我国古籍高水平的珍品,如《永乐大典》、早期写本等,从中选取一些制作成文创精品,用于党中央、国务院对外交流中馈赠的国礼。

2.海外流失古籍的数字化回归,是在原古籍实物无法回归的情况下,对其进行数字化处理,这是古籍数字化版本回归祖国的工程。即便是古籍的数字化回归,也必将受到社会和国家有关部门的重视,例如前一段时间新闻报道的圆明园铜马首的回归就引起了广泛的社会关注。

3.善本再造工程,要制定善本再造的目录,按照目录分步骤、分批次地做下去。针对当前善本再造工程只面向省级图书馆而未面向地市级图书馆的做法,要"以人民为中心""让古籍活起来",因而有必要面向社会和基层开展,甚至是一些存有少量善本的县级图书馆也应该做一些努力。

4.古籍修复工程,应该包括人才的培养。

5.《中华古籍总目》分省卷作为国家图书馆主抓的基础工程,可以通过做联合目录或分专题目录,来提高读者的使用效率。

6.还应该重视军队系统与中国书店、拍卖机构等文化企业收藏的古籍,以及大量的民间藏书等体制外古籍的保护。这些古籍的保护现况尚无法掌握。

在古籍保护研究当中,应该树立国家古籍保护中心的权威领导地位,因为国家古籍保护中心在古籍保护方面承担了大量的工作,如全国古籍保护的全盘评估、目录编辑和全国普查等。最后,国家古籍保护中心和中国古籍保护协会应该加强交流和协作,在《古籍保护研究》这个平台上共同努力,为古籍保护事业的长远发展贡献力量。

**王余光**(北京大学信息管理系教授,本刊顾问):

姚伯岳副院长与王振良教授共同编辑《古籍保护研究》这本刊物,为刊物的发展带来了可喜的变化,这从最近的三辑可以看到。对这本刊物,我想提出个人的三点建议,仅供参考。

第一,需要加强古籍保护教育各方面的研究,如人才培养、专业设置、课程讨论和毕业标准等。而加强古籍保护教育的人才培养和研究等工作,也正需要有这样一个刊物作为平台来进行展示。从刊物目前的栏目设置和发表的相关文献数量来看,还远远不够。古籍作为不可再生的资源,是中华文化的重要遗产,需要不断地有人去继承、整理和保护它们。当老一辈古籍保护工作者逐渐离去时,后继人才的培养工作是否能跟上,这个问题尚未引起教育界的足够重视。古籍保护作为一个学科体系,姚伯岳申请并获批了国家重大项目,我认为该重大项目的研究成果今后应分批次地在这个刊物上发表,甚至有必要为这个重大项目开设固定的专栏,如课程的讨论、教育目的的阐述、人才培养的要求等。同时,还要引起高等教育界对古籍保护的重视,并为高校研究生专业目录的调整与设置提前做好准备。

第二,应对一些小型图书馆和私人藏书家收藏的古籍给予足够的关注,将这部分古籍也纳入到我们的研究视野当中。当前图书馆界对于古籍保护存在着两种极端的做法:一种是对古籍的过度保护,束之高阁,秘不示人;另一种是弃置角落、置之不理。目前仍有一些图书馆保存的古籍尚未进入全国普查的范围,由于古籍保护相关人才的缺乏,某些图书馆收藏的古籍仍处于尘封之中。这方面应该引起国家古籍保护中心和天津师范大学古籍保护研究院的重视,通过在本刊物上发表文章来揭示这些藏书的存在,进而引起业界的广泛关注。

至于私人藏书,不论古籍的归属权为谁,作为中华文化的共同遗产,应该进入到全国古籍保护的行列当中,列入古籍保护的研究范围。作为中华文化传承的主要力量,私人藏书在中国历史上长期存在着,是古籍得以保存下来的主要形式之一,有其历史性和必然性,因而对其合法性我们要予以承认。认同私人藏书的合法性,也有利于我们对其开展相关的研究。目前在某些地区私人藏书活动仍然十分活跃,在某些领域如家谱或某种古籍的版本等专题收藏方面,也大大超过了图书馆的收藏。我们可以通过调研、向私人藏书家约稿等方式,披露私人藏书的价值和保护现状,这些都是很有意义的事情。相对于大型图书馆和高校图书馆,小型图书馆和私人藏书家在古籍保护方面仍然有许多问题值得研究。

第三,图书馆开展经典阅读是"让古籍活起来"的重要方式。中国传统经典教育是传承中华文化的重要渠道,不仅能够塑造读者的人生观和价值观,还可以提升读者的阅读能力、写作能力、文化涵养及审美能力。通过让古籍中的部分经典"活起来",从而使更广泛的读者可以受益,在人们的日常生活中能够得以传承。我认为这些方面也应该成为本刊关注的研究领域,不仅扩大了研究范围,也有利于丰富稿件的来源。

**程焕文**(中山大学信息管理学院教授,本刊顾问):

天津师范大学古籍保护研究院让《古籍保护研究》这个刊物从形式到内容都上了一个新台阶。下面仅谈两点建议:

第一,申请刊号势在必行。《古籍保护研究》在目前没有刊号的前提下,经过编委会的努力已经将刊物水平发挥到接近极致,提高的余地尽管还有,但很难有根本性的突破。究其原因,没有刊号仍是限制刊物发展和提升的瓶颈。我认为,《古籍保护研究》申请成为正式刊物,已经到了势在必行的时候。接下来,也应该探讨将中国古籍保护协会纳入进来,由国家古籍保护中心和中国古籍保护协会合作办刊的可行性。经过近七年的办刊实践,两个国家级单位合作办刊的时机已经成熟,再加上天津师范大学古籍保护研究院拥有着足够的热情和人力支持,三方都有办好刊物的意愿,因此将该刊变成国字号刊物——《中国古籍保护研究》,也是名正言顺的。当然,这也是天津师大愿意承办该刊物的动力所在。从这个角度考虑,我们应该在 2021 年把刊物的身份确立好,然后再去追求刊物的细枝末节和定位,那么接下来的事情就都顺风顺水了。为了达到这个目标,需要国家图书馆、国家古籍保护中心和中国古籍保护协会的各位领导和同仁去竭尽全力。

第二,明确刊物的使命。国家古籍保护中心和中国古籍保护协会需要有这样一个学术刊物,作为我国古籍保护事业向全国和全世界发声的渠道,不仅发出学术的声音,还要发出事业的声音。

**李培**(天津图书馆馆长,本刊顾问):

首先,感谢国家图书馆和国家古籍保护中心对天津图书馆和天津市古籍保护中心的重视和偏爱。

其次,我代表天津市古籍保护中心对《古籍保护研究》发展研讨会的顺利召开表示衷心的祝贺。刊物创办之初,天津图书馆和天津市古籍保护中心曾介入其中,由我馆李国庆老师与国家古籍保护中心的相关领导和专家共同策划和筹建了这个刊物。刊物对国家古籍保护工作的开展起到了一定的作用。这个刊物的启动是由天津市古籍保护中心和天津图书馆竭尽所能完成的,后来将"接力棒"交给了天津师范大学。随后,天津师大古籍保护研究院又将刊物冲刺到了一个更高的层次。我们对刊物的快速发展感到高兴与自豪,因为我们曾经也为之洒下过汗水,做过一些事情。天津市古籍保护中心的工作宗旨是推进天津的整体工作水平,对天津高校的相关工作给予全力支持。例如,在天津师大申请古籍修复专业硕士时就给予了大力支持。天津图书馆与天津师范大学的渊源很深,有着良好的合作基础。此外,南开大学传习所在天津图书馆的帮助下也顺利建成。这使得天津成为在全国范围内为数不多的、同时拥有两家古籍修复传习所的城市之一。刊物放在天津师大古籍保护研究院,平台更高,视野更大,发展前景会更好。天津图书馆会大力支持,乐见刊物飞得更高更远,为天津乃至全国的古籍保护事业做出更大的贡献。

还有,我们赶上了好时期,从中央领导到各部委都对古籍保护工作十分关注,非常重视优秀传统文化的弘扬、古籍开发与整理、古籍数字化等。我在参加中宣部等中央部委层次的会议时,可以明确感受到领导们对古籍保护工作的指导重心,如古籍数字化深加工,知识库及知识集成平台、知识图谱等古籍深层次的加工整理,与现代信息技术的深度挖掘、人工智能等最大化的融合,等等。这不仅可以为广大民众的文化传承提供资源保障,从更深层次来讲,还可以为政府的决策咨询提供帮助。因此,古籍保护及开发整理的工作空间还相当大,我们刊物的工作视野也会更加宽广。在此我预祝刊物越办越好!

【12月23日上午的会议研讨环节,由姚伯岳与国家古籍保护中心办公室主任苏品红分别主持】

**杜伟生**(国家图书馆研究馆员,本刊编委):
我从古籍修复工作的角度,对刊物的发展谈些个人的看法。

古籍修复人员因长期从事实操工作,加之学历偏低,发表文章很是困难。写修复案例尚可,至于发表文章就有些力不从心,因而希望刊物的编委们能够对一线修复人员定期开展一些相关理论课程的培训。还有,办刊要有一定的档次,严格要求稿件的质量。我经常强调,不要只写怎么做,而要多写为什么这么做,这才是有价值的。同时,刊物的栏目在古籍修复方面还应该再细化一些,目前修复理论研究仍是空白。

另外,在中国古籍修复技术方面,不能一味地追求照搬西方的修复技术。如纸张酸碱度测试,曾经有英国国家博物馆的修复人员对《永乐大典》的纸张酸碱度进行测试,结果显示 pH 值为 4,他们很诧异 pH 值如此之低的纸张却依旧很有韧性。因此,刊物要在这方面努力,用自己的观点形成我们自己的特色。

综上所述,总结为两点:一是办刊要有档次,二是要有自己的特色。

**刘家真(武汉大学信息管理学院教授,本刊编委):**

刊物的发展关系着今后古籍保护的学科建设问题。如今,刊物的文章已在知网上可查,使其受益面增大,也提高了刊物的知名度。刊物与知网的合作,有利于提高作者投稿的积极性。我呼吁本刊的编委、古籍保护相关领域的教授和研究员们每人都为刊物投一份高质量的稿件,尤其希望姚老师的课题团可以将重大项目的相关论文投在本刊上。这些高质量的、重量级的文章可以大大提高刊物的影响力和引用率。我十分赞成程焕文老师提出的申请正式刊号的建议。此外,中国古籍保护协会也应是本刊物重要的支撑力量与平台,这点应该引起重视。

接下来,我想提几点建议:

第一,刊物的学术性很强,宜发表学术性论文,古籍保护行政部门消息的发布可以放到国家古籍保护中心的网站上。但有关古籍保护的重大政策法规,刊物是可以考虑发布的。

第二,组稿工作要拓展渠道。首先,向一些有科技实力但暂时还没有更多报道的研究机构去组稿,这些研究机构的基础数据、底层数据,应当通过刊物文章得以揭示。据我所知,齐鲁大学在科技成果产业转化理论和实践方面,中山大学化学系在纸张脱酸方面都很有研究,对纸张的修复方面很有益处,有必要深入了解他们的指导思想。复旦大学在生物和化学领域对科学数据进行了大量发布,也可以去组稿。其次,向一些有实力的企业去组稿,如曾服务于文物部门的北京美斯齐文化科技有限公司和天津森罗科技发展有限公司等,作为中国古籍保护协会的会员单位,他们有价值的实践经验是值得推广的。

第三,在古籍修复方面,除修复技术外,修复伦理学也是值得研究的。这方面,我们可以借鉴国际博物馆协会网站上发布的相关规章制度,结合我国的具体国情,制定出一套适合我国国情的修复伦理学,这方面的文章也可以在本刊物上进行发表。在修复技术方面,我们可以与四川西部文献修复中心的彭德泉先生建立联系,将他们历次通过国家招标完成的修复案例进行整理并发表。

第四，在古籍保护教学方面，我推荐向南京艺术学院组稿，他们在古籍保护的理念与人才培养方式上很有特色。

**杨光辉**（复旦大学中华古籍保护研究院常务副院长，本刊编委）：

首先，一旦正式的刊号申请下来，根据国家规定，正式期刊需要有一定数量的具有资格证书的编辑，所以编辑部各位老师在这方面需要未雨绸缪。

其次，在古籍科技保护方面，复旦大学中华古籍保护研究院一直在出相关的工作简报和科技简报，所取得的初步科技成果也希望有正式的刊物登载、揭示出来。

另外，刊物需要设置一些与古籍修复有交集的艺术类栏目，如"版画鉴赏""装潢艺术"等。

在"研究生园地"这个栏目，可以把近几年培养的古籍保护方向研究生的论文摘要，进行系列发表，这样不仅可以扩大稿源，也给了年轻学子的研究成果一个很好的展示机会。

在古籍保护走向国际化方面，建议设置一个"他山之石"栏目，用于反映国外古籍保护的研究动态、技术进展和代表人物等，并按国别、时代等，有步骤地进行介绍。

根据我在索引方面的工作经验，索引已成为大数据时代最重要的知识工具，是否编有索引是西方学术著作的重要指标。建议在每辑刊物后面附上索引，不仅有助于栏目的揭示，而且有助于读者更容易地了解刊物的内容。古籍保护是一门新兴学科，尤其需要把古籍保护领域新出现的重要词语，用索引及时揭示出来，通过《古籍保护研究》等专业刊物发表，并逐渐构建起古籍保护学词汇库。

最后，今后要与国外很好地对话，还需做大量的基础性研究工作，如"古籍"的英文翻译究竟是"Ancient Book"，抑或是"Rare and Old Book"，以及其他中国传统手工纸等相关的基本名词、概念等，都需进行讨论和明确。

**陈红彦**（国家图书馆古籍馆副馆长，本刊编委）：

从近三辑的刊物来看，刊物在规范性和编辑水平上都得到了很大的提高。与知网的合作是一件很好的事情，相信之后稿源会越来越丰富。

回顾当初创刊的初心，是源于古籍修复人员没有一个很好的发表园地和彼此交流的机会。因此，为了适应行业发展的需要，也为了给古籍修复人员提供一处可供分享研究成果的园地，而创立此刊。

首先，对于《古籍保护研究》的定位是"古籍保护和研究"还是"古籍保护的研究",存在着细微的差别。因此,要明确刊物的定位,这样才有利于刊物的征稿工作。

其次,定向约稿,有利于进行某一专题的定向深入研究。例如,对从事经典文化推广的书院进行研究。书院自古有之,过去和现在的书院都在从事什么活动?有何不同之处?针对这些问题可以进行定向约稿。

目前古籍定级和文物定级正在尝试进行合并,国家图书馆今年已经做了1000余条古籍的定级工作。今后,我们可以将正在进行中的实践研究作为刊物发表文章的一个切入点。

还有,针对刊物栏目的设置我有如下的几点建议:

1. 在国内外研究方面,我国在修复技术、科学检测等方面与国外相比尚有一定差距,但在中国古籍的纸张生产、配置等方面也有自己的优势。国家古籍保护中心是IFLA(国际图联)保存保护中心中国中心的挂牌单位,具有得天独厚的条件,可以设立"他山之石"或"国际交流"等栏目,开阔读者的视野,也传播推广中国古籍保护相关的工艺。

2. "研究生园地"的设置,为学子们提供了一个发表研究心得的地方。建议再设置一个"修复案例分享园地",这样既符合当初创刊的初心,又可以促进行业人员写作能力的发展。可以把全国古籍修复案例大赛的优秀作品作为今后刊物的征稿对象。

3. 设置一个与古籍保护研究相关的新书或最新研究成果的推介栏目,让研究人员及时掌握行业动态。

总之,栏目的设置要考虑古籍修复实践一线人员的实际情况,能为促进实际工作的发展提供帮助。

**艾俊川(《金融时报》副总编,本刊外审专家):**

作为一名读者代表,通过阅读这本刊物,我对古籍保护事业有了一个立体而全面的认识。刊物从内容、载体和实物等方面全方位地揭示了古籍保护学科,如果按照各位顾问和编委所阐述的建议继续发展下去,相信刊物的前途一定会是光明的。《古籍保护研究》作为国家古籍保护中心的机关刊物,应适当反映国家古籍保护中心乃至全国各级古籍保护单位的工作、研究和教学的情况。

我建议再增加一两个栏目或专题。如编一个"大事记"。或者将国家古籍保护中心、各省市和各高校的古籍保护动态,每半年汇总整理成一篇文章,既可以记录工作,又为未来的研究提供史料记载。或者,对重要的工作进行专题报道,如全国古籍保护大展、第六批《国家珍贵古籍名录》的评选等,从几个方面向专家学者进行约稿,结合新闻热点从学术角度总结经验得失和分析研讨,促进古籍保护工作与研究的结合。

**刘心明**(山东大学儒学高等研究院教授,本刊编委):

听完前面各位的发言深受启发,下面我谈几点不同的建议:

首先,在刊物栏目设置上可以增加一个"稀见古籍书录"或"稀见古籍书志",将来可以扩大为"稀见文献"的栏目。从我个人的工作经验来谈,在遇见一些国内外稀见的古籍时,查找与核对的工作是相当繁难的,如果刊物上设置这个栏目的话,便可以引导读者参与核对。在《中华古籍总目》出版之前,共同参与稀见古籍的核对是值得提倡的做法。这种核对查找稀见古籍的文章发表后,其引用率一定也会很高。

其次,本刊应以专题为主、综合为辅。"古籍保护"是其核心词,也是其特色,长期办下去肯定会有很好的发展前景。刊物的名称,不宜轻易改动,作为连续出版物,坚持下去对申请刊号乃至进入核心期刊都是有帮助的。

还有,"探索与交流"栏目,其收录的文章范围还可以适当放宽,只要与古籍有关即可收录,要提高刊物的综合性。

最后,进一步提高编刊质量。信息量少的文章尽量少发或不发。对于古籍修复人员发表文章的问题,鉴于修复人员动手能力强而写作能力稍弱,可以采用访谈的方法,以合作的方式去发表研究成果。相较于培训写作能力,这种方法可操作性更强。文字编辑方面还要精益求精,当刊物越办越好的时候,一点点小的瑕疵就显得非常突兀,如第六辑某篇文章中提到的"国学基本典籍丛刊"被误写成了"国学典籍基本丛刊"。

**刘强**(中国社会科学院大学历史学院副院长,本刊编委):

下面我谈两点自己的体会:

首先,要想办好刊物,宣传很重要。中国社科院有许多平台和渠道,我会积极地向中国社科院下属的各大刊物进行推介,争取能够刊登本刊的征稿启事或刊物介绍,以实现资源的共享,并扩大影响力。

其次,做一些约稿的推介工作。与中国社科院合作的各大博物馆的工作人员也存在不少发表专业文章的需求,如故宫博物院、国家博物馆、南京博物院等战略合作伙伴。一方面,我们可以与他们进行资源共享与信息交流;另一方面,建议将来办会时可以扩大参会人员的范围,如各省图书馆和博物馆的相关人员,这样可以为我们提供更多的信息和稿件。就我所参与的传统年画保护工作来讲,可以向版画方面的非遗传承人和研究者进行推介,通过访谈的方式进行约稿，为我们刊物的版画栏目贡献一些力量。

**陈立（南京图书馆历史文献部主任，本刊编委）：**

我站在图书馆一线工作人员的角度，结合古籍保护的实际工作谈几点看法：

第一，《古籍保护研究》第四辑以后，可以明显地感觉到刊物的理论性和学术性得到了提高。但也存在着一个问题，就是对青年学者的研究不够注意。建议将"研究生园地"栏目的范围扩大到工作一线的青年学者，他们的研究水平可能高度不够，但如能与大家的点评相结合，将文中的一两个亮点进行推介，还是可以促进青年学者的成长，并且给予他们一个很好的研究和发表的平台。

第二，设置案例分享的栏目，不止是修复案例的分享，还应有特色工作案例的分享。《古籍保护研究》的研究范围应该涵盖古籍保护工作的方方面面，不局限于古籍的修复与技术等，还应该有更多有特色的工作案例的稿件得以展示出来。

第三，在技术、实验和科研方面，文旅部颁发了关于建设重点实验室的通知，尤其提到了建设古籍重点实验室，可以此为切入点。在栏目设置上，科研方面的"标准和规范"是单独设置栏目还是在相关科研栏目内设置，值得我们考虑。

第四，对古籍保护重大项目和重大成果方面的宣传，既为造势，也是提升刊物关注度的一种办法，需要根据具体的项目进行一些策划。

**孔庆茂（南京艺术学院人文学院教授，本刊编委）：**

第一，与《文献》类杂志不同，本刊应该在内容上更加突出和侧重"古籍保护"，与古籍修复和版本鉴定无关的方面不应成为重点。

第二，应该设置古籍保护人才培养、古籍保护学科体系的理论探讨等栏目。

第三，在古籍保护方面，除古籍数字化、修复外，还应该做一些古籍保护的特色性研究。根据各校的自身特点，从不同的学科背景进行古籍保护，将本刊作为一个展示的舞台，发出各校自己的声音。

第四，本刊在古籍修复方面，可以选取一些本科生和研究生的修复成果，请像杜伟生老师这样的大家进行点评。通过对成功作品和不成功作品的点评，学生们可以学到更多的知识。本刊设立一个本科生和研究生的成果展示平台，对学生培养工作会是很有帮助的。

第五，以书代刊的集刊也有机会进入南京大学"C刊"，如《中国美术研究》。我们先把刊物做出自己的特色，努力成为集刊类的"C刊"，然后再努力成为带刊号的核心期刊。

**刘波（国家图书馆古籍馆敦煌文献组组长，本刊外审专家）：**

第一，在刊物定位上，《古籍保护研究》要与国家古籍保护中心旗下的其他几个刊物有所分工,不能交叉过多,否则无法突出本刊的特色。还有,既然叫"研究",就要突出学术性,不宜刊发过多的通讯内容,但可以综述文章的形式呈现出来。

第二,在审稿方面,刊物有培养作者的功能和作用。希望编辑部的老师们为培养作者多付出些努力,对有亮点的文章多提出一些有指导性的、有深度的修改意见,以利于作者提升写作能力,使其发表出高质量的文章,这样做也相当于培养了一批作者。

第三,在"研究生园地"方面,我的看法与其他老师可能不太一样。首先,前面的栏目是按照内容来分的,唯独"研究生园地"栏目是按照身份来分的;其次,该栏目含有照顾研究生的意思,这对写得好的研究生来说未必是公平的。我认为研究生写得好的文章可以按前面栏目正常分类,不主张在"研究生园地"栏目中发表学术性文章。

**冯坤**(国家古籍保护中心《书志》编辑,本刊外审专家):

下面从我的本职工作出发,谈一点想法:

我现在从事《书志》刊物的编辑工作,为珍贵善本古籍撰写书志,刊发各种与书志有关的文章。在面对水平不高但还可以修改和提高的文章时,如基层图书馆工作人员或在读学生交来的稿子,需要编辑去培养作者。古籍保护学科建设是一个新生的事物,需要编辑们与有提升空间的作者多做交流。以我的经验,在与他们交流的过程中,他们会发现自己的亮点,乐于举一反三,也会来讨论与请教。因此,希望我们的编辑在这方面多发掘一下,也希望姚老师多提供一些交流的方式和机会,如举办培训班、研究生论坛等。古籍保护学科建设与作者成长密切相关,当这批作者成长起来时,学科建设也会更为顺畅。

**王红蕾**(中国古籍保护协会秘书处副秘书长,本刊编委):

第一,刊物的定位明确是后期办事的依据。我认为《古籍保护研究》刊物应承担两个任务:一是指导性。作为国家古籍保护中心的阵地刊物,不仅面对着国家古籍保护中心的工作,还面对着国家古籍保护中心领导下的各省级古籍保护中心的工作,也包括中国古籍保护协会的工作,这些机构都是在国家古籍保护中心领导之下开展工作的,因而后期刊物应该加强指导作用。二是学术性。在近三辑的工作成果中体现出了很高的学术性。

第二,栏目的设置体现着办刊的思路和想法的落实。目前刊物存在着栏目内容交叉的问题,如"名家谈古籍""历史与人物"与"人才与培养""古籍与鉴定"等存在着交叉,应该尽量避免。还有,在新设"他山之石"等栏目的同时,是否可以设置譬如"企业风采"或"企业论坛"这样的栏目？为这些从事古籍保护的企业提供一些发声的机会，不必每辑都有，可以隔几辑发一篇成熟的文章。

第三，对于扩大稿源提两点建议：

1. 古籍文献保护的专业委员会是中国图书馆学会下设的，每年都会举办征文活动，可以从获奖论文中推荐几篇在本刊上发表，这些论文大部分是图书馆一线工作人员撰写的，实践性和理论性都很强。

2. 在国家古籍保护中心每年举办的培训班中增设两类培训班：一类是稿件撰写培训班，培训如何撰写稿子，如何申报国家课题，编辑如何选择稿件等，这对图书馆年轻的一线工作人员会很有帮助；另一类是宣传员的培训班，帮助各机构负责宣传的同志提高水平。

还有，再提两个小问题：一个是封面上的小图片不够清晰，有一些美中不足；另一个是封底的"中华古籍保护"的LOGO，显得不够大气。

**顾钢（天津师范大学古籍保护研究院管理委员会秘书长，本刊编委）：**

首先，从宏观形势上，国家提出了"破五唯（唯论文、唯帽子、唯职称、唯学历和唯奖项）"，是针对国内期刊不少学术论文质量低下、发论文易导致学术腐败等长期存在的问题。"破五唯"的核心内容就是不以数量而是以代表作来鉴定学术水平。目前很多高校评职称都出台了代表作制度。还有，很多诺贝尔奖获得者指出，他们最重要的文章都是发表在非核心期刊上的。因此，目前我们不必太在意刊物是否为核心期刊或"C刊"，只要努力把刊物办好就可以，目前大环境对我们是有利的。

其次，办刊的目的是要建立起一个独立的学科，古籍保护长期挂靠在历史学科或图情学科下是不行的。如同金融领域的一个术语——"顺周期效应"，古籍保护不能只靠一时的政策和规划，必须确立起自己的学科定位，进入国家学科目录设置的计划中。之后，需要考虑的是后续人才队伍的培养。后续人才就是通过学科培养出来的，这也是我们刊物需要扮演的角色。古籍保护学科有个重要的特征，就是它要直接为古籍保护实践服务，因此，本刊必须重视古籍保护应用理论的研究，尤其要重视对古籍保护实践教学理论的研究，注意防止重基础理论研究、轻应用理论研究的倾向。还有，"C刊"的收录范围已经包括集刊，这是我们的机会。我们要先入知网，再进人大复印资料，然后争取进入"C刊"。

本次会议我一共记了37条专家的建议，非常有收获。这些建议都是扎扎实实的东西，既有宏观的，也有微观的，对我们很有启发，感谢大家提出的宝贵建议。在新冠肺炎疫情期间，能够请来这么多专家参会，真是一个历史性的时刻，很鼓舞人心,必须写进办刊的大事记。接下来,我们将根据大家的建议把这个刊物办得更好,办成古籍保护的旗舰刊物,我个人对此特别有信心。到了古籍保护这个学科真正建立起来的时侯,我们的使命就算完成了。

**黄显功**(上海图书馆历史文献中心主任,本刊编委,因事未能参会,短信发来意见):

关于《古籍保护研究》的建议,主要有加强西文古籍的研究。虽然《国家珍贵古籍名录》中已开始收录西文古籍,但在古籍保护中心范围内的研究工作还较薄弱。本刊可以引导大家开展各馆西文馆藏的研究,拓展古籍保护工作的关注面,中西古籍并举,推进中国古籍保护事业进入新阶段。希望《古籍保护研究》在这方面予以考虑。

**张志清**(国家古籍保护中心副主任,本刊第一常务副主编)做总结发言:

我结合两天会议的记录做了一个纪要,现将纪要作为总结向大家进行汇报。

《古籍保护研究》是国家古籍保护中心主办、天津师范大学古籍保护研究院承办的古籍保护界的重要刊物。国家古籍保护中心是把它作为机关刊物对待的。这次研讨会是《古籍保护研究》的第一次编委会,天津师大的校领导和国家图书馆的领导都亲自参加,给予了巨大的支持。饶馆长对我讲,通过参观学校、观看展览和参加会议,包括李培馆长陪同参观天津市古籍保护中心的工作,他的感触非常大,这些都给他留下了深刻的印象,天津师大校领导和图书馆领导的高度支持是办好刊物和做好古籍保护工作的基础和保障。

本次会议的议程分为四个阶段:第一个阶段是由接励书记主持,张玲书记和饶权馆长致辞。饶权馆长的致辞一方面表达了对师大领导的感谢和对古籍保护研究院的支持,一方面也表达了对刊物的支持,并亲自号召大家为刊物积极投稿。随后,向顾问、编委颁发聘书并合影留念,这是本刊的第一次,具有重要的历史意义。第二阶段是由我主持,姚伯岳院长做了工作汇报。工作报告分为四个方面:一是把刊物的历史向大家做了介绍,概括地介绍了现在的情况;二是对刊物的栏目设置进行了说明;三是对与国家图书馆和国家古籍保护中心的合作进行了阐述;四是对各位专家学者的指导、帮助和支持表达了感谢。这份报告是一份全面和系统的报告。

接下来,倪晓建教授代表中国古籍保护协会发言,他的发言主要是要求刊物担负起研究、交流和宣传的三个责任,另外要策划重大工程,扩大影响,加强保护工作。目前,正值"十四五"规划,还有十年规划和2035年远景规划,在前段时间的在线视频会议上,倪晓建馆长和程焕文馆长对国家古籍保护中心提出的十年规划都提出了很多宝贵意见。

王余光教授作为刊物顾问发言,根据自身学识的特点,特别强调加强古籍保护教育工作、人才培养工作,而且对于古籍保护如何进入大众视野做了一个重要的提醒。记得上次在天津师大周和平部长做了报告,由于我的缺席,晚上他专门打电话叮嘱我:"一定要把古籍保护工作与国家的需要、民众的需要、社会的需要结合起来,否则是没有前途的。"王余光教授在这一点上提醒得非常到位。他还特别谈到了如何关心私人收藏,让私人收藏研究进入我们研究和保护的视野,承认其合法性,在这方面我们还有很长的路要走。还有,把经典阅读纳入古籍保护,被认为是"让古籍活起来"的重要方式,这与国家古籍保护中心正在力推的"中华古籍经典传习计划"是紧密结合的。在国家图书馆举办的所有省级图书馆馆长会议上,大家对饶馆长提了一个建议:希望国家图书馆有一个全民阅读的大的品牌,能够带动全国一起来做。那么,"中华古籍经典传习计划"应该是一个这样的计划,是要提到议事日程上来的。所以,在办刊的过程中,如何将国家大的方针、政策和方向与我们具体要做的事相结合,是很值得考虑的。我觉得王余光教授提的这几点非常好。

程焕文教授认为刊物办到现在已经水到渠成,希望申请刊号成为正式刊物,还提出了改刊名为《中国古籍保护研究》,让天津师范大学承办国家级刊物,明确刊物的两个基本功能——研究功能和通讯功能,还要反映全国古籍保护的整体状况。

李培馆长具体讲了一下在刊物的创办和发展过程中,天津市古籍保护中心为刊物洒下的汗水和提供的支持。李国庆先生在创刊时起了关键的作用。之后,经过两馆之间的协商,把刊物放到天津师大古籍保护研究院来做。天津师大古籍保护研究院的全部有生力量都在参与刊物的编辑工作,加上王振良先生亲任编辑部主任,大象出版社吴韶明老师把关,顾钢馆长、接励书记及校领导的重视与帮助,使刊物水平得到极大的提高。放眼全国,重视程度能够与之比肩的,只有复旦大学杨玉良院士亲自担当的中华古籍保护研究院了。最后,吃水不忘挖井人,还是要感谢李国庆先生高瞻远瞩的规划和具体操作。

今天上午的编委会议分为两个阶段讨论。上半场由姚伯岳老师来主持,杜伟生等几位先生发言,主要谈到了刊物要正规化,特别强调了刊物的组稿、审验、撰稿质量。杜老师提到的一点特别关键,就是修复理论要放进去。但是,目前修复理论尚属空白。就如顾钢先生刚才发言中谈到的,古籍保护学科的建设要重视对古籍保护应用理论的研究,理论完善了,学科才能建好,人才培养才能走上正轨。只要人才培养步入正轨，无论未来国家规划如何变动，工作也能按部就班地进行下去。一定要搞正规化，正如北京大学有了古典文献专业，才有了古籍整理的今天。这就是为什么我们要与高等院校合作的原因，也是为什么要把刊物委托给高校来做的原因，就是为了加强理论性和科学性，这也指明了刊物的定位。

刘家真老师谈到了基础数据的问题，如刊物的定位要多多容纳科研数据的发布，基础数据、底层数据应当通过刊物文章得以揭示。与知网的合作，为刊物的顺利发展提供了重要的支撑。还有，与程焕文馆长相呼应，提出了申请正式刊号和把中国古籍保护协会纳入到刊物工作当中的建议。这足以引起我们的重视，是我们刊物下一步要讨论和改进的地方。

杨光辉老师的发言谈到了几个问题，其中一个是栏目的设置需要进一步斟酌。栏目的设置决定了刊物的定位，所以栏目名称的科学化很关键，应设置"装潢艺术"等栏目。孔庆茂先生在这方面也为我们提出了很好的建议。杨老师还提到了研究生的论文摘要问题，古籍保护要走向国际化应设置"他山之石"栏目等问题。在这方面，陈红彦主任也谈到了国家古籍保护中心是国际图联保存保护中心中国中心的所在地。最后，杨老师结合自身在索引方面的工作，提出索引是大数据时代最重要的知识工具，本刊的建设要重视建立书后索引。

陈红彦主任的发言提出了集中专题进行约稿，如古籍定级与文物定级的融合问题等。同时，也呼应了"他山之石"和"研究生园地"的栏目设置。

艾俊川先生的发言提到，国家古籍保护中心的刊物一定要反映全国的古籍保护工作，还希望编"大事记"。同时，还提到如何在刊物上反映第六批《国家珍贵古籍名录》和古籍保护大展，可以请专家学者进行点评。

下半场由苏品红主任主持，刘心明教授、刘强老师、陈立老师、孔庆茂先生和刘波先生等都做了发言，强调在质量上要精益求精，要重视年轻学者的研究成果，重视标准化的建设，还要重视与古籍保护工作的衔接，重视作者的培养等。特别是顾钢先生谈到了几个方向，如国家实施代表作的制度对我们有利，通过刊物要把理论探讨和学科建设做起来，未来我们还有很长的路要走。

经过两天的讨论，收获的成果十分丰硕。在座的各位代表都是本着对古籍保护工作的热爱，全身心地投入，积极建言献策，有很多真知灼见和中肯的建议，我们很受启发。这是对《古籍保护研究》的极大支持和鼓励，也是为刊物的定位和未来奋斗方向的把关把脉，体现了在座各位的主人翁情怀。我代表国家古籍保护中心再次对各位老师的意见和建议表示感谢。不忘开创之功，在这里还要感谢天津图书馆、天津师大、师大古籍保护研究院和大象出版社给予的支持。接励书记和姚老师与国家古籍保护中心办公室之间的密切配合,也体现了良好的协作性和团结精神。再次表示感谢!

最后提几点工作设想:

1. 进一步调整和完善编委会,对纳入中国古籍保护协会一事进行讨论,在确认天津师范大学古籍保护研究院作为核心承办者的基础上,要适当扩大重要的古籍保护中心、重要的高等院校的专家学者的参与力度,使《古籍保护研究》真正成为全国古籍保护界的刊物。

2. 进一步讨论《古籍保护研究》的名称和规范化,尽快启动正式期刊的申请工作。

3. 进一步找好刊物的定位,充分反映古籍保护的成果,特别是研究成果,使刊物更加生动鲜活,更具学术价值,通过栏目来确定方向,避免相互之间的交叉。

4. 进一步发挥编委和审稿人的重要作用,使其亲自参与到具体栏目的组稿和编审工作当中。

5. 采取措施进一步提高刊物的质量,特别是对来稿质量的把关,做好专题征稿,设立稿件的鼓励奖励机制。国家古籍保护中心办公室也可以配合举办培训班,做好对古籍保护工作者的宣传和推广。还可以通过资金支持和实际采购,向古籍保护界赠送刊物,以扩大刊物的影响力。

6. 国家古籍保护中心将给予大力支持,使刊物编纂与学科建设相结合,希望未来五年内可以见到高校里开设古籍保护的学科。还有一个好消息,中山大学的文博专业优先建立起古籍保护学,古籍保护专业已经开始招生。另外,在"文献学前沿热点论坛"上,我提出了将古籍保护与文献学相融合,作为一门课程纳入到文献学教学当中,同时还提出了以姚老师的"原生性保护、再生性保护和传承性保护"理论中的传承性保护作为理论支撑,得到了与会专家的一致赞同。

在新冠肺炎疫情之下,能够出席和召开这次会议,各位专家和天津师大都克服了重重困难,再次表示衷心的感谢!

(董桂存,天津师范大学图书馆馆员)

## 普查与编目

# 2012年至2020年全国古籍普查登记工作综述

A Review of the National Survey and Register of Chinese Ancient Books During 2012 and 2020

洪琰

**摘 要**：全国古籍普查登记工作是全面了解全国古籍存藏情况，建立古籍总台账，开展全国古籍保护的基础性工作。2012年全国古籍普查登记工作正式全面开展，到2020年基本结束。本文从工作实施、工作成果、经验教训及在"十四五"时期的发展四个方面，结合数据分析，介绍、总结这一阶段的全国古籍普查登记工作，体现这一阶段工作的价值和意义。

**关键词**：全国古籍普查登记工作；古籍普查成果；工作经验与教训

我国历史上有多次官方组织的全国性书籍普查及编目活动。《汉书·艺文志》载："汉兴，改秦之败，大收篇籍，广开献书之路。迄孝武世，书缺简脱，礼坏乐崩，圣上喟然而称曰：'朕甚闵焉！'于是建藏书之策，置写书之官，下及诸子传说，皆充秘府。至成帝时，以书颇散亡，使谒者陈农求遗书于天下，诏光禄大夫刘向校经传诸子诗赋，步兵校尉任宏校兵书，太史令尹咸校数术，侍医李柱国校方技。每一书已，向辄条其篇目，撮其指意，录而奏之。会向卒，哀帝复使向子侍中奉车都尉歆卒父业。歆于是总群书而奏其《七略》。"《七略》亦多被目为中国目录之起源。之后官方编制的全国性书籍目录，除史志目录外，则有宋代《崇文总目》和清代《四库全书总目》。据统计，《崇文总目》（文渊阁《四库全书》本）"其经部书分9类222部2786卷，史部书分13类642部7770卷，子部分20类1819部9473

卷,集部分 3 类 744 部 7432 卷,合计 45 类,著录图书 3427 部 27461 卷"[1]。清代编纂的《四库全书总目》是我国古代最大的官修目录。在《四库全书》编纂初期,即在全国范围内搜访征集图书,这项工作始于乾隆三十七年(1772),短短的几年时间,征集图书总数达 13501 种(内 272 种重本)[2]35-36。据统计,《四库全书总目》著录书籍 3461 种 79309 卷,存目书籍 6793 种 93551 卷,总计 10254 种 172860 卷[2]411。

新中国成立以来,政府组织的大规模古籍编目有《中国古籍善本书目》和《中国古籍总目》。《中国古籍善本书目》编纂自 1978 年始,历时 20 年,1998 年编纂出版全部完成,收录近 800 个单位的藏书,共著录款目经部 5239 个,史部 15708 个,子部 12294 个,集部 22924 个,丛部 622 个[3]。《中国古籍总目》的编纂自 1992 年始,历时 17 年,于 2009 年 6 月完成编纂。《中国古籍总目》第一次将中国古籍书目著录为约 20 万种,其中著录了我国港澳台地区及日本、韩国、北美、西欧等地图书馆收藏的中国古籍稀见品种,著录了现存中国古籍的主要版本[4]。

## 一、全国古籍普查登记工作背景与方案实施

2007 年,国务院办公厅发布《关于进一步加强古籍保护工作的意见》(国办发〔2007〕6 号)(以下简称"文件"),提出实施"中华古籍保护计划",构建起覆盖全国的古籍保护工作机制。在文件中,中央明确提出古籍保护工作的首要任务:对全国公共图书馆、博物馆和教育、宗教、民族、文物等系统的古籍收藏和保护状况进行全面普查,建立中华古籍联合目录和古籍数字资源库。

由于古籍数量众多,普查工作基础薄弱,"中华古籍保护计划"实施伊始,一边建立"全国古籍普查登记平台",一边开展《国家珍贵古籍名录》的评选工作。全国古籍普查登记工作依托《国家珍贵古籍名录》申报评审等工作,初步掌握了全国存藏一、二级古籍的基本情况。国务院先后批准公布 6 批《国家珍贵古籍名录》,共收录古籍 13026 部;先后命名 6 批共 203 家"全国古籍重点保护单位"。

2009 年文化部(现文化和旅游部)发布《文化部办公厅关于开展〈中华古籍总目〉编纂出版工作的通知》(办社文函〔2009〕520 号),计划启动《中华古籍总目》编纂出版工作。但因各地古籍普查基础不一,在短时间内难以编纂形成版本联合目录,转而进行全国范围内的基础古籍编目,坚持目验原书,编纂出版以收藏馆为单位的普查登记目录。

2012 年全国古籍普查登记工作正式开展,确定了《全国古籍普查登记工作方案》,进一步规范了古籍普查登记工作的范围、内容、原则、步骤、办法、成果等。

《中华人民共和国国民经济和社会发展第十三个五年规划纲要》(以下简称《纲要》)于2016年3月正式发布,《纲要》第六十八章明确提出:"实施中华古籍保护计划。基本完成古籍普查工作,推动古籍原生性和再生性保护,推出300种国家重点古籍整理出版项目,建设国家古籍资源数据库。"2017年文化部印发《"十三五"时期全国古籍保护工作规划》,要求"十三五"时期基本完成全国古籍普查登记工作。

## 二、全国古籍普查登记工作成果

(一)全国古籍普查登记完成总量

在国家古籍保护中心规划指导下,各省级古籍保护中心、各古籍收藏单位具体实施,通力合作,全国古籍普查登记工作于2020年底基本完成。30个省(区、市)完成本辖区内90%以上古籍的普查登记工作(西藏自治区尚未完成藏文古籍普查),保证了古籍普查登记六项必填项目的登记。全国2829家单位参与并完成古籍普查登记工作(其中1160家为西藏藏文古籍收藏单位),占预计单位总数的96%以上。其中不仅有各公共图书馆,还有博物馆系统、教育系统等各系统的古籍收藏单位(详见附录表1)。

(二)《古籍普查登记工作报告》

2012年至2016年,国务院统一部署开展了第一次全国可移动文物普查。2017年11月,国务院第一次全国可移动文物普查工作办公室出版《第一次全国可移动文物普查工作报告》[5]。《第一次全国可移动文物普查工作报告》从我国国有可移动文物资源总体情况、普查开展情况、主要成果、基本经验、普查后续工作措施五方面总结了这一次全国可移动文物普查,后附《第一次全国可移动文物普查数据公报》,对普查数据进行了具体分析。

2017年9月浙江省古籍保护中心率先出版《浙江省古籍普查报告》[6],总结浙江省自2007年开始,至2017年4月30日基本完成普查工作任务的历程,对普查数据进行了系统分析,对普查成果进行了多方面总结。

在"十三五"时期基本完成全国古籍普查登记工作任务的要求下,2019年5月国家古籍保护中心发布《国家古籍保护中心关于提交〈古籍普查登记工作报告〉的通知》(国家中心发〔2019〕2号),要求各省级古籍保护中心在古籍普查登记工作基本完成基础上,编制本辖区《古籍普查登记工作报告》(以下简称《报告》)。《报告》的编制主要包括工作背景、工作情况、数据汇总、数据分析、主要成果。《报告》既是对全国范围内开展的古籍普查登记工作的总结,也是对古籍普查登记数据资料的量化分析。

除西藏自治区外，其余各省正在加紧编制《报告》中，截至2020年底，已有北京、辽宁、山东、山西、河南、海南六个省市提交其《报告》。

(三)《全国古籍普查登记目录》

《全国古籍普查登记目录》(以下简称《目录》)在各收藏单位古籍普查登记基础上，由省级古籍保护中心组织审校，之后提交国家古籍保护中心，由招标指定的出版社进行出版。为尽可能保证出版目录的准确性，国家古籍保护中心组织编制了《全国古籍普查登记目录格式整理规范》《全国古籍普查登记目录审校要求》，并在全国范围举办"全国古籍普查登记目录审校人员培训班"，在具体普查数据审校实践中，也培养了一批古籍编目人才。

《目录》收录馆藏所有古籍，复本不合并，旨在摸清家底，揭示馆藏，反映古籍的基本信息。原则上每个申报单位单独成册(每册4000条左右)，馆藏量少、不能单独成册者，在本省范围内几个馆目合并成册。《目录》是馆藏登记目录性质，其基本数据有待进行分类编纂，相同版本古籍合并，形成版本联合目录——《中华古籍总目》(分省卷)。

截至2020年底，已累计完成出版386家收藏单位的《目录》共计107种170册，收录116万余条款目(详见附录表2)。其中天津市、重庆市、宁夏回族自治区、浙江省已完成其全部古籍普查数据的《目录》出版工作。出版《目录》的单位除公共图书馆外，最多的是高校图书馆。

除国家古籍保护中心主持编纂出版的《目录》外，新中国成立以来全国各地方正式出版的各类古籍目录、图录、提要目录等共计125种，其中97种出版于2007年之后(含2007年，下同)，与"中华古籍保护计划"的开展、《国家珍贵古籍名录》评审公布及全国古籍普查登记工作密切联系。其中古籍善本联合目录16种(有3种为专题联合目录，其他均为省级或市级联合目录)，一半以上为2007年后出版；古籍善本目录47种(除1种为馆藏专题目录外，其他均为馆藏古籍目录或善本目录)，其中29种为2007年后出版；古籍善本图录53种(除9种为专题图录外，其他均为馆藏古籍图录或善本、珍贵古籍图录)，只有2种为2007年以前出版，且善本、珍贵古籍图录大部分以《国家珍贵古籍名录》《省级珍贵古籍名录》为基础进行选目编纂；另外有9种提要、叙录性质的目录，也仅有1种为2007年以前出版(详见附录表3)。

(四)"全国古籍普查登记基本数据库"

"全国古籍普查登记基本数据库"是全国古籍普查工作的重要成果之一。数据库发布的内容主要包括普查编号、索书号、题名、著者、版本、册数、馆藏单位等信息。系统支持用户按照题名、著者、版本、收藏单位、普查编号、索书号等字段进行简单检索（单一字段检索）或高级检索（组合字段检索），支持繁简共检，检索结果可按照普查编号和题名进行排序，同时可按照单位进行导航。国家古籍保护中心根据普查工作进展，陆续发布古籍普查数据。

"全国古籍普查登记基本数据库"发布数据均为经审校后出版的正式数据，截至2020年底，已累计发布264家单位古籍普查数据825362条7973050册。

目前国内发布的古籍联合书目数据库中，除"全国古籍普查登记基本数据库"之外，仅有"学苑汲古——高校古文献资源库"和"中华古籍善本国际联合书目系统"。"学苑汲古——高校古文献资源库"不仅包括各参建馆所藏古文献资源的书目记录，而且还配有相应的书影或图像式电子图书，但仅包含30家高校图书馆的古籍数据[7]。"中华古籍善本国际联合书目系统"是由中文善本书国际联合目录项目发展而来的新数据库，著录了海内外30余家图书馆所藏古籍善本，数据达2万多条，并配有1.4万余幅书影[8]。

（五）古籍普查人才培养

自2007年"中华古籍保护计划"实施以来，人才培养一直是一个重要项目。截至2020年底，国家古籍保护中心配合古籍普查，共组织了"全国古籍普查培训班"33期、"全国古籍普查平台培训班"5期、"全国古籍普查登记目录审校人员培训班"26期、"全国古籍普查与分省卷编纂研修班"6期、"全国古籍编目培训班"5期、"全国古籍编目合作进修班"2期，培训了4280人次，培养了一批古籍编目、审校人才。

2015年，中国古籍保护协会发起并开展了"中华古籍普查文化志愿服务行动"。6年来，该项目吸引了全国168所高校1250名大学生志愿者和社会文化志愿者的积极参与，使其获得了基本的古籍普查能力，这也为将来的古籍人才队伍提供了后备力量。

而在古籍普查登记、审校工作中，各省级古籍保护中心、各基层单位的工作人员得到锻炼，也促进了古籍普查相关研究的发展。

（六）古籍普查登记相关研究

以古籍普查为主题搜索，在中国学术期刊网络出版总库（清华同方知网）收录文章378篇。去除工作通讯及内容无关的文章，2007年以来有208篇关于古籍普查的研究文章。

古籍普查、保护工作综述及研究类文章最多，有143篇，主要涉及古籍普查工作综述及对策、建议,如葛智星《开封地区古籍普查工作现状分析及对策研究》[9],刘景会、程学军、饶恩惠《江西古籍普查工作实践与探索》[10],王娟《四川古籍普查现状分析及工作建议》[11],潘健《南京市公共图书馆古籍普查工作现状分析》[12],丛冬梅《新疆古籍保护工作调研与普查登记进展情况综述》[13],杨敏、黄雪松《襄阳市图书馆古籍普查工作调查与思考》[14],洪琰、王沛《全国古籍普查登记工作实践与思考》[15],侯蔼奇《陕西省古籍普查现状及加快普查进度对策研究》[16]等。馆藏藏品介绍,如张莉《河南省图书馆古籍收藏概述》[17]、王开学《秘籍琳琅　楮墨飘香——山西省珍贵古籍一瞥》[18]等。古籍普查工作具体环节研究,如舒和新《古籍普查登记数据的审校与思考——以安徽省博物院、安庆市图书馆数据为样本》[19],王小芳《全国古籍普查登记工作实践与探索——以陕西省古籍普查登记目录审校为例》[20],石梅《安徽省古籍编目人员队伍现状的调查与分析》[21]等。另有部分是古籍保护整体情况综述中提及古籍普查工作,如尹光华《宁夏回族自治区古籍保护事业近十年发展述略》[22],王水乔《中华古籍保护计划视域下云南古籍保护体系的建构》[23],杨居让、姜妮、薛继民等《陕西古籍保护新机遇及发展战略研究》[24],全勤《江苏省古籍保护事业发展研究》[25],王继娜《河南省近十年古籍普查保护工作探析》[26],方挺《福建省古籍保护中心工作10周年回顾》[27],程学军《江西省图书馆古籍保护工作现状与对策》[28]等。

古籍编目、著录相关问题研究文章34篇,集中于古籍普查填报项目(包括分类、丛书著录、版本、钤印、破损定级、古籍定级及总体著录项目等)的研究方面,如韩春平《全国古籍普查平台分类问题试析》[29]、刘淑萍《再谈铅印本定义问题》[30]、莫俊《全国古籍普查平台钤印项著录探讨》[31]、张若雅《全国古籍普查平台丛书著录札记——以苏州大学图书馆为例》[32]、周会会《古籍普查中古籍破损定级问题的探讨》[33]、吴芹芳《古籍定级和古籍破损定级在编目系统中的著录》[34]等。编目著录总体研究,如姚伯岳《我国图书馆古籍编目工作存在的问题及建议》[35]等。

与古籍普查相关数据库研究文章9篇,主要是关于书目数据库、藏书印数据库研究,如齐晓晨、孙臻、解登峰《古籍整理研究成果的全方位展示——馆藏古籍及藏书印展示平台的自主研发实践》[36],童正伦《古籍书目数据库析评》[37],娄明辉《古籍普查与古籍数据库的再建设——以辽宁地区图书馆为例》[38]等。

古籍普查成果利用相关研究文章7篇,主要是古籍普查之后应用于文学研究、对现有书目的校补、古籍题跋研究等方面,如廖可斌《俗文学研究的百年回顾与前瞻》[39],林宏磊、冯静《〈中国丛书综录〉等书校补》[40],刘树伟《牟平孔氏著述考》[41],张丽芬《西南大学图书馆藏古籍题跋辑释》[42]等。

与普查相关的版本研究文章4篇,包括对具体书籍版本的鉴定、研究和类型版本(写样本)的研究,如李正辉《古籍普查工作札记六则》[43]、石祥《古籍写样本及其鉴定》[44]、杨之峰《〈武英殿聚珍版丛书〉零种的鉴定》[45]等。

关于古籍普查数据分析的研究文章2篇,分别是王珂《山东省古籍普查"大数据"分析》[46],刘小兰、龙慧《基于馆藏古籍普查数据的分析研究——以柳州市图书馆为例》[47]。

另有关于海外古籍普查相关研究文章1篇,李伟、马静《海外古籍回归与利用的模式及思考》[48]。少数民族文字古籍普查相关研究文章8篇,如史金波、黄润华《开拓创新,成就辉煌——中国民族古文字研究70年》[49],李辉《甘肃藏藏文古籍及其保护工作的多样性——以玛曲县藏文古籍普查为例》[50],萨仁高娃、白张《拉萨市尼木县切嘎曲德寺古籍普查记——又见元刻》[51]等。

### 三、全国古籍普查登记工作的经验及教训

全国古籍普查登记工作至今基本完成,在工作实施、《目录》出版、数据库建设、相关研究方面有许多经验、教训值得总结。

(一)全国古籍保护体系的建设保障了古籍普查登记工作的顺利开展

国务院办公厅《关于进一步加强古籍保护工作的意见》(国办发〔2007〕6号)提出,要建立古籍保护工作协调机制,在国家层面"建立由文化部牵头,发展改革委、财政部、教育部、科技部、国家民委、新闻出版总署、宗教局、文物局等部门组成的全国古籍保护工作部际联席会议"。设立了国家古籍保护中心,成立了全国古籍保护工作专家委员会。随着"中华古籍保护计划"的实施,全国各省、自治区、直辖市相继建立了省级古籍保护厅际联席会议、省级古籍保护中心和专家委员会。部分副省级城市也陆续建立了市级古籍保护中心。中国中医科学院建立了全国第一个行业古籍保护中心——全国中医行业古籍保护中心。

在全国古籍普查登记工作开展的过程中,覆盖到全国的古籍保护体系起到了很大作用。国家古籍保护中心组织、建设了"全国古籍普查登记平台",确定了《全国古籍普查登记工作方案》,组织专家编纂了《全国古籍普查登记手册》,规划指导全国古籍普查登记工作。省级古籍保护中心不仅完成本省级图书馆的古籍普查登记工作,还具体组织实施了本辖区内的普查登记工作。在具体工作中,很多省级古籍保护中心亲自带队去各基层收藏单位进行古籍普查登记。在跨系

统古籍收藏单位的古籍普查登记中,部际联席会议制度、厅级联席会议制度也起到了一定作用。

(二)古籍普查登记著录项目的缺憾

古籍普查著录项目在不断的实践和交流中,从最初要求的100余个字段,简化到13个基本项目,其中必填项目有索书号、题名卷数、著者(含著作方式)、版本、册数、存缺卷数,选登项目有分类号、批校题跋、版式、装帧形式、丛书子目、书影、破损状况。在后续《目录》出版及数据库发布中,批校题跋项目的缺失容易造成找书不准,增加检索书籍的难度,尤其在一些大馆,因复本较多,更容易造成混乱。版式项的缺失,也对《中华古籍总目》(分省卷)的编纂带来一些困难,一方面需要增加版式项,另一方面也不利于进行版本归并的工作。在古籍普查登记的初期,由于受到古籍编目人才匮乏和工作进度要求的制约而形成了这个局面,有待将来弥补。

(三)人才培养与《目录》出版相结合

《目录》在提交出版前需先对古籍普查登记数据进行审校,审校过程既是对普查数据的加工,也是人才培养的过程。

2013年5月国家古籍保护中心举办第一期"全国古籍普查登记目录审校人员培训班",在此培训班的审校实践和交流中,最终确定了《全国古籍普查登记目录格式整理规范》《全国古籍普查登记目录审校要求》,并投入使用。截至2020年底,国家古籍保护中心共组织了26期"全国古籍普查登记目录审校人员培训班",培训了299家单位的1192人次。

(四)古籍书目数据库建设的得失

"全国古籍普查登记基本数据库"是全国古籍普查工作的重要成果之一。在检索项的设置上,可按题名、著者、版本、收藏单位等12个字段进行检索,同时可按照单位进行导航。与国内现有的书目数据库对比,检索项比较完备,但还缺乏版本类别、出版年代、出版地点等版本细项的检索。

在国内发布的古籍联合书目数据库中,"全国古籍普查登记基本数据库"收录数据量最多,且发布的是已审校、正式出版的数据,相对较为准确。但与"学苑汲古——高校古文献资源库"和"中华古籍善本国际联合书目系统"相比,其最大缺陷在于缺乏书影。这也是将来"全国古籍普查登记基本数据库"一边扩充数据量,一边继续深入发展的方向。

(五)古籍普查相关研究的继续发展

古籍普查相关研究,如前文所述,多集中于工作综述,其他类型研究文章较少。将来需加强对古籍普查的相关研究。一方面,在古籍普查登记基本完成、《古籍普查登记工作报告》撰写完成的基础上,加强对古籍普查数据的量化分析,勾勒本单位、本辖区古籍收藏的概况,并进一步分析其收藏来源、版本类型等相关内容;另一方面,加强对古籍普查中专书、专类文献的深入研究与内容挖掘,将古籍普查的成果进一步转化为文献研究的成果。

## 四、古籍普查在"十四五"时期的延伸

全国古籍普查登记工作在"十三五"时期基本完成,"十四五"期间,除查缺补漏和新发现古籍收藏单位的普查之外,还可在两个维度延伸。一是在广度上,在其他少数民族文字和其他类型古籍方面延伸,在其他系统尤其宗教系统的收藏单位上延伸;二是在深度上,加强版本联合目录的编纂及古籍内容的进一步挖掘[52]。

2012年全国古籍普查登记工作全面开展,到2020年基本结束,在全国古籍工作者的共同努力下,在古籍普查数据、《全国古籍普查登记目录》出版、"全国古籍普查登记基本数据库"建设、古籍普查人才培养、古籍普查相关研究等方面取得了很大成绩。全国范围内的古籍普查登记,涉及的收藏单位数量、古籍普查得到的数据数量都是前无古人的。但在工作中也存在一些问题,还需要进一步完善和深入。在"十四五"时期,古籍普查工作将揭开新的篇章。

(洪琰,国家图书馆馆员)

附录:

表1 全国古籍普查登记工作完成情况汇总表①

| 省(区、市) | 完成普查数据(部) | 完成全部普查单位数(个) |
| --- | --- | --- |
| 北京 | 61535 | 34 |
| 天津 | 60364 | 21 |
| 河北 | 50700 | 59 |
| 山西 | 67484 | 120 |
| 内蒙古 | 21737 | 55 |
| 辽宁 | 58533 | 30 |

---

① 数据来源于各省级古籍保护中心根据《国家古籍保护中心关于报送古籍普查登记工作完成情况的通知》(国家中心发〔2020〕3号)上报的材料,并根据已上交《古籍普查登记工作报告》及2020年底总结做出部分修改。

(续表)

| 省(区、市) | 完成普查数据(部) | 完成全部普查单位数(个) |
|---|---|---|
| 吉林 | 80809 | 16 |
| 黑龙江 | 22251 | 27 |
| 上海 | 184000 | 21 |
| 江苏 | 251295 | 148 |
| 浙江 | 217985 | 95 |
| 安徽 | 70717 | 66 |
| 福建 | 47000 | 48 |
| 江西 | 89499 | 79 |
| 山东 | 121055 | 136 |
| 河南 | 88606 | 81 |
| 湖北 | 111486 | 52 |
| 湖南 | 76814 | 67 |
| 广东 | 88666 | 49 |
| 广西 | 27000 | 45 |
| 海南 | 2294 | 11 |
| 重庆 | 45078 | 43 |
| 四川 | 235463 | 96 |
| 贵州 | 38899 | 36 |
| 云南 | 34611 | 47 |
| 西藏 | 1.8万余函 | 1160 |
| 陕西 | 98967 | 73 |
| 甘肃 | 49747 | 41 |
| 青海 | 7318 | 13 |
| 宁夏 | 6893 | 21 |
| 新疆 | 14980 | 19 |
| 中直 | 405228 | 20 |
| 合计 | 2737014部并1.8万余函(含部分民国传统装帧书籍) | 2829 |

表2 《全国古籍普查登记目录》出版情况（2014—2020）（依出版时间排序）①

| 序号 | 书名 | 单位数 | 册数 | 条数 | 出版时间 |
|---|---|---|---|---|---|
| 1 | 天津图书馆古籍普查登记目录 | 1 | 3 | 31812 | 2014年1月 |
| 2 | 中国中医科学院图书馆古籍普查登记目录 | 1 | 1 | 5965 | 2014年4月 |
| 3 | 黑龙江省图书馆古籍普查登记目录 | 1 | 1 | 5360 | 2014年4月 |
| 4 | 重庆市三十三家收藏单位古籍普查登记目录 | 33 | 2 | 10189 | 2014年6月 |
| 5 | 陕西省图书馆古籍普查登记目录 | 1 | 3 | 20529 | 2014年9月 |
| 6 | 青海省图书馆古籍普查登记目录 | 1 | 1 | 5109 | 2014年10月 |
| 7 | 湖南图书馆古籍普查登记目录 | 1 | 4 | 35902 | 2014年10月 |
| 8 | 河南大学图书馆古籍普查登记目录 | 1 | 1 | 6437 | 2014年12月 |
| 9 | 南开大学图书馆古籍普查登记目录 | 1 | 1 | 11123 | 2014年12月 |
| 10 | 首都图书馆古籍普查登记目录 | 1 | 4 | 28837 | 2014年12月 |
| 11 | 湖南省社会科学院图书馆古籍普查登记目录 | 1 | 1 | 5504 | 2014年12月 |
| 12 | 江苏省徐州市图书馆古籍普查登记目录 | 1 | 1 | 4959 | 2014年12月 |
| 13 | 江苏省常州市图书馆古籍普查登记目录 | 1 | 1 | 5575 | 2015年2月 |
| 14 | 内蒙古自治区图书馆古籍普查登记目录 | 1 | 1 | 10109 | 2015年5月 |
| 15 | 江苏省金陵图书馆等六家收藏单位古籍普查登记目录 | 6 | 1 | 6094 | 2015年6月 |
| 16 | 山东省烟台图书馆等十六家收藏单位古籍普查登记目录 | 16 | 1 | 7147 | 2015年8月 |
| 17 | 天津市十九家收藏单位古籍普查登记目录 | 19 | 3 | 17341 | 2015年12月 |
| 18 | 福建省图书馆古籍普查登记目录 | 1 | 2 | 15544 | 2015年12月 |
| 19 | 江苏师范大学图书馆等五家收藏单位古籍普查登记目录 | 5 | 1 | 6444 | 2015年12月 |
| 20 | 贵州省图书馆古籍普查登记目录 | 1 | 1 | 10288 | 2015年12月 |
| 21 | 国家图书馆古籍普查登记目录 | 1 | 13 | 133354 | 2015年12月 |
| 22 | 中国民族图书馆古籍普查登记目录 | 1 | 1 | 5330 | 2016年5月 |
| 23 | 重庆市北碚图书馆等八家收藏单位古籍普查登记目录 | 8 | 1 | 5767 | 2016年6月 |

① 数据由国家图书馆出版社提供。

（续表）

| 序号 | 书名 | 单位数 | 册数 | 条数 | 出版时间 |
|---|---|---|---|---|---|
| 24 | 新疆大学图书馆等五家收藏单位古籍普查登记目录 | 5 | 1 | 7153 | 2016 年 7 月 |
| 25 | 新疆维吾尔自治区图书馆古籍普查登记目录 | 1 | 1 | 4555 | 2016 年 7 月 |
| 26 | 江苏省扬州大学图书馆等五家收藏单位古籍普查登记目录 | 5 | 1 | 6153 | 2016 年 9 月 |
| 27 | 甘肃省四家高校图书馆古籍普查登记目录 | 4 | 1 | 5947 | 2016 年 10 月 |
| 28 | 江苏省苏州图书馆古籍普查登记目录 | 1 | 1 | 12517 | 2016 年 11 月 |
| 29 | 山西省图书馆古籍普查登记目录 | 1 | 2 | 13218 | 2016 年 11 月 |
| 30 | 安徽师范大学图书馆古籍普查登记目录 | 1 | 1 | 6705 | 2016 年 11 月 |
| 31 | 辽宁省图书馆古籍普查登记目录 | 1 | 3 | 21703 | 2017 年 1 月 |
| 32 | 西南大学图书馆古籍普查登记目录 | 1 | 1 | 5786 | 2017 年 1 月 |
| 33 | 苏州大学图书馆古籍普查登记目录 | 1 | 1 | 10725 | 2017 年 1 月 |
| 34 | 河北省图书馆古籍普查登记目录 | 1 | 1 | 1954 | 2017 年 2 月 |
| 35 | 北京师范大学图书馆古籍普查登记目录 | 1 | 3 | 23009 | 2017 年 2 月 |
| 36 | 河南省郑州图书馆等十一家收藏单位古籍普查登记目录 | 11 | 1 | 9233 | 2017 年 3 月 |
| 37 | 复旦大学图书馆古籍普查登记目录 | 1 | 3 | 21878 | 2017 年 3 月 |
| 38 | 军事科学院军事图书资料馆古籍普查登记目录 | 1 | 1 | 5266 | 2017 年 4 月 |
| 39 | 广西壮族自治区图书馆古籍普查登记目录 | 1 | 1 | 4776 | 2017 年 4 月 |
| 40 | 重庆图书馆古籍普查登记目录 | 1 | 3 | 23325 | 2017 年 4 月 |
| 41 | 黑龙江省十家公共图书馆古籍普查登记目录 | 10 | 1 | 6207 | 2017 年 6 月 |
| 42 | 孔子博物馆古籍普查登记目录 | 1 | 1 | 4268 | 2017 年 6 月 |
| 43 | 暨南大学图书馆古籍普查登记目录 | 1 | 1 | 7101 | 2017 年 6 月 |
| 44 | 河北省保定市图书馆古籍普查登记目录 | 1 | 1 | 5885 | 2017 年 9 月 |
| 45 | 绍兴图书馆古籍普查登记目录 | 1 | 3 | 18327 | 2017 年 9 月 |
| 46 | 温州市图书馆古籍普查登记目录 | 1 | 2 | 13783 | 2017 年 9 月 |
| 47 | 嘉兴市图书馆古籍普查登记目录 | 1 | 1 | 8392 | 2017 年 9 月 |
| 48 | 宁波市天一阁博物馆古籍普查登记目录 | 1 | 3 | 18161 | 2017 年 9 月 |
| 49 | 河南省开封市图书馆古籍普查登记目录 | 1 | 1 | 3645 | 2017 年 10 月 |

(续表)

| 序号 | 书名 | 单位数 | 册数 | 条数 | 出版时间 |
|---|---|---|---|---|---|
| 50 | 河南省新乡市图书馆古籍普查登记目录 | 1 | 1 | 7860 | 2018年1月 |
| 51 | 临海市图书馆古籍普查登记目录 | 1 | 1 | 5988 | 2018年1月 |
| 52 | 四川省十一家收藏单位古籍普查登记目录 | 11 | 1 | 6171 | 2018年1月 |
| 53 | 宁波市图书馆古籍普查登记目录 | 1 | 1 | 5345 | 2018年1月 |
| 54 | 河南省洛阳市图书馆等九家收藏单位古籍普查登记目录 | 9 | 1 | 5471 | 2018年2月 |
| 55 | 吉林省图书馆古籍普查登记目录 | 1 | 3 | 23617 | 2018年3月 |
| 56 | 辽宁大学图书馆古籍普查登记目录 | 1 | 1 | 4907 | 2018年5月 |
| 57 | 陕西省二十二家公共图书馆古籍普查登记目录 | 22 | 2 | 9612 | 2018年5月 |
| 58 | 河北省石家庄市图书馆古籍普查登记目录 | 1 | 1 | 7756 | 2018年6月 |
| 59 | 平湖市图书馆古籍普查登记目录 | 1 | 1 | 4329 | 2018年6月 |
| 60 | 江苏省苏州市吴江区图书馆古籍普查登记目录 | 1 | 1 | 5208 | 2018年8月 |
| 61 | 嘉善县图书馆古籍普查登记目录 | 1 | 1 | 3492 | 2018年9月 |
| 62 | 杭州图书馆古籍普查登记目录 | 1 | 1 | 3076 | 2018年9月 |
| 63 | 瑞安市博物馆(玉海楼)古籍普查登记目录 | 1 | 1 | 2524 | 2018年9月 |
| 64 | 江西省景德镇地区古籍普查登记目录 | 2 | 1 | 4221 | 2018年10月 |
| 65 | 江西省萍乡地区古籍普查登记目录 | 7 | 1 | 4720 | 2018年11月 |
| 66 | 台州市黄岩区图书馆古籍普查登记目录 | 1 | 1 | 3631 | 2018年11月 |
| 67 | 嵊州市图书馆古籍普查登记目录 | 1 | 1 | 3323 | 2018年12月 |
| 68 | 浙江省博物馆古籍普查登记目录 | 1 | 1 | 3146 | 2018年12月 |
| 69 | 宁夏回族自治区图书馆古籍普查登记目录 | 1 | 1 | 3067 | 2018年12月 |
| 70 | 广东省佛山市图书馆等八家收藏单位古籍普查登记目录 | 8 | 1 | 6726 | 2018年12月 |
| 71 | 陕西师范大学图书馆古籍普查登记目录 | 2 | 1 | 8269 | 2018年12月 |
| 72 | 浙江大学图书馆古籍普查登记目录 | 1 | 1 | 8834 | 2019年2月 |
| 73 | 东阳市博物馆古籍普查登记目录 | 1 | 1 | 3168 | 2019年3月 |
| 74 | 临海市博物馆等六家收藏单位古籍普查登记目录 | 6 | 1 | 3808 | 2019年4月 |

(续表)

| 序号 | 书名 | 单位数 | 册数 | 条数 | 出版时间 |
|---|---|---|---|---|---|
| 75 | 绍兴市上虞区图书馆等八家收藏单位古籍普查登记目录 | 8 | 1 | 4631 | 2019年4月 |
| 76 | 海宁市图书馆等六家收藏单位古籍普查登记目录 | 6 | 1 | 3753 | 2019年4月 |
| 77 | 衢州市博物馆古籍普查登记目录 | 1 | 1 | 3265 | 2019年4月 |
| 78 | 湖州市图书馆等七家收藏单位、常山县图书馆等二家收藏单位古籍普查登记目录 | 9 | 1 | 2847 | 2019年4月 |
| 79 | 金华市博物馆等九家收藏单位古籍普查登记目录 | 9 | 1 | 6275 | 2019年4月 |
| 80 | 丽水市图书馆等八家收藏单位古籍普查登记目录 | 8 | 1 | 3472 | 2019年4月 |
| 81 | 吉林市图书馆古籍普查登记目录 | 1 | 1 | 5076 | 2019年6月 |
| 82 | 吉林大学图书馆古籍普查登记目录 | 1 | 2 | 17066 | 2019年6月 |
| 83 | 浙江省中医药研究院等四家收藏单位古籍普查登记目录 | 4 | 1 | 3906 | 2019年6月 |
| 84 | 宁波市奉化区文物保护管理所等六家收藏单位、舟山市图书馆等二家收藏单位古籍普查登记目录 | 8 | 1 | 5509 | 2019年6月 |
| 85 | 广西壮族自治区桂林图书馆古籍普查登记目录 | 1 | 1 | 6911 | 2019年9月 |
| 86 | 江苏省扬州市图书馆古籍普查登记目录 | 1 | 1 | 9186 | 2019年10月 |
| 87 | 西泠印社社务委员会等十家收藏单位、浙江省瑞安中学等八家收藏单位古籍普查登记目录 | 18 | 1 | 4636 | 2019年10月 |
| 88 | 河南省许昌市图书馆等十六家收藏单位古籍普查登记目录 | 16 | 1 | 5698 | 2019年10月 |
| 89 | 武汉大学图书馆古籍普查登记目录 | 1 | 1 | 8033 | 2019年11月 |
| 90 | 山西师范大学图书馆古籍普查登记目录 | 1 | 1 | 3129 | 2019年11月 |
| 91 | 沈阳市图书馆古籍普查登记目录 | 1 | 1 | 4752 | 2019年11月 |
| 92 | 山东师范大学图书馆古籍普查登记目录 | 1 | 1 | 6482 | 2019年12月 |

（续表）

| 序号 | 书名 | 单位数 | 册数 | 条数 | 出版时间 |
|---|---|---|---|---|---|
| 93 | 北京市文物局图书资料中心古籍普查登记目录 | 1 | 2 | 14673 | 2019年12月 |
| 94 | 南京图书馆古籍普查登记目录 | 1 | 8 | 86650 | 2019年12月 |
| 95 | 上海师范大学图书馆古籍普查登记目录 | 1 | 1 | 7657 | 2019年12月 |
| 96 | 安徽大学图书馆古籍普查登记目录 | 1 | 1 | 3511 | 2019年12月 |
| 97 | 郑州大学图书馆古籍普查登记目录 | 1 | 1 | 6695 | 2019年12月 |
| 98 | 首都师范大学图书馆古籍普查登记目录 | 1 | 1 | 5289 | 2020年6月 |
| 99 | 湖北省襄阳市少年儿童图书馆古籍普查登记目录 | 1 | 1 | 4540 | 2020年7月 |
| 100 | 宁夏回族自治区二十家收藏单位古籍普查登记目录 | 20 | 1 | 3548 | 2020年7月 |
| 101 | 安徽博物院古籍普查登记目录 | 1 | 1 | 10849 | 2020年7月 |
| 102 | 甘肃省图书馆古籍普查登记目录 | 1 | 3 | 21817 | 2020年8月 |
| 103 | 厦门市图书馆等四家收藏单位古籍普查登记目录 | 4 | 1 | 4497 | 2020年10月 |
| 104 | 江苏省淮安市四家收藏单位古籍普查登记目录 | 4 | 1 | 4970 | 2020年11月 |
| 105 | 中国科学院上海生命科学图书馆古籍普查登记目录 | 1 | 1 | 3304 | 2020年11月 |
| 106 | 浙江图书馆古籍普查登记目录 | 1 | 10 | 69569 | 2020年11月 |
| 107 | 湖南省八家收藏单位古籍普查登记目录（衡阳市·永州市·郴州市） | 8 | 1 | 3932 | 2020年12月 |
| 合计 | 107种 | 386 | 170 | 1168788 | |

表3 新中国成立以来各地方出版古籍目录、图录①

| 序号 | 类别 | 书名 | 出版社 | 出版时间 |
| --- | --- | --- | --- | --- |
| 1 | 古籍善本联合目录 | 重庆市中医古籍目录 | 四川大学出版社 | 2019年 |
| 2 | | 浙江省古籍善本联合目录 | 国家图书馆出版社 | 2017年 |
| 3 | | 新疆地区古籍文献联合目录 | 新疆文化出版社 | 2016年 |
| 4 | | 威海市古籍线装联合目录 | 山东省地图出版社 | 2015年 |
| 5 | | 天津地区医学古籍联合目录 | 天津科学技术出版社 | 2014年 |
| 6 | | 十堰市古籍联合书目 | 国家图书馆出版社 | 2011年 |
| 7 | | 河南省市县图书馆古籍善本联合目录 | 吉林文史出版社 | 2009年 |
| 8 | | 浙江中医药古籍联合目录 | 中医古籍出版社 | 2009年 |
| 9 | | 贵州省古籍联合目录 | 贵州人民出版社 | 2007年 |
| 10 | | 南平市古籍文献联合目录 | 海潮摄影艺术出版社 | 2006年 |
| 11 | | 内蒙古自治区线装古籍联合目录 | 北京图书馆出版社 | 2004年 |
| 12 | | 成都市古籍联合目录 | 四川大学出版社 | 2004年 |
| 13 | | 东北地区古籍线装书联合目录 | 辽海出版社 | 2003年 |
| 14 | | 湖南省古籍善本书目 | 岳麓书社 | 1998年 |
| 15 | | 四川省高校图书馆古籍善本联合目录 | 四川大学出版社 | 1994年 |
| 16 | | 烟台公共图书馆馆藏古籍书目 | 齐鲁书社 | 2002年 |
| 17 | 古籍善本目录 | 安徽师范大学图书馆藏古籍善本目录 | 国家图书馆出版社 | 2020年 |
| 18 | | 南开大学图书馆藏古籍善本书目 | 天津古籍出版社 | 2019年 |
| 19 | | 国家图书馆西谛藏书善本目录 | 鹭江出版社 | 2019年 |
| 20 | | 中国文化遗产研究院藏古籍善本书目 | 中华书局 | 2018年 |
| 21 | | 丽江市古城区图书馆馆藏古籍目录 | 云南人民出版社 | 2018年 |
| 22 | | 云南省会泽县图书馆馆藏古籍目录 | 陕西师范大学出版社 | 2018年 |
| 23 | | 安丘市博物馆馆藏古籍目录 | 中国文史出版社 | 2017年 |
| 24 | | 弥渡县图书馆馆藏古籍目录 | 云南科技出版社 | 2017年 |
| 25 | | 中共山西省委党校图书馆藏古籍目录 | 国家图书馆出版社 | 2017年 |
| 26 | | 青岛市古籍普查登记目录（第一卷） | 中国海洋大学出版社 | 2017年 |
| 27 | | 甘肃中医院大学图书馆馆藏线装古籍书目 | 国家图书馆出版社 | 2016年 |

① 数据来源于国家图书馆公共联机目录查询系统，仅检索各地方正式出版的汉文古籍目录、图录，不包含国家组织实施的大型联合目录。

(续表)

| 序号 | 类别 | 书名 | 出版社 | 出版时间 |
|---|---|---|---|---|
| 28 | 古籍善本目录 | 天一阁博物馆藏古籍善本书目 | 国家图书馆出版社 | 2016 年 |
| 29 | | 浙江大学图书馆古籍善本书目 | 国家图书馆出版社 | 2016 年 |
| 30 | | 福德图书馆馆藏古籍目录 | 民族出版社 | 2016 年 |
| 31 | | 江西省图书馆古籍善本书目 | 江西人民出版社 | 2015 年 |
| 32 | | 中山大学图书馆古籍善本书目 | 广西师范大学出版社 | 2014 年 |
| 33 | | 辽宁大学图书馆藏古籍线装书目 | 辽宁大学出版社 | 2013 年 |
| 34 | | 广东省立中山图书馆古籍善本书目 | 国家图书馆出版社 | 2012 年 |
| 35 | | 天津社会科学院图书馆珍贵馆藏图书目录(古籍卷) | 天津社会科学院出版社 | 2012 年 |
| 36 | | 首都图书馆古籍善本书目 | 国家图书馆出版社 | 2011 年 |
| 37 | | 山西师范大学图书馆古籍善本书目 | 国家图书馆出版社 | 2011 年 |
| 38 | | 保定市图书馆古籍善本书目 | 国家图书馆出版社 | 2011 年 |
| 39 | | 青岛市图书馆古籍书目 | 国家图书馆出版社 | 2009 年 |
| 40 | | 河南省图书馆古籍善本书目 | 吉林文史出版社 | 2009 年 |
| 41 | | 大连图书馆藏古籍书目 | 广西师范大学出版社 | 2009 年 |
| 42 | | 天津图书馆古籍善本书目 | 国家图书馆出版社 | 2008 年 |
| 43 | | 山东大学图书馆古籍善本书目 | 齐鲁书社 | 2007 年 |
| 44 | | 山西省图书馆古籍善本书目 | 山西人民出版社 | 2007 年 |
| 45 | | 湖南图书馆古籍线装书目录 | 线装书局 | 2007 年 |
| 46 | | 浙江省博物馆藏古籍书目 | 上海辞书出版社 | 2006 年 |
| 47 | | 山东师范大学图书馆馆藏古籍书目 | 齐鲁书社 | 2003 年 |
| 48 | | 浙江图书馆古籍善本书目 | 浙江教育出版社 | 2002 年 |
| 49 | | 北京师范大学图书馆古籍善本书目 | 北京图书馆出版社 | 2002 年 |
| 50 | | 中国历史博物馆藏普通古籍目录 | 北京图书馆出版社 | 2002 年 |
| 51 | | 山西大学图书馆线装书目录 | 山西古籍出版社 | 2002 年 |
| 52 | | 北京大学图书馆藏古籍善本书目 | 北京大学出版社 | 1999 年 |
| 53 | | 山西省图书馆普通线装书目录 | 北岳文艺出版社 | 1998 年 |
| 54 | | 北京艺术博物馆古籍善本书目 | 北京燕山出版社 | 1996 年 |
| 55 | | 中国科学院图书馆藏中文古籍善本书目 | 科学出版社 | 1994 年 |
| 56 | | 四川大学图书馆古籍丛书目录 | 四川大学出版社 | 1994 年 |

(续表)

| 序号 | 类别 | 书名 | 出版社 | 出版时间 |
|---|---|---|---|---|
| 57 | 古籍善本目录 | 河南省图书馆中文古籍书目 | 中州古籍出版社 | 1993 年 |
| 58 | | 四川大学图书馆古籍善本书目 | 四川大学出版社 | 1992 年 |
| 59 | | 中国人民大学图书馆古籍善本书目 | 中国人民大学出版社 | 1991 年 |
| 60 | | 北京图书馆(国家图书馆)普通古籍总目(目录门、地志门、传记门、古器物学门、文字学门、自然科学门) | 书目文献出版社(北京图书馆出版社、国家图书馆出版社) | 1990、1994、1995、2003、2008 年 |
| 61 | | 吉林市古籍善本书目 | 学苑出版社 | 1989 年 |
| 62 | | 北京图书馆古籍善本书目 | 书目文献出版社 | 1989 年 |
| 63 | | 新疆大学图书馆藏古籍书目 | 新疆大学出版社 | 1983、1985、1996 年 |
| 64 | 古籍善本图录 | 中山大学图书馆古籍善本图录 | 中华书局 | 2020 年 |
| 65 | | 国家图书馆西谛藏书善本图录 | 鹭江出版社 | 2019 年 |
| 66 | | 河南大学图书馆馆藏善本图录 | 大象出版社 | 2019 年 |
| 67 | | 徐行可旧藏善本图录 | 崇文书局 | 2019 年 |
| 68 | | 齐齐哈尔市图书馆古籍善本图录 | 国家图书馆出版社 | 2019 年 |
| 69 | | 云南省曲靖市图书馆藏古籍图录 | 云南科技出版社 | 2018 年 |
| 70 | | 暨南大学图书馆藏珍贵古籍图录 | 国家图书馆出版社 | 2018 年 |
| 71 | | 扬州大学图书馆藏珍贵古籍图录 | 广陵书社 | 2018 年 |
| 72 | | 河北大学图书馆馆藏珍贵古籍图录 | 河北教育出版社 | 2018 年 |
| 73 | | 河北大学图书馆馆藏家谱图录 | 河北教育出版社 | 2018 年 |
| 74 | | 曲靖麒麟区馆藏古籍图录 | 云南科技出版社 | 2018 年 |
| 75 | | 长春市图书馆藏古籍善本图录 | 国家图书馆出版社 | 2018 年 |
| 76 | | 复旦大学图书馆馆藏古籍善本图录 | 复旦大学出版社 | 2018 年 |
| 77 | | 中国美术学院图书馆馆藏古籍图录 | 浙江古籍出版社 | 2017 年 |
| 78 | | 中国社会科学院世界宗教研究所文博馆珍藏古籍图录 | 社会科学文献出版社 | 2017 年 |
| 79 | | 绍兴图书馆藏珍贵古籍图录 | 广陵书社 | 2017 年 |
| 80 | | 兰州文理学院图书馆藏古籍图录 | 吉林大学出版社 | 2017 年 |
| 81 | | 北京市东城区第一图书馆古籍善本图录 | 世界知识出版社 | 2017 年 |
| 82 | | 河南省社会科学院图书馆古籍善本图录 | 河南人民出版社 | 2017 年 |

(续表)

| 序号 | 类别 | 书名 | 出版社 | 出版时间 |
| --- | --- | --- | --- | --- |
| 83 | 古籍善本图录 | 浙江图书馆藏国家珍贵古籍题跋图录 | 国家图书馆出版社 | 2017 年 |
| 84 | | 天一阁藏四明丛书珍稀文献图录 | 浙江古籍出版社 | 2016 年 |
| 85 | | 甘肃中医药大学图书馆藏珍贵古籍图录 | 国家图书馆出版社 | 2016 年 |
| 86 | | 深圳图书馆馆藏古籍图录 | 国家图书馆出版社 | 2016 年 |
| 87 | | 宁波市图书馆藏古籍善本图录 | 浙江大学出版社 | 2016 年 |
| 88 | | 武汉大学图书馆藏古籍善本图录 | 武汉大学出版社 | 2016 年 |
| 89 | | 大连图书馆藏国家珍贵古籍名录图录 | 万卷出版公司 | 2016 年 |
| 90 | | 甘州区图书馆藏古籍图录 | 国家图书馆出版社 | 2016 年 |
| 91 | | 嘉兴市图书馆藏陆氏捐赠书画古籍珍品图录 | 国家图书馆出版社 | 2016 年 |
| 92 | | 宁夏回族自治区珍贵古籍名录图录 | 国家图书馆出版社 | 2015 年 |
| 93 | | 南开大学图书馆藏国家珍贵古籍图录 | 南开大学出版社 | 2015 年 |
| 94 | | 天津市和平区图书馆藏古籍图录 | 国家图书馆出版社 | 2015 年 |
| 95 | | 襄阳图书馆善本图录 | 中国文史出版社 | 2015 年 |
| 96 | | 岳阳市图书馆藏古籍图录 | 延边大学出版社 | 2014 年 |
| 97 | | 徐州市图书馆珍贵古籍图录 | 国家图书馆出版社 | 2014 年 |
| 98 | | 静海楼藏珍贵古籍图录 | 上海古籍出版社 | 2014 年 |
| 99 | | 西南大学图书馆藏珍贵古籍图录 | 西南师范大学出版社 | 2014 年 |
| 100 | | 北京大学图书馆藏"大仓文库"善本图录 | 中华书局 | 2014 年 |
| 101 | | 保定莲池书院善本图录 | 国家图书馆出版社 | 2014 年 |
| 102 | | 首都图书馆藏国家珍贵古籍图录 | 国家图书馆出版社 | 2013 年 |
| 103 | | 天津市南开区图书馆藏古籍图录 | 国家图书馆出版社 | 2013 年 |
| 104 | | 云南省社会科学院馆藏古籍珍善本图录 | 云南科技出版社 | 2013 年 |
| 105 | | 山西大学藏珍贵古籍图录 | 三晋出版社 | 2012 年 |
| 106 | | 天津地区馆藏珍贵古籍图录 | 国家图书馆出版社 | 2012 年 |
| 107 | | 北京师范大学图书馆藏古籍珍品鉴赏·定级图录 | 国家图书馆出版社 | 2011 年 |
| 108 | | 上海师范大学图书馆馆藏精品图录 | 上海古籍出版社 | 2010 年 |
| 109 | | 江西省图书馆馆藏珍本古籍图录 | 江西人民出版社 | 2010 年 |
| 110 | | 上海图书馆藏宋本图录 | 上海古籍出版社 | 2010 年 |

(续表)

| 序号 | 类别 | 书名 | 出版社 | 出版时间 |
|---|---|---|---|---|
| 111 | 古籍善本图录 | 天津图书馆古籍善本图录(定级图录) | 天津古籍出版社 | 2009 年 |
| 112 | | 天津图书馆古籍善本图录(鉴赏图录) | 天津古籍出版社 | 2009 年 |
| 113 | | 辽宁省图书馆藏古籍精品图录 | 沈阳出版社 | 2008 年 |
| 114 | | 西谛藏书善本图录 | 中华书局 | 2008 年 |
| 115 | | 祁阳陈澄中旧藏善本古籍图录 | 上海古籍出版社 | 2006 年 |
| 116 | | 湖北省图书馆藏古籍善本图录 | 北京图书馆出版社 | 2004 年 |
| 117 | 提要目录 | 南京市公共图书馆藏古籍善本题录 | 凤凰出版社 | 2018 年 |
| 118 | | 扬州大学图书馆馆藏古籍善本书目提要 | 广陵书社 | 2017 年 |
| 119 | | 青岛市图书馆藏珍贵古籍叙录 | 齐鲁书社 | 2014 年 |
| 120 | | 大理古籍书目提要 | 云南民族出版社 | 2013 年 |
| 121 | | 云南省社会科学院馆藏古籍特藏地方文献目录提要 | 中国书籍出版社 | 2013 年 |
| 122 | | 昆明图书馆馆藏古籍挹翠叙录 | 云南美术出版社 | 2011 年 |
| 123 | | 贵州师范大学图书馆古籍珍善本提要目录 | 广西师范大学出版社 | 2011 年 |
| 124 | | 武安市图书馆馆藏善本古籍图书综录 | 中国文史出版社 | 2010 年 |
| 125 | | 中南、西南地区省、市图书馆馆藏古籍稿本提要 | 华中理工大学出版社 | 1998 年 |

**参考文献:**

[1]汪新华,拓夫.从目录学名著看宋代目录学的成就:宋代目录学研究之三[J].湖南大学学报(社会科学版),2002(3):9-15.

[2]黄爱平.《四库全书》纂修研究[M].北京:中国人民大学出版社,1989.

[3]宫爱东,韩锡铎.初论《中国古籍善本书目》的编纂及其历史功绩[J].传统文化与现代化,1999(3):88-95.

[4]中国古籍总目编纂委员会.中国古籍总目:经部[M].北京:中华书局,2012:前言.

[5]国务院第一次全国可移动文物普查工作办公室.第一次全国可移动文物普查工作报告[M].北京:文物出版社,2017.

[6]浙江省古籍保护中心.浙江省古籍普查报告[M].北京:国家图书馆出版社,2017.

[7]学苑汲古:高校古文献资源库[DB/OL].http://rbsc.calis.edu.cn:8086/aopac/jsp/indexXyjg.jsp.

[8]中华古籍善本国际联合书目系统[DB/OL].http://read.nlc.cn/allSearch/searchList? searchType=62&showType=1&pageNo=1.

[9]葛智星.开封地区古籍普查工作现状分析及对策研究[J].开封教育学院学报,2019,39(11):248-250.

[10]刘景会,程学军,饶恩惠.江西古籍普查工作实践与探索[J].内蒙古科技与经济,2017(21):117-119.

[11]王娟.四川古籍普查现状分析及工作建议[J].四川图书馆学报,2017(6):83-86.

[12]潘健.南京市公共图书馆古籍普查工作现状分析[J].公共图书馆,2018(1):46-49.

[13]丛冬梅.新疆古籍保护工作调研与普查登记进展情况综述[J].新疆教育学院学报,2016,32(2):108-112.

[14]杨敏,黄雪松.襄阳市图书馆古籍普查工作调查与思考[J].襄阳职业技术学院学报,2015,14(4):12-14,26.

[15]洪琰,王沛.全国古籍普查登记工作实践与思考[J].国家图书馆学刊,2014,23(5):12-17.

[16]侯蔼奇.陕西省古籍普查现状及加快普查进度对策研究[J].情报杂志,2011,30(S2):157-159.

[17]张莉.河南省图书馆古籍收藏概述[J].河南图书馆学刊,2019,39(12):33-35.

[18]王开学.秘籍琳琅 楮墨飘香:山西省珍贵古籍一瞥[J].山西档案,2014(1):29-32.

[19]舒和新.古籍普查登记数据的审校与思考:以安徽省博物院、安庆市图书馆数据为样本[J].山东图书馆学刊,2020(5):63-68.

[20]王小芳.全国古籍普查登记工作实践与探索:以陕西省古籍普查登记目录审校为例[J].图书馆界,2019(2):52-55,74.

[21]石梅.安徽省古籍编目人员队伍现状的调查与分析[J].内蒙古科技与经济,2012(15):127-128,131.

[22]尹光华.宁夏回族自治区古籍保护事业近十年发展述略[J].图书馆理论与实践,2020(6):127-130,136.

[23]王水乔.中华古籍保护计划视域下云南古籍保护体系的建构[J].图书馆杂志,2020,39(3):89-94.

[24]杨居让,姜妮,薛继民,等.陕西古籍保护新机遇及发展战略研究[J].当代图书馆,2020(1):4-8.

[25]全勤.江苏省古籍保护事业发展研究[J].新世纪图书馆,2017(8):59-64.

[26]王继娜.河南省近十年古籍普查保护工作探析[J].河南图书馆学刊,2018,38(12):77-79.

[27]方挺.福建省古籍保护中心工作10周年回顾[J].福建图书馆学刊,2018,1(2):42-48.

[28]程学军.江西省图书馆古籍保护工作现状与对策[J].江西图书馆学刊,2012,42(6):12-14.

[29]韩春平.全国古籍普查平台分类问题试析[J].图书馆学刊,2019,41(12):90-93.

[30]刘淑萍.再谈铅印本定义问题[J].北京印刷学院学报,2020,28(8):22-25.

[31]莫俊.全国古籍普查平台钤印项著录探讨[J].国家图书馆学刊,2015,24(6):29-35.

[32]张若雅.全国古籍普查平台丛书著录札记:以苏州大学图书馆为例[J].晋图学刊,2016(2):69-73.

[33]周会会.古籍普查中古籍破损定级问题的探讨[J].图书馆理论与实践,2012(3):100-102.

[34]吴芹芳.古籍定级和古籍破损定级在编目系统中的著录[J].图书馆论坛,2011,31(3):99-100,95.

[35]姚伯岳.我国图书馆古籍编目工作存在的问题及建议[J].图书情报工作,2020,64(10):28-34.

[36]齐晓晨,孙臻,解登峰.古籍整理研究成果的全方位展示:馆藏古籍及藏书印展示平台的自主研发实践[J].图书馆学刊,2021,43(1):61-65,71.

[37]童正伦.古籍书目数据库析评[J].图书馆理论与实践,2015(12):100-106.

[38]娄明辉.古籍普查与古籍数据库的再建设:以辽宁地区图书馆为例[J].图书馆学刊,2011,33(1):48-50.

[39]廖可斌.俗文学研究的百年回顾与前瞻[J].武汉大学学报(哲学社会科学版),2021,74(1):77-86.

[40]林宏磊,冯静.《中国丛书综录》等书校补[J].晋图学刊,2017(5):65-67.

[41]刘树伟.牟平孔氏著述考[J].当代图书馆,2015(4):75-78.

[42]张丽芬.西南大学图书馆藏古籍题跋辑释[J].四川图书馆学报,2019(1):80-84.

[43]李正辉.古籍普查工作札记六则[J].河南图书馆学刊,2020,40(10):134-137.

[44]石祥.古籍写样本及其鉴定[J].图书馆论坛,2017,37(12):122-129.

[45]杨之峰.《武英殿聚珍版丛书》零种的鉴定[J].图书馆学刊,2009,31(1):89-91.

[46]王珂.山东省古籍普查"大数据"分析[J].人文天下,2020(24):82-86.

[47]刘小兰,龙慧.基于馆藏古籍普查数据的分析研究:以柳州市图书馆为例[J].图书馆界,2017(3):37-41.

[48]李伟,马静.海外古籍回归与利用的模式及思考[J].图书馆学刊,2016,38(10):12-14.

[49]史金波,黄润华.开拓创新,成就辉煌:中国民族古文字研究70年[J].民族语文,2020(4):3-14.

[50]李辉.甘肃藏藏文古籍及其保护工作的多样性:以玛曲县藏文古籍普查为例[J].盐城师范学院学报(人文社会科学版),2017,37(3):118-120.

[51]萨仁高娃,白张.拉萨市尼木县切嘎曲德寺古籍普查记:又见元刻[J].中国藏学,2014(S1):162-164.

[52]洪琰.全国古籍普查登记工作收尾及发展方向[G]//《古籍保护研究》编委会.古籍保护研究:第6辑.郑州:大象出版社,2020:37-41.

## 修复与装潢

# 四件敦煌遗书的修复与思考

## The Restoration and Reflection of the Four Copies of Dunhuang Manuscripts

彭德泉　景一洵　彭　克

**摘　要**：距今1300年之久且已严重破损的四件敦煌遗书，由于经卷纸张物理强度严重降低，pH值低于5.0，并伴有严重霉变、酸化、脆化、粘连、板结等病害，部分成粉状，抢救修复的难度巨大。四川西部文献修复中心完成了此次抢救修复任务。文章介绍了四件敦煌遗书的修复过程，包括抢救性修复方案的制定、主要的修复环节、取得的实际修复效果等。通过与此前国家图书馆和河南博物院的修复案例比较，可进一步总结敦煌遗书的修复经验。

**关键词**：敦煌遗书；佛经；修复

敦煌遗书，又称敦煌文献、敦煌文书、敦煌写本、唐人写经等，指1900年在敦煌莫高窟藏经洞中所发现的公元4至11世纪的古写本及印本等。敦煌遗书出土后没有得到及时的保护，目前中国所藏的仅仅是劫后余生的部分，其余则分散于全世界，如英国国家图书馆、法国国家图书馆、俄罗斯科学院东方文献研究所等机构。中国国家图书馆藏有敦煌遗书16000余号[1]，为国家图书馆的四大"镇馆之宝"之一。敦煌遗书是我国的珍贵文化遗产。

## 一、亟待修复的四件敦煌遗书

四川西部文献修复中心承接了四件距今1300多年的敦煌遗书的修复工作。

这四件敦煌遗书为：

(一)《大般若波罗蜜多经》卷二二九(残)，初分难信解第三十四之四十八

(二)《大般若波罗蜜多经》卷五三四(残)，第三分施等品第二十九之三

《大般若波罗蜜多经》，简称《大般若经》，是大乘佛教的理论基础和主要经典，共600卷，分十六会。唐代玄奘法师入印度求得此经，并经当时朝廷允许，于显庆五年(660)正月开始翻译，到龙朔三年(663)十月二十三日译成。此次修复的唐写本《大般若经》，其抄写年代与玄奘法师翻译年代较为相近，具有很高的文物价值。

(三)《佛说回向轮经》全一卷

该经篇幅较小，全文不过1600余字，系唐于阗三藏尸罗达摩于北庭龙兴寺译。全书劝导人们多行善事，传扬行善积德、念佛消灾的思想。

(四)《大通方广忏悔庄严灭罪成佛经》卷下-1、卷下-2

《大通方广忏悔庄严灭罪成佛经》简称《大通方广经》，藏传佛教称为《圣大解脱经》，分上、中、下三卷，此次修复的是下卷。由于保存状况不佳，经卷已经断裂破损为两部分，分别编号为下-1、下-2。该经原是全世界佛教中心那烂陀寺"压箱底"的法宝，而且也是念佛禅的核心法本，是念佛禅"忏悔篇"所依据的主要经典之一。本经在藏地流传广泛，但却是少有的几部由汉文译作藏文传播的经文之一，且也是唯一一部汉传佛教中直接以"成佛"为主题的经文典籍，学术价值极高。目前这部经文的传译经过多记载于藏地经文典籍之中，或经僧人口耳相传，但在中原地区的流传经过却不甚明晰，所以这部佛经的修复也能为研究中原地区的佛教流传提供实物资料。

以上三种四件佛经，经查看经卷文字内容中标有"开元九年二月"等字样，所以可断定这四件经卷为唐开元九年(721)的敦煌遗书。出自藏经洞的写经均为稀世珍品，其书法艺术价值、历史价值、科学价值都是不可估量的，但保存情况不容乐观，亟须修复。

## 二、四件敦煌遗书的修复过程

(一)修复前分析

由于这四件敦煌遗书的收藏单位所在地四川盆地气候终年温热潮湿，以及馆藏环境不佳等因素，这些弥足珍贵的敦煌遗书修复前有白色霉斑，残留浆糊粉末，曾用含剧毒的"六六粉"对原件进行过防虫保护，存在缺损、字迹变形、纸张粘连、内容残缺等问题。可以说，已严重霉变、虫蛀、酸化、脆化、粘连、板结，部分成

粉状,纸张的物理强度、拉力和张力严重降低,纸张 pH 值均低于 5.0,极为脆弱。受收藏方的委托,我们接受了这次修复任务。但是修复这批珍贵经卷,也让我们陷入两难的境地:若能修好,即是大功一件,完成了客户的期待,于自身也是一次难得的历练;但若修不好,会对文物造成二次伤害,即所谓的"破坏性修复"。在巨大的压力之下,我们调集精干力量组成"写经精修组",承担这批珍贵文物的修复任务。修复前文物保存状况如图 1 所示。

图 1 修复前的敦煌遗书状况

(二)修复经过

1. 修复的前期工作

(1)破损级别判断:濒危破损。

(2)修复原则:整旧如旧原则,最少干预原则,过程可逆原则,真实性原则,保护材料安全环保性原则。

(3)编写详尽的敦煌遗书修复设计方案并由收藏方同意认可。

(4)签订修复合同。

(5)签订《文物安全保密协定》。

(6)照相,记录敦煌遗书残损信息。

(7)检测。测量纸张厚度,测定纸张酸度,确定纸张 pH 值,测定纸张的拉力、张力,采集纸张霉变、虫蛀、老化等病害数据信息,具体数据如下:

《大般若波罗蜜多经》:51cm×25.7cm、pH5.4、厚度 0.14mm。

《佛说回向轮经》:42.5cm×26cm、pH5.4、厚度 0.13mm。

《大通方广忏悔庄严灭罪成佛经》:29.1cm×110.1cm、pH5.0、厚度 0.09mm。

(8)采用零下 45℃低温冷冻冰柜杀虫灭菌 7 天,然后在温度逐渐回升后取出,开始进行修补工作,严禁伤及敦煌遗书的纸质纤维。

2.修复流程

（1）对待修经卷进行核查登录。分析、辨识、校对经卷版本形态，分析纸质、墨色、字体、成书年代，对散落残损的书页、纸片、字块分布情况等信息进行详尽标识、编号、照相，并将有关信息录入修复日志，以备后续查考。

（2）召开修复前分析论证会。制定详尽完备的修复计划和实施方案，经客户同意后，实施修复。统一规划，各司其职，由师傅亲自动手。要求精修组成员在修复过程中严格遵循修复原则，按照制定的修复计划进行修复，同时要格外小心，屏气凝神，不能心有旁骛。每个细节都要严密把关，决不能对所修文物造成二次伤害。

（3）根据待修经卷的材质状况，如酸碱度、颜色、厚薄、帘纹等因素进行选纸、配纸、染纸。选取与待修经卷接近的清代老纸调制纸浆后再进行修补。该纸浆主要由清代的竹纸与柳构纸制成，柳构纸是以中国云南边境高黎贡山盛产的柳构皮为原料的纸。修复时主要利用纸浆补书机，但对特别糟朽的部分则采用人工修补。

（4）缓慢展开文物，充分运用撤潮纸的洇水功能，令原件自然受潮数小时后逐步展开，然后开始清理纸张中的蛀虫分泌物、霉斑、污渍等。

（5）在展开过程中还要注意小心整理散落的残碎纸片、字块，做好标记，摆放到相应位置，对每一个碎片进行编写、登记，以防错位、遗漏，影响经卷的完整性。

（6）对编号的字块进行辨识、清理、登记备案，以备后续修复处理。

（7）将散落的残损字块、字渣进行拼接，按照经卷原文进行配对复位。

（8）选用本中心特制的防霉防虫黏合剂进行托裱，待达到字正栏齐、准确无误后再进行加固处理。之后进行阴干、压平、齐栏等步骤。

（9）检测。修复后经卷数据如下：

《大般若波罗蜜多经》：pH6.8、厚度0.17mm。

《佛说回向轮经》：pH6.8、厚度0.16mm。

《大通方广忏悔庄严灭罪成佛经》：pH6.8、厚度0.15mm。

（10）使用特制樟木囊匣分装已修好的经卷。樟木具有防虫功能，因此选用樟木装具。完成整个修复流程。

（11）比较修复前后图片，总结修复成果（见图2、图3）。

（12）专家验收，移交收藏方。修复好的经卷经中心质检部门验收合格后，连同修复日志、修复图片一并交付收藏方，并在专家验收会上做修复技术路线介绍，解答质询。此项目自2016年3月开始，到9月结束，历时半年。在评审会上，

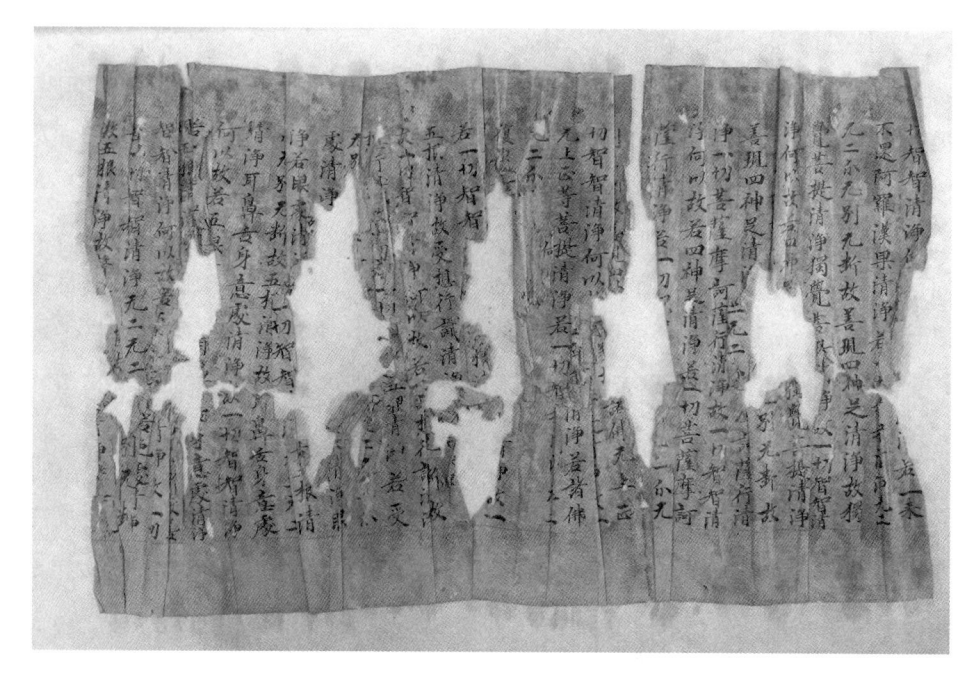

图 2　修复前文物图

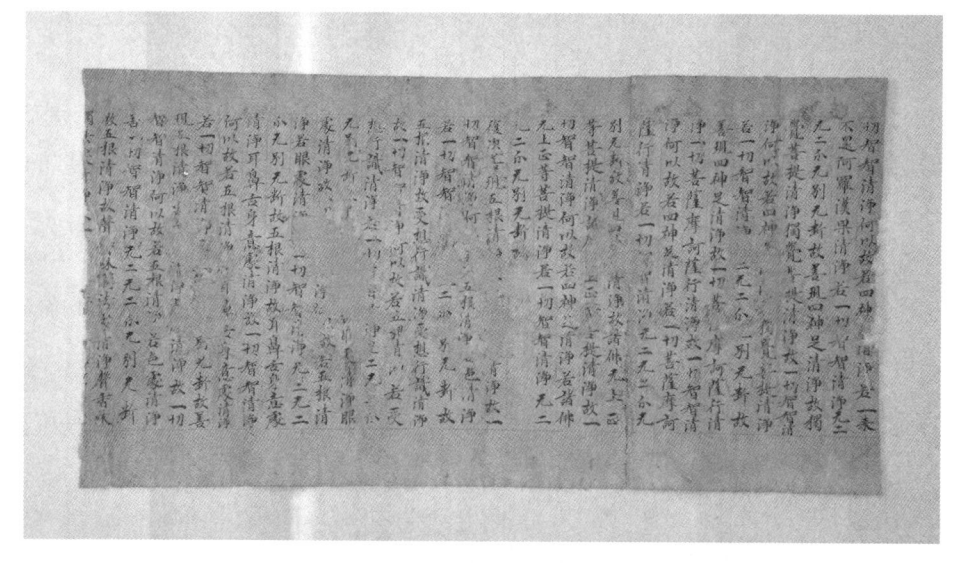

图 3　修复成果图

本项目受到评审专家的高度肯定。最终验收结论为:

  经实地考察,目前已完成修复的唐代写经,修复方制作的方案科学准确,使用的材料均为酸性少的纸张,并经过严格的低温杀毒;对文字的重新编排,有可靠准确的文献依据;工艺细致,很好地贯彻了整旧如旧的保护原则。修复进程的每一个步骤都留存有详细准确的文字记录和照片资料,符合规范,达到了保护修复的目的。

## 三、关于敦煌遗书修复的比较和思考

我国现藏的敦煌遗书数量巨大,此前也有一些成功的修复案例。笔者选择了具有代表性的国家图书馆"为"86号(BD03686)《维摩诘经解》修复案例和河南博物院的唐写本《妙法莲华经》修复案例,与本次修复案例进行比较。国家图书馆作为我国敦煌遗书的主要收藏单位,开展过大规模的敦煌遗书修复项目,无论是专业的修复手法还是丰富的修复经验都值得我们学习、借鉴;而河南博物院的唐代《妙法莲华经》由于和本次修复的经卷年代相近、种类相同,也具有很高的参考价值。以下简作介绍,以供参考。

(一)"为"86号《维摩诘经解》修复过程[2]

1. 现状分析

该卷长6.6米,由18张纸连接而成,纸色土黄且极薄。卷首裱有补纸,补纸长1.5米,上写有文字,经鉴定其内容为《金藏论》。经卷早年曾整体自中部拦腰断开,由古补纸连接,断裂处多有磨损,字迹也多有残缺。

2. 修复经过

(1)制定修复方案。

(2)揭开补纸。

(3)清理粘贴所遗留的浆糊。

(4)修补卷首和上下边的破损处及中部破洞。

(5)喷水、压平、裁齐、添加拖尾等。

(二)河南博物院藏《妙法莲华经》修复过程[3]

1. 现状分析

总长5.2米,由12张黄麻纸粘接而成,为残缺长卷。入藏后未做过修复和展出,满布灰尘。首尾多有污染且有大量磨损,内部有多处开裂现象和水迹,还有若干大小不等的破洞。

2. 修复经过

(1)制定修复方案。

(2)摄影记录文物修复前原状,并对经卷进行纸样采集,分析化验。

(3)采用毛刷和软布进行干清洗,清理浮尘。

(4)测定pH值,选纸,染色。

(5)对经卷的破洞、折痕、断裂、磨损处进行修补,加装护纸、护边、包首等。

## (三)对三个修复案例的比较分析

经比较,不难看出在敦煌遗书修复过程中,有几个重要的共同点:

### 1. 分析保存情况及残损现状,制定适当的修复方案

四川西部文献修复中心所修复的敦煌遗书,由于常年保存在四川盆地这种常年温热潮湿的环境中,有霉变、虫蛀、酸化、脆化、粘连、板结等病害,相应地采用了适当的修复方法。国家图书馆的"为"86号《维摩诘经解》情况较特殊,该经卷在古代已有过修复经历,所用的补纸也是一份重要的文献资料,修复时不仅要确保经卷的安全,同时经卷卷首的古代补纸也要完整保留,安全保存。河南博物院藏敦煌遗书保存于中原地区,气候环境相对干燥,古籍的虫蛀霉变不是很严重,但干燥环境相应地也带来了干燥断裂等病害。

在制定修复计划时,一定要注意对古籍开展前期调查,包括古籍的储存条件、古籍修复前的原状。这不仅对制定修复计划至关重要,同时也为修复后保存,以及将来技术革新后可能发生的二次修复提供了资料。

### 2. 修复前期处理

在四川西部文献修复中心的敦煌遗书修复案例中,由于修复对象破损严重,且多种病害同时存在,所以在进行前期处理时,须将经卷的各方面信息(包括病害信息)一一收集,主要包括检测纸张厚度、酸度、拉力、张力等数值,同时对纸张的霉变、虫蛀、老化、脆化、板结等病害进行数据采集,之后采用零下45℃低温冷冻杀虫灭菌7天,再进行修补工作。而国家图书馆的这份经卷由于情况特殊,修复时的主要难点在于揭开古补纸。由于古补纸的特殊性和珍贵性,国家图书馆在前期制定了两套修复方案,修复时根据实际情况采用了第二套修复方案,首先在需要揭开的地方喷水,待到纸张浸透,再用纸吸取部分水分,待纸张稍干再用工具将补纸与经卷分开。河南博物院经卷保存情况最好,病害相对较少,所以前期处理也比较简单,将经卷信息记录后,就直接开始进行表面除尘处理,主要采用软毛排笔和软棉布进行擦拭处理,之后再对经卷的断裂破损处进行处理。

由上可知,基于经卷实际状况的差异,前期处理工作也不尽相同。但一些基本信息的采集则是必要的,例如经卷的现状、经卷的修补经历及经卷纸张的酸度、厚度、拉力、张力、颜色、帘纹等,这是制定正确修复方案的前提。

### 3. 修复纸张材料的选用

修复所用纸张材料,四川西部文献修复中心团队采用的是清代老竹纸和柳构纸调制的纸浆,这种材料适用于修复含有大量虫蛀、霉变病害的古籍,而纸浆修补这一新兴技术相较传统补书技术来说,也有许多优点[4]。国家图书馆修复

敦煌遗书时主要是根据原经卷纸张的厚度、韧性、颜色、酸碱度、纸张帘纹来选择补纸种类,黏合则主要采用清水和浆糊这类材料。河南博物院采用与原物品相似的日产麻料纸进行修补,将纸料染色做旧后制作补纸,粘接于破损处,这符合传统的古籍修复手法,也适用于以断裂、开裂为主要病害的古籍。

在传统的古籍修复过程中,选纸尤为重要,它直接决定了修复结果的好坏。修复过程中,在根据帘纹、厚度、结构成分、pH 值等因素选取合适纸张后,我们采用人工黏合剂,用所选纸料对古籍的残破处进行修补。其中新旧纸张的黏合、黏合剂的选用、后期对书页的压平处理,都是传统修复手法中容易对古籍产生二次破坏的环节,需要特别注意。新旧纸张能否匹配,人工黏合剂产生的拉力是否会造成古籍二次撕裂,以及黏合剂是否会产生虫蛀、霉变等问题,在传统修复手法中都是无法彻底避免的问题[5]。纸浆修复是利用调制的纸浆对古籍残破处进行修补,无须使用浆糊这类人工黏合剂,而且调制的纸浆由于纸质纤维进行了重组,与原纸的黏合十分完美,这在一定程度上避免了配纸和黏合剂可能引发的病害问题,尤其是对于虫蛀破洞这类小而密集的病害,纸浆修复显然更加适用[6]。

4. 修复后的保存方案

对于修复后的敦煌遗书,四川西部文献修复中心和河南博物院都采用特制樟木囊匣,进行单独保存,以达到防虫效果;国家图书馆由于藏量巨大,所以保存时主要需要确保整体环境的安全性。

樟木盒历来是书籍保存的最优选择,但在关注局部保存的同时,古籍的整体保存环境也是需要我们十分注意的。我国古籍损毁严重的一大重要原因就是保存环境较差,难以达到专业标准。2013 年我国颁布了国标《图书馆古籍书库基本要求》(GB/T 30227—2013),其中就对古籍的保存环境提出了明确要求。古籍的保存涉及多个方面,从局部到整体,包括古籍装具的质量、材料、防虫防潮性能,再到外部环境诸如建筑格局、消防设施、安保措施,以及环境的温湿度、光照、空气质量等方面,都是影响古籍能否安全保存的重要因素。

5. 修复过程中涉及的修复原则

进行古籍修复时一定要遵循古籍修复原则。学界对以下原则已有较多的共识:(1)安全性原则,在修复时要保证修复场地安全,修复人员要具备文物安全意识,确保修复顺序保证交接安全,同时也要保证采取的修复措施以及采用的修复材料安全,最重要的是要确保文献信息安全。(2)整旧如旧原则,这是最为重要的修复原则。我们在修复中要尽可能地保证古籍的文物性、资料性、艺术性,避免创造性修复,尽量采用与原物相同或相似的技术和材料,努力使修复后的文物接近原状。(3)最少干预原则,即要杜绝过度修复,使修复过程极简化,且要使修复部分具有辨识度,坚持"保护为主、抢救第一、合理利用、加强管理"的十六字方针。(4)过程可逆原则,修复时要确保修复的可逆性,要保证修复材料可逆、修复技术可逆,同时对新科技、新材料的运用要慎重[1,7]。

在四川西部文献修复中心、国家图书馆、河南博物院这三个敦煌遗书修复案例中,这些修复原则贯穿于整个修复过程中。正是对这些修复原则的坚持,才确保了每一次修复的顺利进行。

## 四、结语

四川西部文献修复中心对这四件濒危残损的敦煌遗书的抢救性修复是一次不可多得的经历。修复团队针对修复对象的具体情况制定合理的修复计划,采用富有针对性的修复手法,创新性地采用了纸浆修复的新技术,使得四件残破不堪的经卷得以延长寿命。通过与国家图书馆、河南博物院的两个修复案例的比较,我们可以获得更多的修复经验,为我们开展敦煌遗书和其他类型古籍的保护修复工作提供有益的参考。

**致谢**:本文撰写过程中,天津师范大学历史文化学院2019级文物与博物馆学专业古籍修复与出版方向硕士研究生任雪、田晨提供了修改建议,谨致谢忱!

(彭德泉,四川西部文献修复中心名誉主任;景一洵,天津师范大学历史文化学院2020级文物与博物馆学专业古籍保护与传播方向硕士研究生;彭克,四川西部文献修复中心主任)

**参考文献**:

[1]方广锠.《中国国家图书馆藏敦煌遗书》前言[J].文献,1999(4):8-24.

[2]胡玉清.敦煌遗书"为"86号的特点与修复[G]//张志清,陈红彦.古籍保护新探索.杭州:浙江古籍出版社,2008:155-157.

[3]甘岚.谈谈唐代《妙法莲华经卷》的修复[J].中原文物,2009(1):106-109.

[4]邢雅梅.浅谈古籍的手工修复与纸浆补书[J].当代图书馆,2008(2):43-44,42.

[5]张平,田周玲.古籍修复用纸谈[J].文物保护与考古科学,2012,24(2):106-112.

[6]宋鑫.纸浆手工滴补在四川地区古籍修复上的应用研究[J].自然与文化遗产研究,2019,4(S2):127-132.

[7]杜伟生.古籍修复原则[J].国家图书馆学刊,2007(4):79-83.

# 德国五家纸质文献修复机构考察情况及启示

An Investigation Tour to the Five Units of Paper Document Restoration in Germany: An Introduction and the Inspiration

喻 融

**摘 要**：德国纸质文献保护修复行业的相关经验具有参考价值。文章通过对德国五家纸质文献修复机构经营规模、经费、人才培养模式、主要修复或保护对象等情况的介绍，分析了德国纸质文献修复行业的特点，提出在我国个人修复工作室将重新迅速发展，区域性修复中心的辐射作用将进一步加强，社会对高素质修复人才的需求将持续增加等观点。

**关键词**：纸质文献；德国修复行业；区域性修复中心；修复人才

德国是文物保护修复技术比较发达的国家之一[1-2]，长期以来十分重视文物修复保护技术及设施的建设和人才的培养，其文物修复保护技术及设施很早就达到世界先进水平[3]。

## 一、德国五家纸质文献修复机构概况

2018年12月，笔者与复旦大学中华古籍保护研究院杨玉良院长一行，参加德国汉堡大学写本文化研究中心举办的主题为"书写用中国纸张：术语和标准"（Chinese Paper as Writing Support：Terminology and Standards）的学术研讨会，并实地考察了德国具有代表性的五家修复机构。其中，海燕艺术品保护研究所是由德籍华人华海燕女士创立的个人工作室，路德维希堡档案和图书馆资料保存研究所、科隆历史档案修复和数字化中心是具有一定规模、由政府支持的专业修复机构，科隆应用科技大学培养多种类文物（包括纸本文物）修复人才，汉堡大学写本文化研究中心则侧重于对全世界范围内各类手稿的纸张和墨迹展开基础性研究工作。下面以这几家机构为代表，分析德国纸质文献保护行业的特点。

（一）海燕艺术品保护研究所（The Hai Yen Institute for Conservation of Works of Art）

海燕艺术品保护研究所成立于1983年，是华海燕女士的个人工作室，她曾担任曼汉姆市立美术馆修复室主任，是国际一流的文物修复专家，也是一名艺术家。自1987年开始，华女士受邀为博物馆、学校讲授修复技术、色彩及设计等艺术课程。1998年，她被认定为德国国家法定文物损坏评估专家，专为法庭、国际展览、保险公司及私人鉴定纸质文物受损程度，评断修复方法及赔偿额度。她的丈夫徐霭可先生是化学博士，拥有多项科学专利，也是文物修复的化学问题专家。

该工作室在人员最多的时候有5名学徒，拥有多种修复设备、科学仪器，其中包含各类自行设计的专业机器、精细工具，以及中日传统装裱设备与修复古书画的材料和设施。据华海燕女士介绍，工作室所承接修复的文物，60%为西方文物，40%为东方文物，包括西方铅笔画、中古羊皮《圣经》、罗丹的水彩画、中日韩的善本古籍等。主要代表性修复作品有1696年科罗奈利（Coronelli）制作的地球仪、1564年的教宗大地图、11世纪羊皮《圣经》、苏东坡及文天祥的手卷、齐白石的水墨画、来自日本的佛教绢画等。

华海燕女士重点介绍了一件由德国藏家收藏的日本14世纪描绘佛教西方极乐世界的高度残破绢本画（189cm×98cm）的修复过程。在她的专著《修复心中净土——观经变相图之修复、源起、图解》中对此做了详细记录。该书还介绍了这件佛教绘画作品的相关背景知识，并分段详注了此画的内容[4]。

作为艺术家，华海燕女士倡导的修复理念是"把修复方法的科学性和艺术品的原始性有机地结合在一起，使艺术品在质地上没有被破坏而是被强化，使艺术品的整体美得到原始的保留。克服了中国传统修复方法的隐秘性和含糊性，也克服了西方文物修复的机械性和单一性，从而承传了中国传统文物修复的完美性，发展了西方现代文物修复的科学性。这种全新的文物艺术品修复理念，正逐步在欧洲文物保护修复领域确立"[5]。

（二）路德维希堡档案和图书馆资料保存研究所（Institute for Preservation of Archival and Library Material in Ludwigsburg）

该研究所是在第二次世界大战后德国重建工程的计划支持下成立的，1995

年后隶属于巴登-符腾堡州档案馆,由政府出资,为九所州立大学的图书馆和档案馆提供文献修复服务。目前有修复人员近20名,修复对象主要是各种装帧形式的西文古籍,其中最具特色的是有着精美繁复的金属装饰和色彩绚丽的手绘插图的超大开本宗教类文献,精美的大型手绘植物学、动物学教学挂图及大型地图。

该研究所的最大特色是能够进行规模化的文献脱酸处理和纸浆补书。他们自行设计的大型脱酸设备有6个处理槽,最多允许用6种不同的溶液对文献进行依次处理,并配有气体加压等复杂的装置,能应对多样化的文献脱酸等复杂处理要求。配合脱酸设备的还有专用的文件保护套和负压抽气式干燥设备。文件保护套用尼龙材质网孔材料制成,可在保证文献充分浸润在脱酸液中的同时,又给予纸质文献以一定机械支撑。而负压抽气式干燥设备配合瓦楞纸作为撤潮的材料,显著提高了通风排湿的效率,代替了传统操作中需多次更换撤潮纸的烦琐操作,大大提高了文献修复的效率。

同时,该研究所是世界上为数不多使用纸浆补书法的大型工作坊之一。其纸浆补书法将纸浆修补和皮纸加固结合在一起,依靠大型的纸浆补书设备、当地厂家所提供的质量稳定的纸浆、负压抽气式干燥设备,实现了脱酸、修补、加固一系列规模化处理,非常适合西文纸质文献的修复,但未尝试在比较薄的线装古籍上进行修复。

除了纸浆修补法,还有一种修复严重受损文件的方法也非常实用。首先用液体明胶黏合剂从两侧临时涂覆文献,并与类似无纺布的载体材料黏合,黏合到一定程度之后,文献可以从中间被剖开。在剖开的文献中间增加皮纸加固,形成类似"三明治"的夹层,再用黏合剂重新装回。最后再使用酶将载体材料揭离。他们将其描述成一种"从内部"进行修缮加固的完美方法[6]。这种方法与中国传统的"剖纸法"的原理非常相似,但他们对该技术中温度、浓度等条件的研究和精密控制,使其安全性更高、使用范围更广。

(三)科隆历史档案修复和数字化中心(Historical Archive Restoration and Digitization Centre)

科隆历史档案修复和数字化中心的建立,缘于2009年位于科隆市中心的科隆历史档案馆突然坍塌。这次事件导致共计65000宗各类历史档案葬身废墟,其中包括著名作曲家巴赫的手稿、马克思和恩格斯的著作手稿、1972年诺贝尔文学奖获得者海因里希·伯尔的文学作品原本等大批珍贵历史文献及影像资料。位于科隆郊区波兹科隆的科隆历史档案修复和数字化中心在档案馆坍塌后,由一个仓库紧急改建而成,用于档案的抢救性修复、重新登记、保存、鉴定及保护工作,并为搬入新的档案大楼做各项周密的准备。

该中心获得了稳定的政府资金支持,共有 100 多名修复工作人员。修复空间共分三层,建筑面积达 1 万平方米,由储存库房、阅览室、修复工作坊、数码资料室、图书馆、化验室、表面清洁室、湿处理工作坊等组成,有专业的冷冻干燥设备、纸盒自动成型机、专业级别的通风除尘设备和用于清理微生物污染的生物安全柜。

待处理的文献档案几乎都需要经历从废墟中发掘出来、清洁修复、数字化、重新登记的过程。根据其目前抢救修复工作的统计,15%的文献属轻微破损,50%属中度破损,35%属严重破损。修复档案材料的第一步,包括真空冷冻干燥、表面干洗、文字和图片数字化、采集相关信息(为后期整理提供线索)、用档案盒包装并分类编号等工作,由 25 名专业修复师、65 名助理修复师负责,仅表面干洗和清洁就有 37 个工作台,其中 11 个是生物安全柜。第二步,21 名管理员、45 名助理修复师开发了相应软件,对碎片化的文档、图片进行数字化拼接、排序和整理,对图片档案进行数字化层面的修复。萨克森州国家档案馆档案中心(Archive Centre of the State Archives in Saxony)的 4 名管理员、20 名助理也参与了部分工作。第三步是识别、分类和重新登记,由 14 名专业管理员和 13 名助理负责这项艰巨的任务。

除了政府提供了大量的资金支持,一些博物馆、科技企业、科研院校也参与到这项工作中来。其中,博物馆承担了部分冷冻干燥工作;科技公司中,有的完成了大量文件的数字化批量处理,有的则完成了文献上建筑灰尘危害性的检测、干洗和去金属化效果评价,以及文献中不稳定材料的技术鉴定工作;科研院校对碎片化的文献进行智能识别与配备,他们提出的"碎片化文献的物理数字修复"设想,实现了同一来源的分散碎片文档的关联和数字化图像的自动化拼接[7]。

待处理的文献都会进入周全严密的工作流程。条形码技术辅助的流水线式档案修复工作管理系统,使每一个环节的整理和修复工作都清晰高效。这套管理系统实现了团队多项工作任务协同进行,这不仅需要对不同破损类型的文献制定针对性保存方案,还需要对修复工作流程进行精心设计和反复验证。他们的工作体现了德国文献修复行业中各项精湛的修复技艺,以及丰富的修复项目管理经验。

(四)科隆应用科技大学(Cologne University of Applied Sciences,CUAS)

坐落于德国北莱茵-威斯特法伦州的科隆应用科技大学于 1971 年由 8 所高

等专科学校合并组建而成,现有 11 个学院,是德国规模最大的公立应用科技大学。

德国的职业教育分为中等职业教育和高等职业教育两个层次,其中高等职业教育由两类学校构成,即职业技术学院(BA)和应用科技大学(FH)。应用科技大学从德文字面直译为高等专科学院,但属于本科层次,在性质上不同于我国的高职高专教育,而与我国倡导的技术应用型本科教育相似[3]。

根据科隆应用科技大学 2017 年底发布的数据,该校拥有在校生 26000 人,其中新生 5387 人,教授 420 名。科隆应用科技大学的图书文献教育学院为德国各大博物馆、档案馆、图书馆持续培养修复人才。

该学院师生向我们展示了多间配置有全套先进显微镜、各类红外光谱设备的科学检测实验室,以及纸质文献修复工作室正在开展的修复项目。其研究工作以纸质文献的修复实践为基础,围绕其文献价值、传统书写材料工艺调研和相关科学分析、修复技术、配套修复设备研发而展开,教学和研究范围广泛且丰富,非常值得学习和借鉴。

该学院不仅修复珍善本,普通流通书的修复也受到高度关注。该学院自制的一台机械修复设备,可以精准地在待修复的书板上开槽,不仅可以降低对修复人员的操作技术要求,还可以显著提高快速修复精装书籍的效率[8]。该学院除了纸质文献的修复,还有羊皮、木刻等各类珍贵西文文献及各式木雕、摆件、古董家具、油画、版画、电影胶卷、照片、底片等多种艺术品的修复研究工作。教学研究工作室与科学实验室都集中在一栋楼内,为各类修复科技工作者的学术交流提供了便利。该校大量的传统修复技艺的传承和实践、齐备的科学检测设备、案例式的研究模式为其培养高素质修复工作者提供了保障。

该学院不仅对待修复作品的破损状态、相关修复材料做有详尽的分析记录,还围绕修复策略的选择进行大量的、充分的预实验,以保障修复操作的顺利进行。修复完成后,整个修复研究实践汇总的科学报告以案例的形式保存,供后续的修复工作者和研究者参考。在该校展示的修复案例中,修复策略的选择被反复提及,这是整个修复工作中最关键的选择。这个观点是值得我们借鉴的。

(五)汉堡大学写本文化研究中心(University Hamburg, Centre For The Study of Manuscript Cultures)

汉堡大学成立于 1919 年,拥有 4 万多名学生,有 143 个本科和硕士学位项目,是德国北部最大的学术研究和教育中心,也是德国规模最大的十所大学之一。汉堡大学写本文化研究中心配备有多种科学检测设备,以对写本的物质特征研究为基础,同时结合史学的角度来解读写本文化,研究领域非常广泛,亚洲、欧洲、非洲的所有写本均在其研究范围之内,涉及历史、语言文字、文化、文学、美术、音乐及考古等课题。其主办的刊物《手稿文化》(manuscript cultures)以自然科学和技术在手稿分析中的应用为主题,展示了科研人员对于纸张和墨迹的多种研究成果[9]。在汉堡大学写本文化研究中心于2018年12月13日至15日举办的"书写用中国纸张:术语和标准"学术研讨会上,来自亚洲、欧洲和美洲等世界各国的专家学者对中国纸张的制作与印刷、古法纸张的保护与修复、中国手工纸制作技术与标准等进行了跨学科研讨与交流。

## 二、德国五家纸质文献修复机构特点分析

上述五家机构,从运营模式的角度可以分为个人修复工作室、区域性修复中心、职业类高校、综合类高校四大类。现对其类型、规模、人才培养模式及主要修复对象简要比较如下(见表1)。

表1 五家德国纸质文献修复机构对比表①

| 机构名称 | 类型 | 规模(人) | 人才培养模式 | 主要修复对象 |
| --- | --- | --- | --- | --- |
| 海燕艺术品保护研究所 | 个人修复工作室 | 5 | 任教、师带徒 | 珍贵书籍、绘画 |
| 路德维希堡档案和图书馆资料保存研究所 | 区域性修复中心 | <30 | 岗位培训 | 珍贵图书、档案 |
| 科隆历史档案修复和数字化中心 | 区域性修复中心 | <200 | 岗位培训 | 珍贵档案 |
| 科隆应用科技大学 | 职业类高校 | <20 | 培养应用型人才 | 一般文献、珍贵文献 |
| 汉堡大学写本文化研究中心 | 综合类高校 | <20 | 培养研究型人才 | 珍贵文献 |

(一)形式多样化,能充分满足社会需求

个人修复工作室可以满足当地收藏家、书画爱好者不同类型的修复要求,区域性修复中心则可以集中、高效地完成区域内档案馆、图书馆大量文献的修复任务,职业类高校为博物馆、图书馆、档案馆培养应用型人才,而综合类高校则在修

---

① 资料根据2018年12月参访情况整理。

复保护领域开展基础性研究。各类型机构的规模根据实际需要而定,职能分配明确合理。

(二)个人修复工作室提供个性化服务

个人修复工作室带有更多的个性化色彩,经验丰富的修复师的修复对象具有多元化的特点(中国书画、拓片、古籍、羊皮书),也能更加灵活地根据需求调整修复方案,进行个性化手工定制,如定制装帧精美、配色考究的书盒等装具。相比其他类型,个人修复工作室更能满足民间收藏家的多样化需求。但据华海燕女士介绍,德国经济萧条期,也有很大一部分修复师失业或转行。必须承认的是,从修复技艺的传承、工作室长远发展的角度来讲,个人修复工作室的运营比其他类型更容易受政治、经济、个人等多种因素的影响。

(三)区域性修复中心修复贡献巨大

路德维希堡档案和图书馆资料保存研究所、科隆历史档案修复和数字化中心一定程度上成为区域性修复中心,承担着来自区域内图书馆、档案馆等机构的大量重要修复任务。为此,他们拥有高效规范的管理模式、相对固定的运营经费和修复人员。流水线式的修复工作流程,能最大效能提高修复效率,同时为应用型修复技术的发明提供了条件,如路德维希堡档案和图书馆资料保存研究所"剖纸法"、科隆历史档案修复和数字化中心"碎片化文献的物理数字修复"。毫无疑问,区域性修复中心是纸本文物修复与保护的最重要的部分。

(四)多层次的人才培养模式

科隆应用科技大学、汉堡大学写本文化研究中心分别承担着应用型修复人才、保护相关的基础研究型人才培养任务。科隆应用科技大学重视修复实践的课程,重视理论与实践结合;汉堡大学写本文化研究中心重视对写本的物质检测技术与数据分析,并结合史学的角度来解读写本文化,这些基础研究的关注点和研究结果对纸本文物修复方案的选择有重要的参考价值。而应用型和研究型人才的分层培养,能满足社会对纸本文物修复的数量、质量等多种需求,也是修复行业可持续良性发展的保证。

## 三、对我国纸质文献修复行业发展的启示

自2007年1月国家正式实施"中华古籍保护计划"以来,集全国之力,对古籍进行抢救性保护,成效显著,不仅有更多的不同学科背景的人从事文献修复相关行业,全社会对文献修复的关注度也增加了[10]。但德国经验对我国文献修复行业的发展仍然有着重要的借鉴意义,下面谈谈本人的几点看法,也期待大家能

共同对国内纸质文献修复行业的发展进行深入思考。

(一)个人修复工作室将重新迅速发展

早期的个人修复工作室应该是传统的旧书店、装裱行,在北京及江浙沪等文化集中地曾非常密集;战争时期,百业停滞,古籍修复行业也受到沉重打击;新中国成立初期,只有北京图书馆、上海图书馆还在进行纸质文物的修复与保护;即使到了目前,也只有少数拥有文物修复资质的单位才能进行修复工作。早在2003年,就有学者提出,"在加强政策管理的前提下。应当允许私立修复机构进入文物修复保护领域,打破国家事业单位单独运行模式,以私立文物修复机构的灵活多样运作模式,去补充文物修复的巨大社会需求"[5]。

同时,国内也出现一批优秀的古籍、书画修复师。他们跟随名师,学习中国传统古籍、书画修复与装帧技艺,并收藏了大量的古旧纸张和绢绫等珍贵的修复材料,加上知版本、懂书画、善书法、会国画,又有多年的修复经验和心得,是难得的综合素质高、修复技艺好的复合型人才,受到收藏单位和个人藏家的欢迎。比如上海的费永明先生(师从扬帮装裱大师严桂荣先生)成立了乐观文化传播有限公司;北京的舒光强先生(师从故宫博物院的张旭光先生)不仅在中国艺术研究院任教,还创办了颇具影响力的工作室——樗寮古书画修复坊。

这些都预示着,国内个人修复工作室将重新迅速发展。但不能忽视的是,个人修复工作室倘若要持续良好发展,须有几个前提:(1)被广泛认可的修复行业的规范和标准;(2)具有公信力的修复质量规范监督机构;(3)良好的社会、经济环境。

(二)区域性修复中心的辐射作用将进一步加强

根据2016年6月《人民日报》报道,2007年1月国家正式实施"中华古籍保护计划"以来,经过普查摸底,各地上报的古籍藏量总数达5000余万册(件),共计20余万种,古籍收藏单位达到2800家。为了更好地解决古籍保护和利用的矛盾,国家古籍保护中心大力推动"中华古籍资源库"建设,但仍有大量无法数据化的古籍急需修复,这还不包括个人私藏[10]。

虽然文旅部已确定12家修复工作条件比较好的全国古籍重点保护单位作为国家级古籍修复中心[11-12],但面对有限的修复从业人员和大量亟待修复的古籍、民间文书,采用现代科学流程管理、融合各行业现代科学技术的区域性修复中心仍然是目前迫切需要的。国内现有修复机构如四川西部文献修复中心、北京汉龙实业有限公司、南京市莫愁中等专科学校等已初步承担了这样的功能,但与德国类似的修复机构相比,仍有一定差距。

前文所述德国的路德维希堡档案和图书馆资料保存研究所、科隆历史档案修复和数字化中心就是区域性修复中心的代表。由此可见,大力发展由政府注资管理的修复中心也是将来的发展趋势。较之个人修复工作室,区域性的修复中心有自己独特的优势,比如:(1)更容易获得政府、民间资金的支持;(2)与政府、高校、研究院的合作机会更多;(3)更加齐全、先进的仪器设备;(4)种类更加丰富、更安全的修复材料;(5)更加科学、规范、高效、灵活多样的修复流程;(6)长期固定的经验丰富的修复人员;(7)稳定可靠的修复质量;(8)更低的修复成本;(9)可以成为人才培养、行业交流的平台;(10)作为修复质量规范监督机构。

从上述德国经验来看,复旦大学图书馆(中华古籍保护研究院)正在筹划的修复中心,计划以这样的区域性修复中心为目标,搭建多学科交叉融合的纸质文献研究平台,联合不同门类的个人修复工作室、传统手工纸造纸工作坊传承人,融合传统与科学,是非常可行的设想。

(三)社会对高素质修复人才的需求将持续增加

随着国家和社会对于文献修复与保护的关注度升高,文献修复技艺作为我国的非物质文化遗产,在保证技艺传承的前提下,还需要更多的学科加入和支持。比如,现代的修复技术统一标准与传统的南北差异之间的矛盾、判定新兴修复技术与传统修复技术之优劣的科学评价方法、古籍等纸质文物"修复性破坏"[13]的判定等方面,都需要多学科、高素质、复合型人才投入大量的基础研究。

**致谢**:笔者有幸与杨玉良院士、杨光辉副馆长、王思浓博士一起参加德国汉堡大学写本文化研究中心举办的"书写用中国纸张:术语和标准"学术研讨会,三位老师为本文提供了十分有益的指导。在德期间,受到华海燕女士的热情接待,华女士还为本文提供了大量素材,谨此一并致谢。

(喻融,复旦大学图书馆馆员)

**参考文献**:

[1]任超.德国文化遗产的法律保护:制度内容、发展趋势以及参考借鉴[J].河北法学,2021(2):117-141.

[2]李斌.中德文物保护比较[N].中国文物报,2014-08-22(7).

[3]魏京武,甄广全.赴德国考察文物修复保护技术的收获[J].文博,1993(3):93-102.

[4]华海燕.修复心中净土:观经变相图之修复、源起、图解[M].台北:"国家图书馆",2014:6-124.

[5]张虎勤.海燕艺术品保护研究所的文物修复[J].文博,2003(3):77.

[6]Chinesische Experten für Papierrestaurierung besuchen das Institut für Erhaltung[EB/OL].http://www.landesarchiv-bw.de/web/64222,13.12.2018.

[7]THIEL N, WEILER K. The Collapse of the Historical Archive of the City Cologne-Four Years Later

[J]. Journal of PaperConservation, Vol. 14(2013), No. 1: 26-35.

[8]ZIMMERN F. Board Slotting: A Machine-Supported Book Conservation Meth-od[C]. Book an Paper specialty group session, AIC 28th Annual Meeting, 8-13, 2000, Philadeiphia Pennsylvania[EB/OL]. http://cool.conservation-us.org/coolaic/sg/bpg/an-nual/v19/bp19-25.html.

[9]BROCKMANN C,HAHN O.Natural Sciences and Technology in Manuscript Analysis [EB/OL]. https://www.manuscript-cultures.uni-hamburg.de,2020-09-30.

[10]张贺.与时间赛跑:古籍数字化如何加速[N].人民日报,2016-06-23(19).

[11]周一.南京图书馆国家级古籍修复中心的建设与探讨[J].江苏科技信息,2018,35(29):19-22.

[12]山东省图书馆被文化部设立为国家级古籍保护与修复中心[J].山东图书馆学刊,2010(1):28.

[13]王国强,石庆功.古籍修复性破坏原因分析及预防措施探讨[J].图书馆论坛,2018,38(11):164-171.

# 古代视觉材料中所见之古籍装具考

A Research of Ancient Chinese Book Containers through Ancient Visual Products

韦胤宗

**摘　要**：视觉材料是不同于书写材料和实物证据的一种重要史料，它往往可以补充另外两种史料所难以言明的史实。本文以古代绘画为主，辅以壁画、雕塑、版画等材料中的图像，来考察古代不同时期书籍盛装器具的面貌，并借以分析其形制特征。因书籍本身形制的演进，古代盛装书籍的器具多种多样，其形制在不同时代亦有所变迁，但在卷轴时代以书帙为主，在册页时代以书函最为常见，佛道之卷轴与经折则多以经函盛装。书帙、书函亦有各种子类。借助古代的各类视觉材料，研究者可以全面而详细地了解书帙与书函的外形特征，并较为完整地构建其形制演进的图像谱系。

**关键词**：古籍装具；视觉材料；书帙；书函

视觉材料，也可称为"图""图画""图像"等，从历史研究的角度来看，它是介于文字记载和实物证据之间的一种历史遗迹。比起文字记载，它更为直观且难以篡改，是实物的图像，可以直观地反映历史中的物象。比起出土材料和文物，它却可以算作一种对于实物的表现和记载，流传更为方便，因而保存了一些凭借实物已经不能看到的信息。

## 一、视觉材料研究概述

将视觉材料纳入历史研究的视野，并非现代人的首创，但将其系统化、理论化,变成完善独特的研究方法,则肇始于20世纪70年代在欧美史学界兴起的"新文化史"(New Cultural History)。"新文化史"重视各种社会要素之间的互动关系,强调普通民众日常生活的具体事件,以综合了人类学、艺术史和社会史方法的文化阐释作为基本方法,其使用的材料不仅包括传统的文字记载,而且也将各类图像、古物等一切人类过往的遗迹都纳入观照的视野,拓展了历史研究的疆界。英国学者彼得·伯克(Peter Burke)的名著《图像证史》对图像证史的方法进行了较为全面的综述[1]。在伯克的讨论中,"图像"(image)不仅包括各种画像,还涵盖了雕塑、照片、电视画面、工艺品、纪念章、地图、建筑等,也就是说,一切可以为人的视觉所感知者,皆可成为图像研究的对象,成为"视觉材料"。研究者不仅可以以其作为考据的素材,还可以通过对其进行阐释以了解历史的观念和过往的文化。

使用视觉材料来研究历史,是摄影技术的普及给现代学者带来的便利。巫鸿曾论证过摄影从本质上改变了美术史的运作,使得美术史"从一般艺术欣赏和古玩家的业余爱好转化为一个现代人文学科"。巫鸿称,摄影对于艺术品的反映,或称为"转译",在三个方面改变了美术史的基本思维方式。第一,摄影可以把不同媒体、材质、形式、尺寸的艺术品"转译"成为统一的方便保存和流传的图像材料(照片),因而方便不同图像之间的比较,"比较"式论证方法的盛行则改变了学者考辨和阐释的结构,成为知识生产的重要一环;第二,当照片足以提供研究和教学之用时,研究者可以不必进行实地考察,很多空间性的限制消解殆尽,"视觉"性在研究中的作用变得更加突出,照片可以放大、缩小,或者以特殊方式进行处理,我们可以"看到"的也就更多;相应地,第三,研究者对于"细节"的关注日益增长,可以对更多"有意义的细节"进行筛选和解释,因此"研究日益精确,逐渐进入'科学'的层次"[2]。

摄影技术不仅对美术史的研究带来转变,同样也使"图像证史"更为便利,从而为历史考证打开新的视野。中国古代书籍的形制,经历了一个漫长的演变过程,先后有连简成篇的简书、可以折叠的帛书、可以舒卷的纸质卷轴,以及后代较为普及的各种书册。为了保护这些简帛、卷轴、书册,同时将其收于一处以方便携带储存,则需要盛装的器具。盛装书籍的器具也随着书籍形制的演变而发生变化,前后有漆盒,有用布帛、硬纸、织锦制作的书帙,有木函、石函及明清时期流行的以硬纸为底而敷以布帛的书函等。这些器具,都一一在古代的视觉材料中有所表现。本文即拟使用古代的视觉材料来考辨古代书籍盛装器具的面貌和形制,即通过对各种古代的图像进行对比、筛选和解释,并将其和文本材料与实物材料进行有意义的对照,补正后两者的缺漏,以期勾画出古代书籍盛装器具演变更为清晰的图景。

## 二、古代视觉材料中古籍装具之一——漆盒

现在可知最早的盛装书籍的器具应该是漆盒。漆盒至迟从商周就开始出现,是一种较为普通的日用器物,并非专为装书而制。用漆盒盛装书籍,见于考古发掘,比如长沙马王堆三号墓出土的漆盒之中即装有帛书和简册。帛书折叠成长方形放置在漆盒的格子中,有《老子》《周易》《战国策》等书;简册有两卷,皆为医书(图1)[3-4]。

图1　长沙马王堆三号墓出土的漆盒,内盛有叠放的帛书与简册(图见湖南省博物馆、中国科学院考古研究所:《长沙马王堆二、三号汉墓发掘简报》,《文物》1974年第7期,图版柒)

简册较为沉重,而且体积庞大,根据考古发现,一般较少放置于漆盒中,马王堆出土的这两卷医书置于漆盒之中,应该是因为墓主人对其比较珍爱。布帛质地较软,折叠放置于盒中是比较合适的保存方法,长沙子弹库出土的帛书最早也置于竹匧之中[5-6],可见是常制。

册页装的书籍产生之后,也偶有使用漆盒盛放者。如美国大都会艺术博物馆(Metropolitan Museum of Art)所藏五代南唐周文矩所绘制的《琉璃堂人物图》,画中文士手中拿着一本四周有白边的蝴蝶装书籍,书衣为蓝色;文士旁边的桌上放置着一个漆盒,盒中有一本书衣同为蓝色的书册(图2)。周文矩又绘有《重屏会棋图》(北京故宫博物院藏),图中的书册也放置在类似的漆

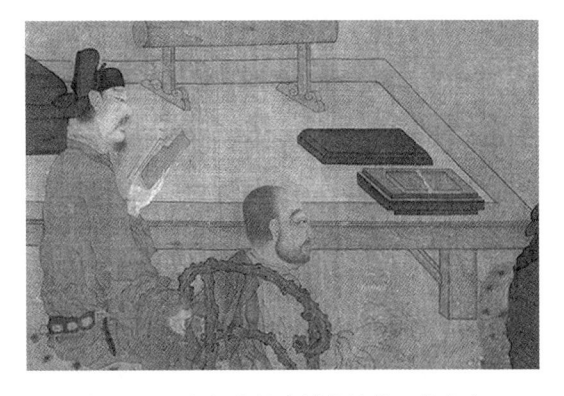

图2　美国大都会艺术博物馆藏五代南唐周文矩《琉璃堂人物图》(局部)

盒之中。此时书册尚未盛行,盛放书册的书函还未产生,较为珍贵的书册被放入漆盒之中应该是很常见的。漆盒,以及其他用竹木所制的箱、箧、柜等等,都是日用器具,可以放置任何物品,并非为书所独造,但古人常将书籍放入其中以保存、运输或者隐藏。古人谈到书籍,常有"箧中""箱底"等说法,就源于此。

### 三、古代视觉材料中古籍装具之二——书帙

东汉以后,纸卷开始盛行,因纸质较硬,有轴无轴都可成卷。同时,书籍的数量开始增加,包裹卷轴的书帙也开始流行。叶德辉说:"汉时卷子裹之以袠,其名曰袠。"并引《说文解字》:"袠,书衣也。"[7] "袠"是"帙"的异体。马衡说:"卷之外有帙,……乃防卷轴摩擦易损,故为物以裹之,又或因一书卷轴繁多,易致散失或紊乱,故为物以束之。卷轴在内,帙在外,如人之衣服,故谓之书衣。"马衡又说:"无论如何裹束,其两端则仍露于外。"这是一个非常正确的描述。但马衡接下来说:"《鸣沙石室秘录》记敦煌所出卷子,其外皆用细织竹帘包之。日本正仓院藏唐代杂物,有经帙,皆以细竹为纬,各色绢为经,以织成之。"[8] 其实正仓院的书帙有以竹与织锦为主要材质的两种,英法等地所藏出于敦煌的书帙除有竹、织锦两种外,尚有以硬纸为主要材质者,并非"皆以细竹为纬"。

也就是说,东汉到唐宋时期,流行的书帙有以纸、竹和织锦为主要材质者三种。日本正仓院的《最胜王经》帙,全以织锦制成,其中心部分为一大片长方形织锦,其上有团花、缠枝等图案,并织有"金光明最胜王经"等字样。包边和缚带亦为彩色织锦(图3)。正仓院又有《小乘杂经》帙,与此类似。英国国家博物馆还藏有一件敦煌出土的以硬纸为主、织锦包边的唐代书帙(编号 MAS.858,见图4)。

现存实物书帙,最常

图3 日本正仓院藏《最胜王经》帙(上为正面,下为内面)

见者为竹帙。马衡所谓正仓院所藏"以细竹为纬,各色绢为经,以织成之"的"经帙",正仓院有两个,分别编号"竹帙第四号""竹帙第五号",皆以竹篾为纬,以彩线缠连竹篾织成,符合马衡的描述(图5)。

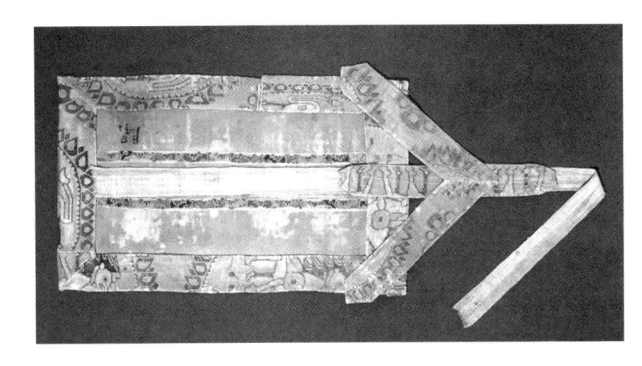

图4 英国国家博物馆藏敦煌出土唐代纸帙(编号 MAS.858)

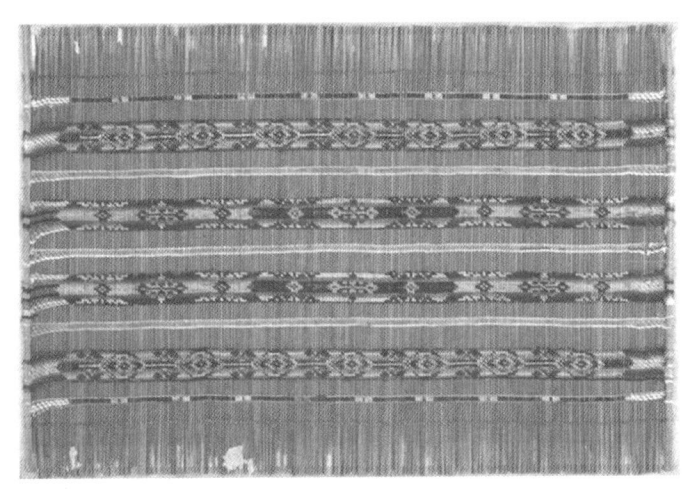

图5 日本正仓院藏竹帙第四号

日本奈良国立博物馆有一平安时代的竹帙,制作极为精美。该帙用蝴蝶形的铜制纽片将缚带固定在织锦包边之上。又有木牌,书"大乘经",类似书名标签,也以铜制蝴蝶形纽片固定在包边之上,设计巧妙而美观(图6)。

此类竹帙还见于法国吉美博物馆(Musee Guimet)、英国国家博物馆等地。竹篾比纸和织锦的质地要坚硬得多,也可以更为有效地保护其中所装的卷轴。南朝梁昭明太子萧统有《咏书帙诗》,曰:"擢影兔园池,

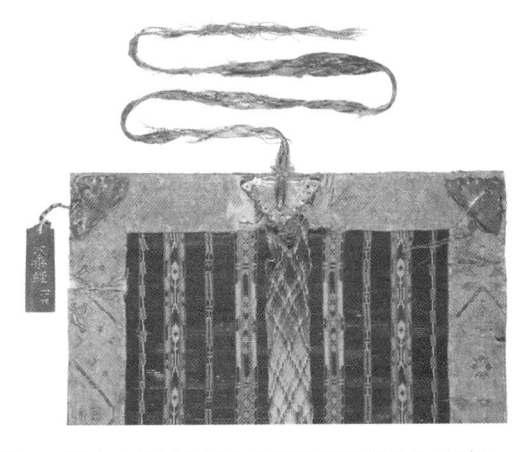

图6 日本奈良国立博物馆藏平安时代竹帙(局部)

抽茎淇水侧。朝映出岭云，莫聚飞归翼。幸杂缃囊用，聊因班女织。一合轩羲曲，千龄如可即。"[9]其中"擢影兔园池，抽茎淇水侧"，是说书帙可用兔园修竹和淇水绿竹制成；"幸杂缃囊用，聊因班女织"，暗示书帙比较漂亮，是用彩色丝线缠连竹篾制成的。以上列实物为证，萧统的描述并不夸张。

上列书帙中，《最胜王经》帙纵30厘米、横53厘米，英国国家博物馆所藏纸帙纵35厘米、横48厘米，奈良国立博物馆所藏竹帙纵31厘米、横47.3厘米，正仓院竹帙第四号纵30厘米、横44厘米，第五号纵30厘米、横50厘米。其他同类书帙，尺寸也都相当，皆为纵约30厘米、横约50厘米的长方形，一端有缚带，可以将书画放于其中，卷起，然后以缚带捆绑固定。这样看来，一个书帙最多可以包裹多少卷轴，应该是取决于卷轴本身的直径大小。

在古画中，用这种书帙包裹卷轴的形象非常常见。现藏美国波士顿美术博物馆（Museum of Fine Arts, Boston），传北齐杨子华所绘的《校书图》中，即有此类书帙的形象。画中的书皆为卷子，纵长短于一肘（从手肘到中指端的距离），皆无轴。其中两个侍女手中抱着很粗的圆柱形物体，与书卷的高度相当，且其主体颜色较浅，两端和中间有深色的护边或者缚带，形制特别类似于英国国家博物馆所藏纸质书帙（图7）。

图7 美国波士顿美术博物馆藏传北齐杨子华绘《校书图》（局部）

在唐宋绘画中，此类书帙非常常见，而且以竹帙最为流行。传王维所绘的《伏生授经图》（日本大阪市立美术馆藏）中，伏生身左桌下有一帙书卷，帙为竹帙，篾条隐约可见，其缚带为较软的布条，而且还可通过敞开的一端看到其中约有九个手卷。唐卢鸿的《草堂十志图》（台北故宫博物院藏）、传唐孙位的《高逸图》（上海博物馆藏）等，也都有类似的竹帙形象。唐陆曜《六逸图》（北京故宫博物院藏）中竹帙的形象最为写实。《六逸图》是一幅人物故事画卷，描绘的是汉晋间高人逸事的题材，画中人物有马融、阮孚、边韶、陶潜、韩康、毕卓等六人。画幅首端有行楷"陆曜画逸人图,李太尉旧物"。图中,马融身旁有一竹帙,其中有八个卷轴,帙外有一打开的卷轴。阮孚身前有一打开的竹帙,中有六个卷轴。最有趣的是边韶昼眠一图,边韶头下枕着一帙书卷,中有十五个卷轴,边韶手中还拿着一个卷轴(图8);身旁站一童子,两手托抱一帙书卷。画中手卷皆为白纸,橘黄色轴,其竹帙皆以黄色竹篾制成,以深色布帛包边。

进入五代北宋以后,册页装书籍(或称"书册")的形象在绘画中渐渐增多,但此类书帙的形象也并未减少。如传五代南唐王齐翰《商山四皓图》(美国大都会艺术博物馆藏)中,画面左端的桌下即有

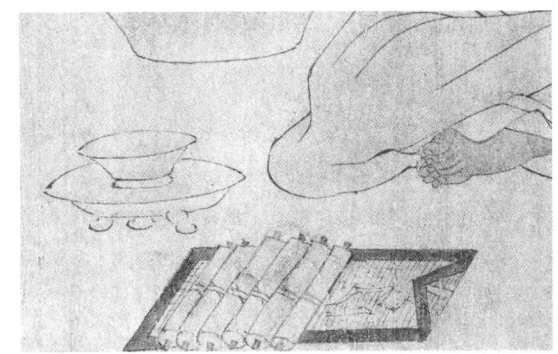

图8 北京故宫博物院藏唐陆曜《六逸图》(局部。上为阮孚身前的竹帙与卷轴,下为边韶头枕一帙书卷)

一帙书卷,其形象类似于王维《授经图》。著名的五代南唐周文矩《重屏会棋图》(北京故宫博物院藏)中,画中主人公手中拿着一个小书册,身旁的漆盒之中也放着一个相同的小书册,可能是棋谱;其身后屏风上绘有一个书帙,书帙展开,其上放着一个卷轴。屏中之屏绘山水。北京故宫博物院所藏南宋佚名《南唐文会图》画面中部桌上有两个书卷,一叠书册,黄色书衣。画面左端有童子托抱着一帙书卷,类似于《六逸图》中的童子托书形象。

美国纳尔逊-阿特金斯艺术博物馆(Nelson-Atkins Museum of Art)所藏元刘贯道的《消夏图》,可能是学习了五代南唐周文矩的《重屏会棋图》的构图,也是一幅重屏图。画中之高士右手执麈尾,左手拿一书卷支在腿上。书卷为白色包首(或者无包首),贴黄色书签。高士身后的高桌上摆着一帙书卷(图9)。此画中第一层屏风中有高士坐于床上,身旁的矮桌上摆着两册书,书叠放,无函,为蓝色书衣,书册的尺寸较大,可能是为了调节画面的平衡,使得书籍看起来像是屏

外高士室内的陈设。屏中之屏亦绘山水。《重屏会棋图》中屏外人手拿书册,身旁摆放着书册,屏内桌上有书帙与卷轴;而刘贯道的《消夏图》中屏外人手拿卷轴,桌放卷帙,屏内桌上却放着一叠书册,与《重屏会棋图》刚好相反,不知是否刻意为之。

  此类书帙除了多以织锦包边或以彩线织成之外,都符合两端仍露于外的特征。这种书帙也称为橐,《汉书》卷六十九《赵充国传》曰:"(张)安世本持橐簪笔,事孝武帝数十年。"颜师古注引张晏曰:"橐,契囊也。近臣负橐簪笔,从备顾问,或有所纪也。"师古曰:"橐,所以盛书也。有底曰囊,无底曰橐。簪笔者,插笔于首。橐音丁各反,又音托。"宋彭汝砺有诗《谢公权赐蜀笺》,曰:"君得奇笺自蜀溪,缄封密密寄幽栖。香销翠玉花枝软,影落青云凤翼低。书橐一朝丰绮绣,诗心半夜振虹霓。报之重愧无琼玖,强拾刍言细细题。"黄庭坚《送王郎》诗曰:"连床夜雨鸡戒晓,书橐无底谈未了。"彭汝砺所谓"书橐一朝丰绮绣"说的是书橐或以织锦做成,或以彩丝缠连竹篾制成,皆有绮秀之色;黄庭坚所谓"书橐无底",是用这种两端无底的书帙做双关,说与友人彻夜闲谈。

图9　美国纳尔逊-阿特金斯艺术博物馆藏元刘贯道《消夏图》(局部)

  类似的形制,在佛教题材的壁画、绘画中也有表现。现藏于英、法、俄等地,绘制于唐、五代时期的敦煌纸本行脚僧(又称为"伏虎罗汉"或"宝相如来")图像中,行脚僧背后多背有经卷,有的经卷即在这种竹帙之中。如俄罗斯埃尔米塔什博物馆(Государственный Эрмитаж)所藏之《行脚僧图像》,行脚僧背囊中的书帙有织锦包边,其中有五轴手卷,皆清晰可见(图10)。西夏时期所绘制的榆林窟第三窟西壁普贤变相下方《罗汉相》中,罗汉所背即为一捆包裹于竹帙之中的经卷,竹篾、包边、卷轴皆清晰可见,表现得极为写实。

  此类书帙的形象元以后在绘画中逐渐变少,但并未绝迹。明清绘画中的书籍绝大多数为书册,少数为书帙包裹的卷轴,而且这些书帙的形象可能很多是临摹前人绘画而得来的,真正的竹帙应该已经比较少见。其原因,应该是书籍的形制和书画的装帧方式都发生了巨大的变化。宋代之前,雕版未行,书籍为写本,与书画作品在形式上并未有所不同,书籍和书画皆主要以卷轴装的形式流通,而且其轴长都小于一肘,多为30厘米左右。马衡在《书籍制度》中引《隋书·经籍志》曰"《周易》一帙十卷",引《经典释文序》曰"合为三帙三十卷",引《群书治要序》曰"凡为五帙,合五十卷",引李清照《金石录后序》曰"束十卷为一帙"[8],等等,每一书多可至几十卷,且以十为数装入帙中,每一个卷轴的形制应该都是较为统一的,因此绘画中皆表现为整齐划一的模式。元代之后书画卷轴的轴长往往大小不一,特别是一些挂轴,轴长

图10 俄罗斯埃尔米塔什博物馆藏敦煌藏经洞出土五代《行脚僧图像》(局部)

往往超过一肘甚至一臂,难以使用一个竹帙盛装,而书籍已经多数改为册页装,因此唐宋流行的这种书帙自然慢慢减少。

明初戴进等人、明中叶沈周等人的画中,已经很难找到此类书帙。藏于北京故宫博物院的明中叶画家周臣的《人物图册》中,其中五幅有书籍的形象,多为叠放的书册,有各色书衣。仅一幅中出现了一个书帙,装有十一个卷轴。画中童子扶着一个卷子,高士在握笔挥毫(图11)。

明画中若出现书帙,有两个基本的特点值得注意:其一,出现书帙的画面多数情况下也会有书册;其二,很多书帙是以童子托抱书帙的形象出现的。前者如唐寅《溪山渔

图11 北京故宫博物院藏明周臣《人物图册》(局部)

隐图》(台北故宫博物院藏),画中有两条紧挨的小艇,其一之上的男子在吹笛,另一之上的男子在击节相和;吹笛者船上有书册,击节者船上有一帙书卷(图12)。北京故宫博物院藏有一幅明代谢时臣的《移居图》,画中有一男一女两个人物,以车载书籍杂物等在路上行进,似为入山隐居。车上似有一些书册,也有两个竹帙,内各有数个书卷。

图12 台北故宫博物院藏明唐寅《溪山渔隐图》(局部)

其他如仇英《蕉荫结夏图轴》、文伯仁《圆峤书屋图》、陈洪绶《隐居十六观图册》(以上皆藏于台北故宫博物院)等等,都是既有书帙也有书册。较为特殊者,如天津博物馆藏有一幅明代中期画家万邦治的《秋林觅句图》。画中士人手中握着一个白色的卷子。童子身上背着竹帙,里面既有卷轴,又有书册,导致竹帙变形,而非常见的圆柱形。也可能童子所背为较硬的竹笈或藤笈。这样的表现比较少见,可能具有一定的写实性(图13)。

清代宫廷中的帝王肖像图和行乐图中,也有很多书籍的形象,用以展示清代帝王的学识、品位和对汉文化的融入。其中的书籍,和晚明世俗、肖像画中的书籍一样,在书衣、书函

图13 天津博物馆藏明万邦治《秋林觅句图》(局部)

之上大做文章,异常奢华。书籍多为线装,各色花样织锦面的函套;精美的画册和书画卷,皆以五彩织锦做书衣和包首。目前仅见一例竹帙,出现在北京故宫博物院所藏《胤禛行乐图册》中。此图册共有十六开,其中《围炉观书》一帧之中,胤禛身着汉族文人服饰,手捧书册专心阅读,足下为火炉。画中引人注目的是左侧书橱,内有各种古玩珍器,也有书籍、画册和书画卷轴。书为线装,书函有织锦面和蓝布面;画册为织锦书衣;卷轴为织锦包首,包裹在一个竹帙之中,竹帙之外又用一方碧绿色的彩绢包裹(图14)。画面比较写实,可能清宫中还存有竹帙。

图14 北京故宫博物院藏清《胤禛行乐图册·围炉观书》(局部)

古代绘画中若出现人物,多数情况之下是主仆相从。仆从多为童子或侍女,这些形象具有一定的叙事功能,可以辅助画中主人的各种行为,比如帮主人斟酒、磨墨、烹茶、牵马等。除此之外,童仆抱琴、托棋盒、拿酒葫芦等等,也都是比较常见的辅助形象。书童或婢女手托书帙的形象在北齐的《校书图》中就有表现,在唐宋以后的绘画中亦非常流行。除以上几例外,北京故宫博物院所藏南宋佚名《摹顾恺之斫琴图》、元王振鹏《伯牙鼓琴图》、元佚名《商山四皓图》等图中皆有童子抱书的形象(图15、16、17)。

明清绘画中书帙的形象已经逐渐减少,而所存的书帙形象以童仆托抱模式出现的频率最高,这种形象可能多数是临摹前代绘画而来,可见"童子托书"已经成为一种较为固定的视觉符号。比如,明初院画家谢环的《杏园雅集图》(江苏镇江博物馆藏)中,画中桌上摆有叠放的书册;一个观画的场景中,其画轴都是轴长超过一臂的大幅立轴;可是另一个场景中,官员身后的童仆手中还抱着一个书帙,其中仅有两个卷轴,相较于其他的形象,这个童子托抱书帙的形象写实性要低得多(图18)。

图 15　北京故宫博物院藏南宋佚名《摹顾恺之斫琴图》（局部）　图 16　北京故宫博物院藏元王振鹏《伯牙鼓琴图》（局部）　图 17　北京故宫博物院藏元佚名《商山四皓图》（局部）

图 18　江苏镇江博物馆藏明谢环《杏园雅集图》（局部）

这样的童仆托书形象，不仅绘画中时时有之，版画中也屡见不鲜，甚至瓷器、家具等器物上的图案也偶一出现。这些应该都不是写实的创作，而皆为临摹自前代的固定模式，是一种形象符号。在古画中，单独的物品，只要其形制变化不大,在不同时代绘画中的表现往往不会有太大的差别,此时不能遽然判断其图像是否继承自前代的固定模式。但是,若多个物件和人物的组合在不同时代的图画中屡次出现,则可以判断画家的创作依照了比较固定的模式,或是临摹的结果。童子托抱竹帙书卷的形象在唐代出现,宋元绘画中层出不穷,成为比较固定的文人身旁的辅助形象,明清人绘画自然继承之,即使已与现实情形有所脱节。

以上所论的织锦书帙、竹帙、纸帙等应该是六朝到唐宋时期盛装书卷的主要器具。相对来讲,以单层的布帛直接包裹书卷,也就是叶德辉所谓的"袱",在图像材料中要少见得多。北京故宫博物院藏有一幅宋佚名(题王齐翰)绘制的《槐阴消夏图》,画中桌上有一捆布帛包裹的书卷,共有九卷,皆无轴。画中布帛或可称为布帙,包裹了卷轴的主体,露出两端(图19)。

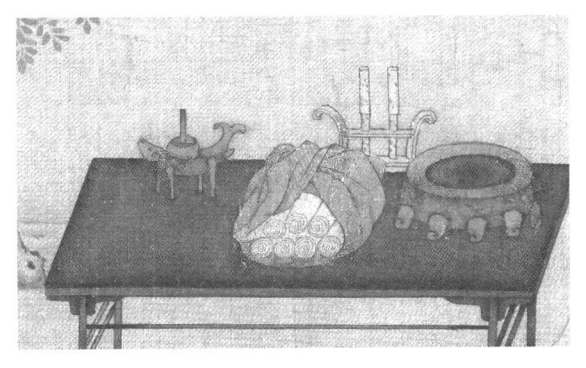

图19 北京故宫博物院藏宋佚名(题王齐翰)《槐阴消夏图》(局部)

佛教绘画中,这种布帙的形象相对多一些。唐五代时期的敦煌壁画《地狱十王经变图》(现藏法国国家图书馆,编号 Pelliot chinois 4523),表现的是地狱十王在冥府裁断死者罪业的主题。画中有许多纸卷的形象,是类似于"生死簿"或者"功过录"之类的文书。有侍女和仆从手中抱着用布帙包裹的卷子,画中布帙包裹了卷子的一端而露出另一端,并非两端皆露出(图20)。可见,

图20 法国国家图书馆藏唐五代敦煌壁画《地狱十王经变图》(编号 Pelliot chinois 4523,局部)

布帛柔软,包裹卷子有一定的自由度,而非如竹帙、织锦帙一般必须露出两端。

也是因其柔软,布帙也可以用来包裹书册或其他类型的书籍。辽宁省博物馆藏元代陈鉴如白描《竹林大士出山图》,绘制安南国王陈昑逊位后出山的故事。本

画左侧罗汉手中所托、大象身上所负都是佛经册子。其中，罗汉手中的一叠和大象背上的两叠都以布帛从经册中间绕过然后打结，并未将经册全包，可能是为了表明经册的形象。大象背上又有四个包裹，与经册大小相当，可能是用布帙包裹的经册（图21）。有时，布帛也可用来包裹装了卷轴的书帙，或者包裹书籍之后再放到盒子里，这种盒子可以是前文提到的漆盒，也会是接下来要介绍的经函或书函。

图21 辽宁省博物馆藏元陈鉴如《竹林大士出山图》（局部）

### 四、古代视觉材料中古籍装具之三——经函

函（圅），《说文》曰："舌也。"[10] 因舌在口中，引申为包含之意，又引申为匣盒之意。《战国策·燕策三》曰："乃遂收盛樊於期之首，函封之。"[11] 函即盒子，以功能名，材质不定。其中亦可放置书牍，类似于现在的信封，有保护隐私的作用，三国魏吴质《答东阿王书》曰"信到，奉所惠贶，发函伸纸"[12]，可为例证。

前文提到，漆盒等器具偶尔可以用来盛装简册、帛书，在纸张盛行之后，一般的匣盒也用以盛装书卷或书册，如唐张彦远《法书要录》卷三《武平一〈徐氏法书记〉》所载："时见宫人出六十余函，于亿岁殿曝之，多装以镂牙轴，紫罗褾，云是太宗时所装……每函可二十余卷，别有一小函，可有十余卷。"[13] 但是，在魏晋到明清的各种图像中，用来盛装一般书籍的竹木函并不多见；而在佛教图像中，用以放置佛经的竹木函的形象极为常见。这种器具被称为"经函"，多用竹木或石板制作，形制比较特殊，很少被用来盛放一般的书籍。北京故宫博物院所藏唐卢楞伽（约8世纪）《六尊者图》中，有多个经函的形象。其中，"第八嘎纳嘎拔剌鏒杂尊者"像旁的桌上有三个丹红色经函，旁有三个窄幅的经册，放在一块红色方巾之上，这三个经册应该是经折装的形制（图22）。"第十一租查巴纳塔嘎尊者"像，尊者手持经卷阅读，身旁有沙弥手托经函。可知当时卷轴装与经折装的佛经都较为流行，而且都可以用类似的经函来盛装。经册之下又有方巾，可将经册包裹之后放入函中。

美国波士顿美术博物馆藏有数幅南宋周季常与林庭圭（约13世纪末期）所

图 22　北京故宫博物院藏唐卢楞伽《六尊者图·第八嘎纳嘎拔剌锻杂尊者》(局部)

绘的《五百罗汉图》,其中佛经的形象皆为卷子。《树下品梵》一图中,有一僧人手托经函,类似于《六尊者图》中的样子。

这种经函的形象,在唐、五代、宋、辽的墓葬壁画中非常常见。河北张家口宣化区辽代张文藻夫妇合葬墓(M7)前室东壁的《备茶图》中,桌上设有毛笔,有经函,也有经折,暗示墓主抄经的日常生活[14](图 23)。河北张家口宣化区下八里村辽代张世卿墓后室东壁的《备经图》中,桌上有一黄色经函,旁边有两叠书,其

图 23　河北张家口宣化区辽代张文藻夫妇合葬墓(M7)前室东壁出土辽《备茶图》(局部)

题签隐约可见，一为《金刚经》，一为《常清静经》，可见经函甚至可以将佛道两家的经册同时装入。

1966年，浙江瑞安慧光塔出土有一件北宋的檀木经函，为此类经函的实物证据。此函合内函和外函为一套，外函长40厘米，宽18厘米，高16.5厘米，有佛像、鸟兽、花纹等浮雕，函底有金书"大宋庆历二年"等字。内函长33.8厘米，宽11厘米，高11.5厘米，周身除函底以外皆加以工笔金描，顶部画双凤纹团，忍冬地纹；四周画鸟纹团，菊花形地纹；须弥座画神兽，菱形网状地纹。此内外函皆极为奢华（图24）。函中放了抄本《宝箧印陀罗尼经》一卷，高30厘米，全长743.9厘米。慧光塔又出土有抄本经折装《妙法莲华经》一部，高30.2厘米，宽11.3厘米，其卷尾题记之后有附注，曰"女弟子孔氏十六娘施财买纸并函子"，可知此经也曾放置于经函之中[15]。

图24 浙江瑞安慧光塔出土北宋檀木经函，左为外函，右为内函

1965年浙江温州白象塔出土有三个经函，形制一致，内长23厘米，宽13厘米，无浮雕描金等修饰，类似于唐画中经函的质朴。其中一个经函内有经折装的刊印本《妙法莲华经》一部，高32.7厘米，宽12.4厘米，外包丝绢，置于函内[16]。由出土经函也可见经函中既可放置卷子，又可放置经折装的经册。

绘画、壁画等图像中的经函都是长方形，长约为宽的2倍。慧光塔出土的经函内函长33.8厘米，宽11厘米；白象塔的三个经函，内长23厘米，宽13厘米；1963年浙江东阳南寺塔内发现了一件北宋贴金彩绘石雕经函，长33厘米，宽17.2厘米[17]。这些经函的长度皆约为宽度的2~3倍，与绘画、壁画中经函的图像相合，据此可知经函中若盛装册页，则必为长条形的经折，而非蝴蝶装之类幅面较宽的书册。卷轴和经折应该是佛教经籍更为流行的装帧形式，这与图像材料中经籍本身的形制也是一致的。

慧光塔出土文物中还有三方经袱，方形，边长50厘米，以杏红单丝素罗制成，上有对飞翔鸾团花双面刺绣图案。据同时出土的仙岩寺看经院住持灵素撰写的《经志》所载,经袱是用来包裹经卷的[15],应该与《六尊者图》中包裹经折的方巾是同一类物品,以轻薄柔软的布帛制成,包裹经卷或经折,然后放置于经函中。

《六尊者图》《五百罗汉图》和其他很多绘有经函的图画中,都有沙弥双手托抱经函的形象,可能是从一般绘画中童仆、侍女托抱书帙的形象演变而来,而且成了一种固定的形象符号,被广泛使用到各种佛教图像中。很多佛教版画中都有此类形象,比如北京故宫博物院所藏宋刻本《赵城县阿差末菩萨经卷》的卷首插画中,即有一小僧手托经函的形象,颇为醒目(图 25)。除此类经函之外,日本一些寺庙中还藏有一些较为大型的经柜,偶尔出现在元明清的图像中,因不常见,此处从略。

图 25 北京故宫博物院藏宋刻本《赵城县阿差末菩萨经卷》卷首插画(局部)

## 五、古代视觉材料中古籍装具之四——书函

书函①,指盛装册页装书籍的器物,现在又常称为"函套",多以硬纸板做里层,裱以布帛或织锦,系以象牙签或竹签来封装②。有四合套,有六合套,古画中以前者居多。现在各大图书馆所藏古籍多为册页装,且多以函套保存,实物较为常见,不烦引证。但书函源于何物,何时出现,何时流行,古今有无变化等,却是比较难以回答的问题。

叶德辉说:"书称'函'者,义当取于函入之函,谓护书也。"[7]其实经函与用织锦、纸、竹等所做的书帙都是用来"护书"的。但书帙不称函,是因其源于布帛等所做的方巾,展开之后也类似于方巾,称其为"帙"或者"囊""橐",有"形状不

---

① 此处"书函"是指书籍的函套,而非信函、信件之意。
② 书籍函套偶有用竹木制成者,但形制与经函不同,且古代图像中极为少见,此处不做介绍。

定的袋子"之意。这种合起来之后两端开口的袋子专门用来包裹卷轴,不能用来包裹书册,否则书册容易卷折破损。但用布帛或织锦裱在四块硬纸板外面,使之可以连缀起来,相合而成长方体,则适合于盛装书册。从这个角度来思考,明清流行的书函,其源头很可能就是书帙,而且是内层为纸质的书帙。这也可以解释为何几乎所有明清图像中书函的形象都是两端裸露的四合套,而非现在更为流行的六合套。辽宁省博物馆藏有一幅北宋李公麟所绘的《会昌九老图》,其中有四位老人观画的场景:四位老人围桌而坐,桌上摆着长短各异的卷轴,大多长于一肘;另有一幅打开的立轴,由童子在其后举竹竿高挑以便观览;桌上一个打开的册页,类似于画册;桌上还放着一叠书册,外面包裹着类似于竹帙的东西,不知是否即由竹帙改良过来的最早的"书函"(图 26)。

图 26 辽宁省博物馆藏北宋李公麟《会昌九老图》(局部)

书函之名,则可能继承了经函,或者更为古老的用来盛放信牍甚或人头的"函"。根据文字记载的描述,"函"应该是有一定形状的硬质盒子,以竹木或者金属制成,书之称"函",应该也有表示其为硬纸盒子的意思。

唐宋绘画、壁画等图像中未见书函。入宋以后,由于雕版印刷的行用,书册逐渐增多,卷轴、经折逐渐减少,但是宋画中若出现书册,都是数册叠放的,并无任何函套。偶有小册置于漆盒中的形象,比如上文提到的《重屏会棋图》,但并不常见。台北故宫博物院藏南宋佚名《人物图》中,画面右侧鹤膝桌上陈设有一张古琴、一对棋盒、四轴书画卷和八册书。八册书分两叠摆放,无函套(图 27)。有学者描述此画时称有"两函"书[18],实则这样的描述并不准确。

南宋画家刘松年是较早在绘画中大量绘制书册的画家,其《卢仝烹茶图》《山馆读书图页》(以上皆藏于北京故宫博物院)、《养正图》(美国弗利尔美术馆

[Freer Gallery of Art]藏)、《西园雅集图》《唐五学士图》《摹周文矩十八学士图》(以上皆藏于台北故宫博物院)、《秋窗读书图》(辽宁省博物馆藏)等绘画中,既有书帙、卷轴的形象,也有很多书册的形象,而且书册都是叠放的,并无函套。比如辽宁省博物馆所藏《秋窗读书图》中,桌上有五册书,一册打开,四册叠放,书与书之间界限清晰,无函套。藏于北京故宫博物院的《山馆读书图页》中,桌上有七册书,一册打开,六册叠放。此两图中书册的书衣为深蓝色,书口全白,打开的书册四周有白边,版心在内,为蝴蝶装。北京故宫博物院所藏南宋何筌

图27　台北故宫博物院藏南宋佚名《人物图》(局部)

《草堂客话图》中,画面右上角有一高亭,一人仰卧其中昼寝,旁边桌上有一叠三本蓝色书衣的书册,也无函套。其他如宋佚名《南唐文会图》、南宋佚名《女孝经图》(以上皆藏于北京故宫博物院)等画中,书册亦皆叠放,无书函。

元画中,书册大多数也没有函套[①]。前文提到的刘贯道《消夏图》中,屏上绘画的矮桌上摆着两册书,书叠放,无函。元朱德润《松溪放艇图》(北京故宫博物院藏),船上所载书籍皆为册子,且无函套。元代文人画大盛,风格皆较为放逸,少精工,像王蒙等人的画中有很多读书的形象,但是书籍的表现比较写意,多数难以看清其细节,以现在能够区分的图像来看,应该是没有函套的。

入明以后,卷轴、经折的形象在各种视觉材料中都急剧减少,与之相应,经函与书帙的形象也渐渐减少。而书册,特别是书口朝外的包背装渐趋盛行,但书函却迟至明代中期才开始出现。中晚明时期,线装书开始流行,并且以盛放于书函中的形象风行天下。

明代初期谢环、戴进、马轼等人,明中期的吕文英、吕纪、沈周、周臣等人的画中,出现过很多书籍的形象,多为书册,也都没有函套。比如,美国克利夫兰艺术博物馆(Cleveland Museum of Art)藏有谢环《香山九老图》,画中两叠书册都没有

---

[①]　拍卖市场上一些"元画"中偶有配织锦函套者,但其形制类似于晚明与清代的形制,或为伪作。要解决元画中有无书函这一问题,还须搜集更多材料,在可靠的图像文献鉴定的基础之上再做讨论。

函套,每册之间界限明显(图28)。台北故宫博物院所藏戴进《太平乐事图册》、辽宁省博物馆所藏马轼《归去来兮图·童仆欢迎,稚子候门》、美国纳尔逊-阿特金斯艺术博物馆所藏周臣《白谭图》、天津博物馆所藏周臣《辟纩图》,还有上文提到的周臣《人物图册》等图中,也明显都是叠放书册,而无函套。

图28 美国克利夫兰艺术博物馆藏明谢环《香山九老图》(局部)

目前可见最早的书函形象,见于明代中期的宫廷画家吴伟的《武陵春图》(北京故宫博物院藏),画中桌上放着一函书册,书函的描绘较为细致,函套外系有象牙别子用以封装(图29)。上海博物馆又藏有一幅吴伟的《铁笛图》,其中也有一函书。

图29 北京故宫博物院藏明吴伟《武陵春图》(局部)

与吴伟大约同时代的吴门画派中,沈周、唐寅、文徵明等人的画风不以精工著称,他们对于书册的表现稍显模糊,大部分不能判断是否有函套。有一些可以确定并无函套,比如沈周《清园图卷》(辽宁旅顺博物馆藏,见图30)和唐寅《溪山渔隐图》等;有一些则可能有函套,比如唐寅《秋山高士图》(美国克利夫兰艺术博物馆藏),画中有一函书,是比较常见的蓝色函套(图31)。

图30　辽宁旅顺博物馆藏明沈周《清园图卷》(局部)

图31　美国克利夫兰艺术博物馆藏明唐寅《秋山高士图》(局部)

稍晚的仇英画作大多工笔细描,其中书册多数无书函,少数有之。无书函者如台北故宫博物院所藏《东林图》,北京故宫博物院所藏《汉宫春晓图》《高山流水图》《人物故事图》等;有书函者如北京故宫博物院所藏《女乐图》等。

以上所见的函套,都是以单色布帛装裱的。函套也有以华丽的织锦装裱者,如上海博物馆所藏明谢时臣《文会图》,

图32 上海博物馆藏明谢时臣《文会图》(局部)

其中有一册书装在织锦面的书函中(图32),这种奢华的织锦面书函在清宫人物画中大放异彩,下文将详述之。

晚明时期,书函大量增加,陈洪绶绘画中的书册大多有书函,且有素色面与织锦面两种。前者如天津博物馆所藏《蕉林酌酒图》,画中石桌之上有一函书,以类似于发簪的一个细长的骨簪或者象牙簪别其双扣以封口(图33);又如台北故宫博物院所藏《隐居十六观》图册,其中一幅有两个竹帙,有十一个大小不等的书函。后者如上海博物馆所藏《雅集图》,其中石桌上的书函有方形雷纹图案,应为贵重的织锦裱成(图34)。

清代书籍大多为线装,几乎都有函套。大致来讲,表现士人的诸多题材中,函套多为单色,且以蓝色居多;而皇家宫廷、富户大商人家内室中用以陈设的书籍,其函套多以织锦敷面,显得非常奢华。

图33 天津博物馆藏明陈洪绶《蕉林酌酒图》(局部)

图 34　上海博物馆藏明陈洪绶《雅集图》（局部）

　　清徐璋《倪瓒像》（南京博物院藏）中，人物身后有四函书籍，其中的两函函套为蓝色，另两函函套为黄色，画面干净素雅（图 35）。又如清叶芳林《九日行庵文燕图》（美国克利夫兰艺术博物馆藏）、黄应谌（约康熙年间）《陋室铭图》（台北故宫博物院藏）等等，画中书籍函套俯拾即是。

图 35　南京博物院藏清徐璋《倪瓒像》（局部）

　　清代宫廷画家多擅工笔人物画，又颇受传教士画法影响，画风较为秾艳，精工细色；且因职位之故，多表现皇家内廷、高官贵戚的生活，因此画中器物崇尚奢华。其中的书函多织锦,浓墨重彩,看起来非常奢华。约在雍正、乾隆时期的宫廷画家丁观鹏表现唐代高官生活的《墨妙珠林册》(台北故宫博物院藏)、冷枚的《养正图册》(北京故宫博物院藏)、金廷标表现贵族妇女生活的《仕女簪花图》(北京故宫博物院藏)等等,都在画中设定了很多织锦裱面的书函形象,用这种外表奢华的文化用品来展示自身的品位、修养、财富与地位。

清宫的各种帝后肖像中也不乏此类具有展示和标榜性质的书函。比如前文提及的北京故宫博物院藏《胤禛行乐图册》,其《围炉观书》一幅中,书橱上所陈设的书籍多数为织锦缎面的函套,少数为蓝色函套。丁观鹏绘有《乾隆皇帝是一是二图》(北京故宫博物院藏),画中书函的裱面、手卷的包首、画册的书衣皆为织锦。北京故宫博物院又有《康熙读书图》《雍正十二美人图》《雍正读书图》(图36)等等,其中整齐划一、奢华精美的线装书与书函,皆是历代帝后肖像中所独有的。

图36 北京故宫博物院藏清《雍正读书图》(局部)

## 六、小结

本文使用了绘画、版画、壁画、出土文物的照片等视觉材料,考察了古代几种主要的书籍盛装器具——漆盒、书帙、经函与书函的外形特征,并大致构建了这几种器具的图像谱系,是将艺术史家与新文化史家所倡导的"图像证史"这一方法用于中国古代文献学史之考辨的一个尝试。从书籍装具的图像谱系来看,在"书籍"还未大范围流行的简帛时代,并没有专门盛装书籍的器具,书籍会与日用物品一起被置于漆盒等一般装具之中。魏晋隋唐时期的图像中,专门盛装卷轴的书帙大量出现,成为表现卷轴装书籍形象不可或缺的辅助性器具;卷轴装与经折装的佛典流行之后,具有独特外形的经函成为佛教类图像的常见器具。宋元之后,专门盛放册子装古籍的书函渐渐流行,并逐步演化出多种类型,在不同语境下表达不同的意义。

本文所使用的视觉材料主要来自人民美术出版社和黄山书社分别于2006年与2010年出版的《中国美术全集》[19-20],同时参考《故宫博物院藏品大系》[21]、

《(台北)故宫藏画大系》[22]等博物馆藏品选集。由于各种条件的限制,所见材料容有遗漏,希望能于将来逐步补充完善。本文的研究还处在比较基础的层次,即借助视觉材料以考辨古代各类书籍盛装器具的外形特征,构建其形象演变的谱系,还未对不同图像背后的意义进行深入的揭示与描绘,此则有待于学者的继续努力。

(韦胤宗,武汉大学文学院古籍整理研究所特聘副研究员)

**参考文献:**
[1]伯克.图像证史[M].杨豫,译.北京:北京大学出版社,2018.
[2]巫鸿.图像的转译与美术的释读[M]//巫鸿.美术史十议.北京:生活·读书·新知三联书店,2008:16-25.
[3]湖南省博物馆,中国科学院考古研究所.长沙马王堆二、三号汉墓发掘简报[J].文物,1974(7):42-43.
[4]晓菌.长沙马王堆汉墓帛书概述[J].文物,1974(9):40-44.
[5]陈梦家.战国楚帛书考[J].考古学报,1984(2):137-158.
[6]商承祚.战国楚帛书述略[J].文物,1964(9):8-22,60-63.
[7]叶德辉.书林清话:外二种[M].漆永祥,点校.北京:北京联合出版公司,2018:30.
[8]马衡.凡将斋金石丛稿[M].北京:中华书局,1977:270-271.
[9]萧统.昭明太子集校注[M].俞绍初,校注.郑州:中州古籍出版社,2001:52-53.
[10]许慎.说文解字注:第七篇上[M].段玉裁,注.上海:上海古籍出版社,1981:316.
[11]刘向.战国策笺证[M].范祥雍,笺证.上海:上海古籍出版社,2018:1790.
[12]萧统.文选[M].李善,注.北京:中华书局,1977:595.
[13]张彦远.法书要录[M].洪丕谟,点校.上海:上海书画出版社,1986:90-91.
[14]李清泉.宣化辽代壁画墓设计中的时间与空间观念[J].美术学报,2005(2):26-35.
[15]浙江省博物馆.浙江瑞安北宋慧光塔出土文物[J].文物,1973(1):48-58.
[16]徐定水,金柏东.温州市北宋白象塔清理报告[J].文物,1987(5):1-14.
[17]俞珊瑛.东阳南寺塔出土北宋经函中的彩绘乐舞及相关问题[J].东方博物,2008(4):18-28,5.
[18]扬之水.宋代花瓶[M].北京:人民美术出版社,2014:127.
[19]中国美术全集编委会.中国美术全集[M].北京:人民美术出版社,2006.
[20]金维诺.中国美术全集[M].合肥:黄山书社,2010.
[21]故宫博物院.故宫博物院藏品大系[M].北京:紫禁城出版社,2008-2014.
[22](台北)故宫藏画大系[M].台北:故宫博物院,1993-1995.

## 保藏与利用

# 常压低氧气调技术在古籍保护中的应用与探讨

### A Discussion of the Application of Low Oxygen Technology in Atmospheric Pressure for Protection and Conservation of Ancient Books

郭晓光　周华华　王　璐

**摘　要**：本文通过检索与分析大量国内外文献，论述了低氧气调技术预防古籍损害的基本原理，包括低氧气调环境中对生物危害的抑制，延缓藏品的氧化，避免藏品遭受空气污染和不当湿度的危害，以及防火于不燃等预防措施的基本原理。同时，考察了影响低氧气调技术杀虫防霉效果的因素，如氧气浓度、低氧气体的类别、低氧处理时间等。此外，还对低氧气调技术在文保领域应用面临的挑战进行分析。总体而言，氮气具有价格低廉、易制取等特点，在未来古籍保护及虫霉防治领域应用前景广阔。

**关键词**：低氧；气调；预防性保护；杀虫；抑菌

　　古籍、档案、字画等在长期保存过程中，常常面临着纸张酸化老化、字迹褪色、虫蛀霉变、鼠啮等问题，此外还有火灾等潜在风险。究其原因，在于储藏环境温湿度、氧气含量、有害气体、虫霉、光照等未得到综合的最佳控制。随着环保意识及预防性保护理念的不断深入，文化遗产保护已由"抢救性保护"向"抢救性与预防性保护并重"转变，由"本体保护"向"本体与周边环境、文化生态的整体保护"转变。因此，做好古籍保存环境调控，对于实现古籍预防性保护显得尤为重要。

　　低氧气调技术是一种安全、环保的预防性保护方法。从20世纪80年代开始，国内外学者就已开展应用低氧气调技术进行古籍保护的相关研究与应用。

通过提升古籍储存空间的密封性能,并以湿度可控的氮气、氩气或氦气等置换密封环境中的空气,为古籍营造"低氧、恒湿、稳定、洁净"的环境,以减缓或抑制氧气对古籍的损害。相对于自然的空气环境,低氧空气(Low oxygen air)是指氧气含量低于21%(正常空气氧含量)的气体环境[1],而基本没有氧气的环境(氧气浓度为0.1%以下)称为无氧环境(Anoxic environments)。相对于真空低氧技术,本文所述常压低氧气调技术是在正常的大气压力下实现低氧气体调控,达到批量或大体量藏品低氧气调保护与虫霉防治等目的。

## 一、低氧气调环境对古籍的保护作用

### (一)减缓或抑制古籍氧化劣化

氧气是造成古籍善本等藏品损害的最重要因素之一,可促使某些着色剂、聚合物、纤维素和皮革等氧化。尤其是在光参与条件下,短时间内即可导致古籍发生黄化、褪色等化学变化,有时还会出现脆化、开裂等物理变化。高密封的低氧环境可避免空气污染、环境温湿度波动等对古籍造成的危害。

古籍、档案和字画等纸质藏品保存的一项重要任务就是永久地保存纸张。随着经济和科学技术的发展,部分古籍库房的温湿度、光照和微生物等得到较好的控制,但如何降低污染气体含量,提升古籍储存空间内环境稳定性备受关注。国家图书馆曾采用天津森罗科技股份有限公司的产品,在105℃条件下对储存于氮气、空气和密封环境中的单宣、桑皮纸、苦竹纸、字典纸和打字纸进行72小时的热老化实验,并对纸张的白度、撕裂度和冷抽pH值等进行测试。结果发现,通氮气的防老化效果优于通空气,密封条件防老化效果最差[2]。目前,国内外很多研究者提出在高密封环境中有效隔离外界环境中氧气、污染气体以及有害微生物等侵入,配合低氧气调方式达到古籍等长久保护的目的。例如,英国国家图书馆的低氧库房、梵蒂冈地下文物库房等均采用低氧气调的方法减缓藏品氧化,降低虫霉病害的发生,延长藏品的保存寿命。

韩国国家民俗博物馆保护实验室将织物、天然染色织物、纸张和各种绘画颜料等置于相对湿度为50%,温度分别为20℃、25℃、30℃,氧气浓度0.01%的氮气或氩气的密封环境中处理30天。实验发现,经低氧处理后,所有实验材料色差低于1.5或低于空气中的对照样品,织物和天然染色织物的纱线强度变化仍在标准规定的丝和棉织物的变化范围内,且温度对实验材料的色差和韧性变化无影响[3]。

研究表明,对可见光敏感的材质在空气中经阳光直射,只需几个小时就会褪色。若将其放在博物馆的较低照度下,几年内色彩也会消退[4]。研究人员将含有干性颜料、苯胺基染料、水彩颜料、荧光墨水等的染色纺织品及自然历史标本置于空气和低氧环境中,并控制环境温湿度,光照量约为 17.5 Mlux-hours(可见光波长与频率对照情况详见表1)。结果发现,125 个样品中的 113 个(即 90%的样品)在低氧环境中的颜色变化小于在空气中的颜色变化;39%的样品在低氧时表现出颜色变化,但比空气中的颜色变化低 50%~75%;47%的样品在低氧环境中的颜色变化比在空气中降低了 75%,甚至更多[5]。

表 1 可见光的波长与频率对照表

| 名称 | 波长(纳米) | 频率(兆赫) |
| --- | --- | --- |
| 紫光 | 400~435 | 790~680 |
| 蓝光 | 450~480 | 680~620 |
| 青光 | 480~490 | 620~600 |
| 绿光 | 500~560 | 600~530 |
| 黄光 | 580~595 | 530~510 |
| 橙光 | 595~605 | 510~480 |
| 红光 | 605~700 | 480~405 |

上述研究表明,低氧环境能够有效减缓文物氧化劣化,降低温度、光照等对文物的损伤。

(二)防火于不燃

燃烧需要同时具备三个要素,即一定温度、助燃剂(如氧气)、可燃物。低氧防火灭火的基本原理是将环境中的氧气含量降至燃烧所需的最低氧含量 16.8%(相当于海拔高度 1800 米的氧含量)以下,使可燃物不再燃烧。昆明地区平均海拔 1891 米,可见在该环境中不会影响人的生命安全。

尹静辉曾对氮气灭火系统的应用情况进行调研。日本应用氮气进行防火灭火的案例较多,例如九州国立博物馆、东京国立近代美术馆、东京电力株式会社富津火力发电所、NTT 九州移动通信网株式会社等均采用氮气灭火技术。我国的珠海国税办公大楼、广西乐滩水电站等也采用氮气防火灭火系统[6]。其优势主要体现在:

(1)氮气灭火可避免人体吸入有毒物质,对环境和人员不会有任何伤害;

(2)氮气取自大气,易获取,为绿色环保的灭火气体;

（3）对被保护物体无毒、无损、无腐蚀，即使在高温高压下仍然如此，灭火之后无残留物，不会生成任何腐蚀性物质；

（4）使用氮气灭火时无骤冷，不会影响（或损坏）半导体元件和计算机的工作，喷放时无雾化，不影响视野，便于人员撤离。

低氧气调技术的应用使"防火于不燃"的消防新理念成为可能，国外某些博物馆已将该技术应用于博物馆、图书馆等馆藏库房。例如英国国家图书馆新馆库房内氧含量为10%~15%，梵蒂冈地下文物库房内氧含量为10%左右。在防火的同时，达到抑制虫霉生长、书籍预防性保护等目的。

## 二、低氧气调环境对藏品虫霉防治的作用

低氧气调技术在藏品虫霉防治领域应用广泛，具有安全、环保等优点，确保了藏品安全、使用人员健康，还避免了对环境的污染，可取代化学熏蒸。尤其是常压低氧气调技术的应用，实现了批量或大体量藏品的集中消杀，有效规避了真空低氧技术对藏品造成的机械损坏。其虫霉防治效果与虫霉类别、虫霉所处状态、自身特性及低氧气体类别等相关。

### （一）低氧气调杀虫原理及影响因素

采用低氧气调技术杀灭昆虫的原理是在低氧环境中，昆虫呼吸加速，迫使气门（呼吸孔）频繁或持续打开，引起昆虫脱水窒息而死。另有文献报道，当氧气浓度降低到0.1%~0.3%，缺氧导致昆虫体内葡萄糖产生中断，最终导致昆虫死亡[7]。在低氧环境中，昆虫很快就会进入低代谢状态；当再次接触到常氧时，昆虫能从昏迷中苏醒过来；但长时间的低氧环境最终会导致大多数昆虫死亡[8]。

低氧环境还可抑制昆虫发育和繁殖，延长虫害生理周期。尽管昆虫可通过减少呼吸作用以及降低其代谢率来补偿缺氧，但有研究表明，氧含量低于5%可导致某些成虫和其他生命阶段的昆虫完全死亡[9]。在3%~5%的低氧浓度下，雌性昆虫在失去活动能力之前，仍然可能产卵；但长时间保持3%~5%的低氧状态，可确保其子代因得不到足够的氧气而无法发育，成虫羽化率降低[10]。

虫害致死的氧气浓度与物种、温度、虫害生理阶段、低氧作用时间等相关。在温度为20℃、相对湿度为55%的环境中，利用氮气将空间内的氧气浓度降至0.1%[11]，不同生命阶段的昆虫（包括生命力很强的昆虫）的致死时间，详见表2。

表2　氧气浓度为0.1%的氮气气调环境中昆虫致死时间统计表

| 不同生命阶段的昆虫 | 致死时间（天） |
| --- | --- |
| 成虫 | >3~4 |
| 幼虫 | >14~20 |
| 蛹 | >14~20 |
| 卵 | >10~70 |

实践证明，低氧气调技术可以杀灭多种材质内的害虫，特别适用于有机材料（木材、纺织品、纸张、皮革等）制成的美术品和文物等的灭虫处理[12]。

（二）不同低氧气体对杀虫效果的影响

1.惰性气体对藏品杀虫效果的影响

若将置换气体换成氩气、氦气等惰性气体，相同条件下其杀虫速度会加快。二氧化碳、氮气、氩气和氦气四种气体在藏品保护、虫霉防治及防火方面的对比如下：

表3　不同气体在藏品保护、虫霉防治及防火方面应用比较

| 功能置换气体 | 防火 | 长期保藏/陈列 | 灭虫 | 灭菌 | 价格 |
| --- | --- | --- | --- | --- | --- |
| 二氧化碳 | - | - | √ | - | 低 |
| 氮气 | √ | √ | √ | - | 较低 |
| 氩气 | - | √ | √ | √ | 贵 |
| 氦气 | √ | √ | √ | √ | 更贵 |

如表3所示，氩气、氦气用于藏品长期保护与虫霉防治效果最佳，但属稀有气体，价格贵，应用较少。在国外仅用于珍贵藏品的预防性低氧保护，如《美国独立宣言》与《美国宪法》的原稿采用氦气保护，将氧含量降至0.03%，以预防羊皮纸和字迹的氧化[13]。

氩气除作为预防文物氧化的低氧气体外，也用于灭虫灭菌的低氧置换气体。除抑制厌氧菌增长，预防真菌和细菌等微生物破坏文物外，用氩气置换的低氧气调环境，其杀灭昆虫的速度要比氮气快25~50倍，甚至比二氧化碳气体置换更具时间效率[8]。例如，木材中常见的木蠹深藏在狭长、弯曲的木材内部的虫道中，虫道又被木蠹的分泌物所堵塞，由此虫道内的氧气很难被置换到使其致死的氧气浓度。由于氩气比空气重，能逐步穿透木材内的虫道，将其中的空气置换出来，提高杀灭木蠹的可靠性[14]。美国纽约大都会艺术博物馆在同样条件下对比了采用氩气、氮气对木质藏品中木蠹100%致死的时间[15]，详见表4。

表4　有效杀灭木质藏品内木蠹的时间

| 温度(℃) | 相对湿度(%) | 置换气体 | 氧气浓度(%) | 彻底杀灭时间(周) |
|---|---|---|---|---|
| 21 | 58 | 氩气(Ar) | 0.07 | 4 |
| 21 | 58 | 氮气($N_2$) | 0.07 | 6~8 |

氩气是单原子气体,不会与任何物质发生化学反应,对藏品更加安全,在国外选用氩气进行美术品及木制品的杀虫比较常见,且尚未发现有对藏品造成损害的报道[15]。

空气中有78%为氮气,经氮氧分离与纯化即可制取较高纯度的氮气,原料充足,成本低,可以随用随制,无需储气装置;而氩气为稀有气体,价格比氮气高10倍左右,且需要用储气瓶,操作烦琐,不利于大规模应用推广。因此,非特别用途,如灭菌,大多还是选用氮气作为低氧气体。

2. 二氧化碳气体在藏品杀虫中的应用

在低氧状况下,以二氧化碳作为低氧气体杀虫的应用最早且十分普遍。例如,新英格兰博物馆采用二氧化碳杀虫已近20年,纺织品、木制品等很多藏品都曾采用二氧化碳灭虫处理。二氧化碳杀虫的条件是:气温20~29℃,氧气含量为8.2%~4.8%,二氧化碳含量为60%,可在4周内使成虫、幼虫、蛹和卵被彻底杀灭。更新的研究结果表明,在杀虫的前五天将二氧化碳的初始浓度增加到80%来缩短灭虫时间,杀死全部害虫仅需14天;在灭虫期间,必须确保二氧化碳的浓度不得低于60%,温度不得低于27℃[16]。

有报道指出,铁在二氧化碳环境中会锈蚀,聚氨酯和聚乙烯等材料经二氧化碳处理后会出现尺寸变化和变形[17]。因此,采用二氧化碳杀虫应注意藏品及杀虫密封空间的材质,以免造成损害。

碳酸只能在水中形成,在潮湿的空气中不会形成;而即使在水中,大部分二氧化碳以分子的形式存在,不会全部转化为碳酸,需要一种催化剂才能达到平衡[16]。因此,"高浓度的二氧化碳遇到水蒸气可能形成碳酸而对藏品,尤其是对酸敏感的物品及有色物品等会带来损坏"的说法不成立。

二氧化碳比氮气致死昆虫的时间短,且操作成本较低,辅助加湿所需的费用也较少,但因二氧化碳威胁人体健康,除需要额外的专用设备来持续监测其泄漏情况,还需配置安全的二氧化碳气体排放设施,因此,在文物收藏部门极少选用。

综上所述,氮气来源充足,成本低,操作简单便捷,易实现自动化与智能化,在文物、图书、档案等批量杀虫、预防性保护储藏等领域具有极大优势。而氩气、氦气有自身优势,但价格高,操作烦琐;二氧化碳的使用安全性则备受关注。因此,应结合实际需求选择适宜的方法。

(三)低氧气调环境对霉菌防治的影响

霉菌及微生物在自然环境中广泛存在,且生命力旺盛,在温湿度适宜的条件下,极易在藏品表面滋生,其代谢产物有机酸会影响有机藏品的耐久性与柔韧性等,甚至导致纸张酸化。过去,通常采用环氧乙烷、溴甲烷等熏蒸消毒,杀菌效果理想,但存在毒性大、易残留、易燃易爆、操作难度大等问题,常压低氧气调技术作为一种绿色环保的方法在霉菌防治领域具有广阔的应用前景。

中国人民大学与天津森罗科技股份有限公司曾以氮气作为低氧气体,考察不同氧含量、不同湿度等对纸质档案中的毛霉、木霉、青霉、米根霉、黑曲霉、杂色曲霉等常见霉菌的抑制效果[18]。实验发现,常压低氧气调技术具备明显的防霉抑菌效果。在氧气浓度0.5%、相对湿度30%的条件下,抑菌效果较为理想,还可杀灭部分霉菌。实验还发现,抑菌效果与滋生霉菌的纸张在低氧环境中的暴露程度有关。

氩气不具备为微生物提供氮源的条件,可以杀死一些真菌组织,包括可以根除敏感藏品上的霉菌孢子[14],而氮气可使固氮微生物存活下来。国外博物馆通常使用氩气作为低氧置换气体对藏品进行微生物的杀灭或抑制。

### 三、低氧气调技术在文化遗产保护领域面临的挑战

综上所述,低氧气调技术在文化遗产保护领域发挥着重要作用,其关键环节为:采用气密空间,将拟处理对象从富氧环境中隔离;营造低氧环境;维持低氧环境;达到虫霉防治、藏品预防性保护储藏或预防火灾等目的。参见图1。

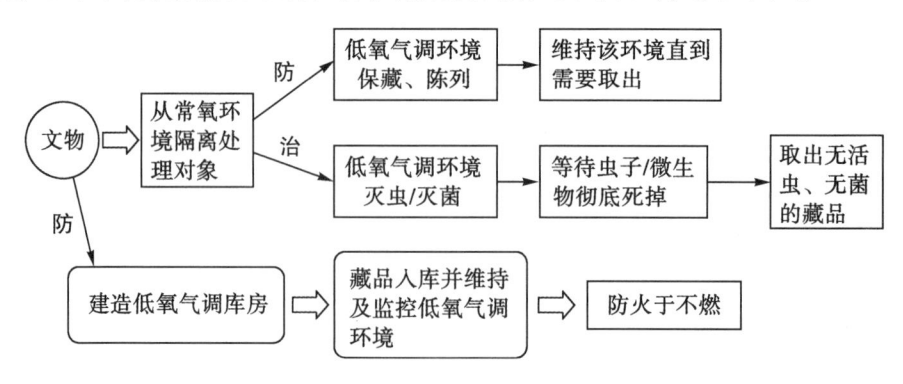

图1 低氧气调技术保护文化遗产的基本步骤

该技术顺利实施的关键是建造一个密封性良好的小微环境,并配套氧气浓度、温湿度等监控调节系统及气体净化装置等。从技术实施角度看,需解决以下

几方面问题。

(一)小微环境的密封性问题

应用低氧保护技术进行文化遗产保护的思路虽已提出多年,关于该技术的应用效果及可行性研究也较多,但推广应用却不理想。首先需要解决的是小微环境的密封性问题。藏品在长期展储过程中,面临着不同程度的氧化、酸化、虫蛀、霉腐等问题,这些问题与其保存环境有着密切联系[19]。小微环境形式多样,容积大小不一,相关标准要求尚不健全,所涉及的密封结构、密封工艺、关键工序、密封材料以及关键部位的密封处理方法等差异较大,导致小微环境密封性差,易受外界温湿度及空气干扰,致使密封环境内氧含量、湿度等波动大,需要持续或频繁补充低氧气体,能耗高,且存在低氧气体泄漏所致的安全隐患。

为确保展柜、储藏柜、库房等小微环境的密封性,国内相继颁布了密封性标准,为低氧气调技术的应用推广奠定了基础,详见表5。

表5 不同形式密封空间对应的密封性要求

| 密封空间类型 | 相关标准 | | 森罗标准 | 适用范围 |
|---|---|---|---|---|
| | 标准号与名称 | 密封要求 | | |
| 展柜 | GB/T 36110—2018《文物展柜密封性能及检测》 | 高密封:N≤0.5d$^{-1}$<br>密封:0.5<N≤1.0d$^{-1}$<br>一般:N>1.0d$^{-1}$ | 0.02d$^{-1}$ | 珍贵文物或有微环境调控要求;一级文物、适用惰性气体或缺氧保存技术,需要采用高密封空间实现节能调控 |
| 储藏柜 | T/WWXT 0019—2015《馆藏文物展藏 智能储存柜 技术要求》 | N≤1.0d$^{-1}$ | 0.02d$^{-1}$ | 珍贵藏品分类恒湿、洁净展示、储藏或杀虫 |
| 库房 | T/WWXT 0029—2018《博物馆气调库房技术要求》 | N≤0.05d$^{-1}$ | 0.05d$^{-1}$ | 批量藏品恒湿、洁净、低氧展示、储藏或杀虫 |

注:"N"为密封空间的换气率,指在无外力、无压差情况下,每天内外交换气体体积占空间容积的百分比,单位:d$^{-1}$。

(二)杀虫效果与效率问题

在杀虫过程中,既要保证杀虫效果,又要提高杀虫效率。昆虫致死时间除与密封环境内的氧气浓度、温度、相对湿度、虫种及虫子所在的生命阶段有关外,还与它所藏匿的藏品材质(如纸张、纺织品、皮革与木头等)、摆放形式、体量等相关。从表2的统计数据可见,杀灭虫卵的时间是杀灭成虫时间的数倍至十几倍。但对于杀虫而言,比节省时间更重要的是确保藏匿在器物内的虫子彻底被消灭,特别是消灭虫卵,且不损害藏品,实现藏品经济、高效杀虫。

通过以下几种方式可缩短低氧气调杀虫时间:

(1)降低杀虫空间内氧含量,或以氩气或氦气为低氧气体取代氮气,但成本会增加。

(2)若藏品材质能够承受比室温更高的温度,适当提高气密杀虫空间的温度,会使得昆虫呼吸频率随着温度升高而增加,从而加速虫体水分损失,加速其死亡。

(3)若藏品能够承受比空气低的压力,可以采用抽真空低氧方式,用低氧气体快速置换藏品内部的空气,使藏匿于藏品内的昆虫因缺氧窒息而死。但真空装置容积小,单次处理量小,不适宜体积较大的藏品杀虫;压力变化可能会引起藏品内部应力改变而造成结构损伤,漆木器、动物标本等不建议采用真空低氧杀虫。

综上所述,开展低氧气调杀虫时,需结合藏品质地、类型、体量、数量及虫害种类、杀虫时间等因素综合考虑,选择并确定适合的杀虫方法。还要加强虫情监测,及时控制虫蛀现象[20],使藏品免受虫害。

## 四、结语

常压低氧气调技术作为一种安全、绿色、环保的预防性保护储藏与杀虫抑菌方法,适用于批量或大体量藏品的预防性保护。通过提升不同类型空间的密封性,有效隔离外界污染气体及粉尘颗粒物,利用氮气、氩气、氦气等低氧气体降低空间内的氧含量,减缓藏品氧化劣化,降低环境温湿度、光照等对藏品的损害,达到虫霉防治的综合功效;辅助二氧化碳等杀虫效果更好,同时,兼具主动防火的作用。应用低氧气调技术进行虫霉防治的关键是确定低氧气体类型、氧气浓度及其处理时间等因素。总体而言,氮气具有价格低廉、易制取等特点,在未来古籍保护及虫霉防治领域应用前景广阔。

(郭晓光,天津森罗科技股份有限公司董事长兼总经理,高级工程师;周华华,天津森罗科技股份有限公司副总经理兼技术应用部部长,高级工程师;王璐,天津森罗科技股份有限公司系统工程师,初级工程师)

**参考文献：**

［1］Reduced oxygen environments(Hypoxic environments)［EB/OL］.［2019-08-12］. https://www.hse.gov.uk/confinedspace/updates/hypoxic-environments.htm.

［2］田周玲,龙堃,易晓辉,等. 保存环境对纸张性能的影响研究［J］. 中华纸业,2016,37(14):31-33.

［3］OH J S, CHOI J E, NOH S J, et al. The Effects of Anoxic Treatments on Color and Mechanical Property in Fabrics, Natural Dyed Fabrics, Papers, Natural Dyed Papers and Paints［J］. Journal of the Korean Conservation Science for Cultural Properties, 2014, 30: 219-234.

［4］Agents of deterioration［R/OL］.（2017-09-26）［2010-08-12］. https://www.canada.ca/en/conservation-institute/services/agents-deterioration.html#shr-pg0.

［5］BELTRAN V. Large-scale assessment of light-induced color change in air and anoxic environments［J］. in Studies in Conservation, 2012, 57(1): 42-57.

［6］尹静辉. 氮气灭火系统分析［J］. 消防科学与技术,2006,25(S1):35~36.

［7］The Museum Pests Working Group (MP-WG) : Solutions-Nitrogen/Argon Gas Treatment［R/OL］.（2019-03-11）［2010-08-12］. https://museumpests.net/solutions-nitrogenargon-gas-treatment.

［8］RAVN M V, CAMPBELL J B, GERBER L, et al. Effects of anoxia on ATP, water, ion and pH balance in an insect［J/OL］.（2019-03-08）［2010-08-12］. https://jeb.biologists.org/content/222/5/jeb190850.

［9］NJOROGE A, MANKIN R, SMITH B, et al. Oxygen consumption and acoustic activity of adult Callosobruchus maculatus (F.) (Coleoptera: Chrysomelidae: Bruchinae) during hermetic storage［J］. Insects, 2018, 9: 45.

［10］YAN Y, WILLIAMS S B, BARIBUTSA D, et al. Williams. Hypoxia Treatment of Callosobruchus maculatus Females and Its Effects on Reproductive Output and Development of Progeny Following Exposure［J］. Insects, 2016, 7(2): 26.

［11］System for Anoxic Desinfestation & Storage-Veloxy［EB/OL］.［2019-08-12］. https://www.insituconservation.com/en/products/nitrogen_disinfestation_systems/veloxy_system.

［12］DIONISI-VICI P, TSUKADA M. Real-time evaluation of the efficacy of anoxic treatment for Cultural Heritage objects［J］. Scientia, 2014, 126(2): 2.

［13］Constitution 225: Conservation and Re-encasement［R/OL］.（2012-09-04）［2019-08-12］. https://prologue.blogs.archives.gov/2012/09/04/constitution-225-conservation-and-re-encasement-sept-3.

［14］Argon Anoxic Fumigation Has Many Advantages［EB/OL］.［2019-08-12］. https://www.kensingtonpreservation.com/our-method.

［15］Koestler R J. Anoxic Treatment for Insect Control in Panel Paintings and Frames with Argon Gas［C］. Papers Presented at the Twenty-Third Annual Meeting of the American Institute for Conservation; Saint Paul of Minnesota, 1995: 61-72.

［16］The Museum Pests Working Group (MP-WG) : SOLUTIONS-CARBON DIOXIDE TREATMENT［R/OL］.（2017-03-15）［2019-08-12］. https://museumpests. net/solutions-controlled-atmospherecarbon-dioxide-treatment.

［17］SOLUTIONS-CASE STUDY: CARBON DIOXIDE TREATMENTS AT HISTORIC NEW ENGLAND［R/OL］.（2008-03-15）［2019-08-12］. http://museumpests.net/solutions-case-studies/solutions-carbon-dioxide-treatments-at-historic-new-england-spnea.

［18］张志惠,黄晓霞,周华华. 低氧气调技术在纸质档案霉菌抑制中的应用探析［J］. 档案学通讯,2019（2）:43-48.

［19］杨燕培. 展柜密封性能对文物预防性展储保护的影响［J］. 科学教育与博物馆,2018,4(4):284-288.

［20］陶琴. 档案害虫的危害性分析与综合治理对策［J］. 档案学研究,2014(2):76-80.

# 纸质文物表面微生物研究及其采样方法优化[*]

## A Study of Microorganisms on the Surface of Cultural Paper Relics and Optimization of Sampling Methods

黄艳燕　杨光辉

**摘　要**:近年来,纸质文物表面的微生物研究逐渐受到关注。本文详细介绍了纸质文物表面微生物的研究价值、研究方法等,并就纸质文物的特殊性,提出微损采样方法的优化建议。

**关键词**:纸质文物;微生物;微损采样

有人说,文明的开始是始于文字,而文明的传承则依赖于纸张,因为文字的产生使文明有了可以记录的方式,而纸张的发明使文字有了便于记录、携带、传播的工具。中国是拥有数千年历史的文明古国,纸质文物占了文物总数的一半以上。可以说,正是这一张张薄薄的纸,构成了中华民族文化传承的根基,架起了一座座后世之人能了解古时风土人情、地域气候、民生百态的桥梁。因此,纸质文物的保护修复和考古研究是当今古籍保护领域的一大热点。

近年来,研究者们发现,纸质文物的研究价值并非仅仅局限于纸上的文字图画,其表面的微生物也能提供大量的有用信息,纸质文物表面的微生物研究进而成为一个新的研究课题。然而,这一研究对象有其独特性,即文物的珍稀性和纸表微生物的稀少性,故纸表微生物的样品采集成为研究纸质文物过程中首先要

---

[*] 本文为国家社科基金重大项目"古籍保护学科建设与基础理论研究"(项目号19ZDA343)第三子课题"古籍藏技术研究"阶段性成果。

解决的关键问题。那么,如何能有效地采集到微生物样品,又不损伤文物,还能使得研究结果具有可重复性？本文将简要介绍纸质文物表面微生物的研究价值及其常规研究方法,并就可能会影响纸质文物表面微生物检测结果的因素逐一进行讨论,尝试给出解决方法。

## 一、纸质文物表面微生物的研究价值

### (一)纸质文物表面微生物的由来

环境中的微生物无所不在,空气、土地、水体等等,到处都有微生物的踪影。微生物能以简单的营养维生。纸张的本质是纤维素、木质素和一些多糖的混合,这些物质都可被某些特定的微生物用以维生[1-3]。当最初生产纸张、印刷古籍的环境或后期储藏环境(如造纸工坊的用水,藏书楼、图书馆的空气等)中含有的微生物沾染到纸张上,这些微生物就会在纸上定居。和生物圈的形成与演替一样,纸表上的微生物随着时间变化,一些不能利用纤维素、木质素、小分子多糖等物质的种类会逐渐消亡,最终仅留有一些DNA痕迹;而某些能分解上述物质,尤其是能分解纤维素和木质素的微生物种类,会茁壮成长,一代代繁衍下去,最终成为古籍善本表面的特定微生物群落。

### (二)特殊的微生物资源库

纸质文物表面的微生物很多源于环境,进而受各种因素层层筛选,最终适者生存,在纸表形成一个小小的生态系统。这个生态系统中包含许多微生物种类,真菌(业内俗称的霉菌)和细菌就是最常见的两类。

过去的研究多集中于霉菌,如张慧等人就从古旧纸本字画上的霉斑中分离到了肉色曲霉(*Aspergillus carneus*)、草酸青霉菌(*Penicillium oxalicum*)、花斑曲霉(*Aspergillus versicolor*)、杂色曲霉(*Aspergullus versicolor*)、宛氏拟青霉(*Paecilomyces varioti Bainier*)等[4];仲雨微等人从长霉的纸质文物上分离到一株交链孢霉菌(*Alternaria eichhorniae*),并确定其最佳培养条件[5];李其久等人发现导致馆藏古籍《中庸大学》长霉的元凶是里氏木霉(*Trichoderma reesei*)[6]。这多是由于霉菌易形成肉眼可见的霉斑,引起人们重视。经前人研究发现,纸表常见的霉斑种类较为单一,主要集中在曲霉属(*Aspergillus*)、青霉属(*Penicillium*)、木霉属(*Trichoderma*)、根霉属(*Rhizopus*)、枝孢属(*Gladaxporism*)、毛霉属(*Mucor*)、拟青霉属(*Paecilomyces*)、葡萄状穗霉属(*Stachybotrys*)、镰刀菌属(*Fusarium*)、毛壳菌科(*Chaetomiaceae*)等几大类。这些霉菌多能产生丰富的纤维素酶,故而能以纸张中的纤维素为食。若能分离得到这些能降解纸张的霉菌,就能有针对性地制定古籍保护策略,同时,对于生物能源领域,高效降解纤维素的微生物是一类极具产业潜力的资源菌。除了大部分霉菌,一些细菌同样能产生纤维素降解酶,也是亟待挖掘的对象。

虽然过去很多研究都集中于真菌,但事实上,研究发现绝大多数的纸表微生物是细菌。大部分细菌不会引起纸质的显著变化,但某些易产酸的细菌如瘤胃球菌属细菌(*Ruminococcus*),可能会引起纸质酸化劣化,这类细菌是古籍保护重点防范的对象[7];某些细菌易与真菌产生相互作用,加速或抑制真菌的生长,如土壤中常见的芽孢杆菌属细菌(*Bacillus*)和放线菌(*Actinomycetes*)都能产生抑制其他微生物生长的抗菌素,这类菌在抗生素领域具有极大的应用潜力[8-11];此外,纸表还有许多中性菌,这类菌既不会对纸质文物起到保护作用,也不会加速其损坏进程,但其巨大的数量及丰富的种类,往往蕴含更多的生物信息,如藏书环境中特有的微生物能帮助古籍保护研究人员追溯藏书的流通路径,具有特殊DNA变异的微生物能提供纸质文物断代信息,一些出土文物中与人类直接相关的微生物(尤其是致病性微生物)可以提供特殊的考古信息。

综上,纸质文物表面的微生物可谓一个巨大的、亟待挖掘的资源宝库,不但能用于古籍保护、考古科技等相关领域,更可拓展至工业生产中。

## 二、纸质文物表面微生物的研究方法

(一)传统分离培养

传统的实验室微生物分离培养方法是一种较为便捷、经济的研究纸质文物表面微生物的好方法,适合大量样品的检测。该方法过去常被用于分离霉斑中的霉菌。通常步骤包括:

(1)用无菌棉拭子蘸取适量的润湿液,在纸表目标区域采集微生物样品;

(2)将无菌棉拭子头轻轻在培养基平板(通常为微生物通用培养基,如马铃薯培养基等)上画线;

(3)将平板置于25℃~28℃环境中培养3~5天,观察生长出的微生物菌落;

(4)进一步分离纯化,得到单菌落;

(5)显微镜下观察或PCR鉴定所得单菌落物种信息。

该方法的优点是:能获得目标微生物的纯培养,为后续的功能实验等操作提供原材料;成本较低,适合大批量样品检测。但该方法也存在缺点,如耗时耗力,且由于取样时人为干扰因素太多,结果(尤其是细菌结果)重复性不强。

## (二)高通量测序

高通量测序(此处指的是微生物群落多样性测序)技术近年来逐渐被用于纸质文物表面微生物的鉴定中。与传统的实验室微生物分离培养相比,高通量测序可不经培养便直接获得大量的物种信息。通常步骤为:

(1)用无菌棉拭子蘸取适量的润湿液,在纸表目标区域采集微生物样品;

(2)直接提取棉拭子上的样品 DNA,用 16S rDNA(细菌)/ITS 序列(真菌)进行扩增测序,分析微生物的群体构成和多样性。

该方法优点是在节省人力的同时能获得较为全面的微生物信息,缺点是价格昂贵,不适合大量样品测定,同时无法获得微生物的纯培养进行后续实验。

不论是传统分离培养还是高通量测序,样品采集时或多或少都会对纸质文物造成一定损伤,其中,高通量测序对样品浓度要求更高。越是珍稀的文物,越难获得足够的样品展开实验,这一直是纸质文物表面微生物研究的瓶颈所在。若想推进这一领域的研究,找到一种无损或微损文物且结果可重复的方法势在必行。

## 三、采样方法优化

### (一)采样工具

传统的微生物实验往往利用无菌棉拭子来采集微生物样品,而事实上,已经有很多研究人员(尤其是临床研究者)发现,棉拭子的检测效果往往不尽如人意。如薛耀华等人就比对了七种不同材质的拭子采集沙眼衣原体的效果,结果显示相比于其他拭子(尼龙、聚酯类等拭子),棉拭子的采集效果不理想,会造成不同程度的漏检[12]。此外,在实际操作过程中,棉拭子的吸水率较高,往往会携带较多的液体至纸质文物表面;同时,在采集一些纸张纤维较为粗糙的样品时,棉纤维经常会与纸张纤维勾缠,造成纤维交换。这些情况都是在文物采样时应尽力避免的。可见棉拭子并不是采集纸表微生物的理想工具。

考虑到提高采集能力和减少物质交换这两点,在采样工具优化上,可以尝试使用吸水率较小、不会有纤维掉落的人造聚酯类拭子,如无尘布棉签、尼龙植绒棉签等。

### (二)采样位点

纸质文物表面的微生物采样,过去一般采取研究哪里采哪里的原则,即针对一块霉斑、水渍、色斑、虫蛀等区域单一采样,继而分离纯化。但纸表正常区域的细菌常常被忽视,如上文所述,这一区域中也会经常包含具有特殊生物学意义的微生物,值得深入探究。

基于此,一份纸质文物的采样位点,可包含以下三类:

(1)特殊位点(霉斑、水渍、色斑、虫蛀等);

(2)封皮上的正常区域,此区域可能包含与外界环境直接相关的微生物类群;

(3)内页正常区域,此区域可能包含与文物本身材质直接相关的微生物类群。

当进行高通量测序时,需考虑到三次生物学重复,若为古籍善本,可将书籍均分为三份,每份居中两至三页内取样。

(三)采样方式

纸质文物表面微生物的采样,过去往往采用来回擦拭的方式,集中于一点进行样品采集,稍不留神就会对珍贵的纸质文物造成不可逆的损伤。

正如上文所言,纸表的微生物群落形成了一个小小的生态系统,而生态研究中有不少生物样品取样方式可以借鉴,如五点取样法。五点取样法是指:当自然界中某一区域的生物分布较为均匀时,可先确定区域内对角线的中点作为中心抽样点,再在对角线上选择四个与中心抽样点距离相等的点作为采样位点;采样时往往采用混样的方式,单页内五点混合为一个样品;同时,避免来回擦拭,而是用垂直按压的手法进行采样,防止纤维被拉扯;最后,所有采样点的多余液体应用无菌吸水纸吸干。

上述操作方法(五点取样、混样、垂直按压、吸干多余液体),能在有效避免纸质文物受损的前提下,获得足够数量的菌样,便于后续传统培养或高通量测序等实验的开展。

## 四、结语

目前,纸质文物的微生物研究仍处于起步阶段,而微生物采样作为所有研究的基础,其作用不容忽视。许多采样的操作细节仍需不断探索,直至得出一套完善的业内规范,如此,该领域的研究成果才能进一步为纸质文物的保护与研究做出更多贡献。

(黄艳燕,复旦大学中华古籍保护研究院助理研究员;杨光辉,复旦大学中华古籍保护研究院常务副院长,研究馆员)

**参考文献:**

[1] 易传珍,王蕾,余玲琪.从纸张纤维素的分子结构看档案保护[J].湖北商业高等专科学校学报,1999(3):62-63.

[2] 李继民,王彦吉,邹宁,等.薄层色谱法测定纸张水解液中单糖的研究[J].纤维素科学与技术,2008,16(2):43-47,78.

[3] 李志宏,黄可嘉.从纸张的化学组成谈图书、档案资料的保护[J].吉林省教育学院学报,2005,21(2):12-15.

[4] 张慧,张金萍,朱庆贵.古旧纸本字画孳生霉斑的鉴定[J].文物保护与考古科学,2016,28(1):108-111.

[5] 仲雨微,刘博,段大程,等.纸质文物上一株交链孢霉生物学鉴定及其培养条件的优化[J].生物过程,2016,6(1):24-34.

[6] 李其久,陈娟,熊丽星,等.古籍《中庸大学》污染霉菌的鉴定及其纸质样品霉斑的祛除[J].辽宁大学学报(自然科学版),2019,46(4):294-299.

[7] HARLOW B E, FLYTHE M D, AIKEN G E. Biochanin a improves fibre fermentation by cellulolytic bacteria[J]. J Appl Microbiol, 2018, 124(1): 58-66.

[8] PALAZZOTTO E, TONG Y, LEE S Y, et al. Synthetic biology and metabolic engineering of actinomycetes for natural product discovery[J]. Biotechnol Adv, 2019, 37(6): 107366.

[9] MAHAJAN G B, BALACHANDRAN L. Antibacterial agents from actinomycetes-a review[J]. Front Biosci (Elite Ed), 2012, 4(1): 240-253.

[10] MOHITE O S, WEBER T, KIM H U, et al: Genome-scale metabolic reconstruction of actinomycetes for antibiotics production[J]. Biotechnol J. 2019, 14(1): e1800377.

[11] SUMI C D, YANG B W, YEO I C, et al. Antimicrobial peptides of the genus *Bacillus*: a new era for antibiotics[J]. Can J Microbiol, 2015, 61(2): 93-103.

[12] 薛耀华,郑和平,吴兴中,等.7种取样拭子对沙眼衣原体抗原检测结果的比较[J].皮肤性病诊疗学杂志,2021,17(6):407-410.

## 再生与传播

# 甲骨传拓规范刍议

A Preliminary Remark on the Standard of Making Oracle Bone Rubbings

郭玉海

**摘 要**：安全、有序，是一切文物整理工作的基本原则。甲骨拓片的制作首要保障文物安全，建立可资复查的文本档案；其次则要制定能够直观确定、明晰可辨的拓片制作标准，以及完整无隙的后期整理流程。甲骨拓片制作进度以保证文物安全、拓片质量为唯一衡量尺度，切忌贪图数量，一味求快。为保证博物馆专业工作可持续发展，专业人员应呈年龄阶梯式培养，实现长期储备。此外，纸墨材料的前瞻性预留，在博物馆传拓业务工作中亦十分必要。

**关键词**：甲骨；传拓；业务规范；文物管理；博物馆

文物整理、编目、照相、传拓以及绘图（或摹文）等是博物馆业务中的系统基础工作，也是文物展览、研究的前提。这些工作的最终目的是使文物传之久远，使子孙万代都能够看到翔实可靠的文物信息，即使将来某一天文物终因年久灭失，但相关资料仍能以影像、文本记录的形式得以传续。这也正是千百年来金石学的传统。

"故宫博物院藏殷墟甲骨文整理与研究"（2014年度国家社科基金重大项目）之甲骨传拓子课题于2015年2月启动，至2020年12月结项，历时六年，总计传拓甲骨19704件，制作拓片20864张。此次工作持续时间既久，动用文物数量亦不为少，兹就工作中的一些设想、实践以及所引发的思考作一全面梳理，以求正于同行。

## 一、传拓前的准备工作

（一）依据文物整理的基本原则和文物整理规范制定传拓计划

故宫博物院对于铭刻类文物整理工作的展开，依次为冠号、建账、排架、测量、照相、传拓，然后上传信息资料中心备份存档。

传拓工作的展开，以甲骨藏品冠号、建账、排架工作完成为前提。另外，因传拓是紧密接触文物的影像资料采集工作，存在文物损伤风险，故其进行，亦应排在与文物非接触式的摄影工作之后。

（二）制定甲骨传拓守则

博物馆文物管理规章制度是文物安全的保证。因甲骨传拓流程及规范向无成例，在正式开始工作前，为完善《故宫博物院规章制度》未尽之处，规范和厘清甲骨传拓工作中的程序、责任，我于2014年8月参照以往个人工作经验，先期起草《甲骨传拓守则》（详见附录）呈报相关部门领导，并获批准执行。

《甲骨传拓守则》在"五、责任追究"中专门就从事传拓工作的人员资质认证做了规定：

> 非目前子课题成员未经授权私自传拓甲骨，无论是否发生甲骨状况改变，均按院规损伤文物例追究当事人责任。

> 经授权的传拓工作人员，自实际传拓工作之日起一年内如发生须追究责任的甲骨状况改变事故，除按院规追究当事人责任外，并按院规同等追究授权者责任。

制定上述两项规则，就是为了强调传拓工作的专业性和严肃性，同时也为了防止行政领导对专业工作的过度干预，进而降低工作风险。"同等追究授权者责任"针对的最根本的问题，在于使拥有授权权力的人明白"授权"行为需要承担的后果，慎之于始，其目的仍然是保障文物安全。——故宫博物院专业技术人员能否独立操作文物，通常由老师傅决定，具体到传拓，除1926年薛学珍、1947年马子云二人由马衡直接聘任外，其他几代人都是通过先做学徒然后由师傅授权开始独立从事专业工作的。

（三）准备传拓材料和工具

传拓甲骨所用材料、工具与传拓青铜器所用材料、工具大体一致，即宣纸、扑包、墨、砚、剪刀、镊子、裁刀、橡皮泥（胶泥），唯传拓青铜器上纸多用棕刷，传拓小片甲骨则多以用墩刷为宜。此外需另备固定甲骨用硬板一块，材质可选用有机玻璃，A4纸张大小。

宣纸宜选用存贮超过10年以上的"玉版扎花"，可量化指标为四尺规格、每刀（百张）1.2~1.3千克，厚度0.04毫米/张。

墨选用20世纪80年代以前生产的松烟。

捆扎拓包所用绸布为电力纺，亦以10年旧存为佳。

（四）人员设置

传拓工作设负责人一名总揽全局。负责人由对文物充分了解，并对传拓技艺十分精熟的资深工作人员担任。除传拓之外，负责人还承担小组的每日工作安排，以及提取与退回文物、发放宣纸、审验（不合格者即行废弃，次日重新传拓）收取拓片并钤印、存档等工作。

另设一人于传拓之外，同时负责所有拓片的展平、扫描工作。

因工作量大，次年另增加两名工作人员专职传拓。

## 二、传拓过程规范

（一）传拓工作场所依就近原则，以在甲骨庋藏库房为宜，每人工作空间应不小于4平方米。

（二）甲骨的提取与退回

甲骨传拓工作依据库房文物整理排架顺序，应始终坚持按文物号先后或按柜架排列层（屉）先后逐一提取、退回文物，杜绝跳跃选择，从而避免错乱、重复、缺漏，减少文物移动次数，以策万全。

每日从藏品柜中取出传拓及拓毕退回甲骨时，均应由传拓小组负责人及本库文物管理员共同在场方可操作，并于库房日志做详细提退记录。

（三）传拓工具的使用

传拓工具每人一套，严禁擅自取用他人工具。随时保持桌面整洁，工具、宣纸皆存贮于储物盒，每日工作时取出，结束时重新纳入储物盒，不准任意摆放。

（四）传拓操作规范

1. 甲骨固定。将所需传拓甲骨用橡皮泥（胶泥）或宣纸固定于硬面平板上。

2. 传拓前甲骨清洁。用棉花蘸清水轻拭甲骨表面，清除污垢或手油。若需使用工具剔除字口内异物，可选用毛刷、竹签或木签，禁止使用尖锐金属器（钝铁针则可）。

3. 上纸。使用稍带黏性的水（或清水，视情况而定）将宣纸粘牢于甲骨表面，并使用以头发制作的打刷击打（或使用棉花按捺）字口、钻痕等，然后用棕刷（或墩刷)将宣纸刷平、刷牢。

4. 上墨。用扑包蘸墨,在已上好的宣纸上扑墨,使之黑白分明。墨色需多遍累积(5~10遍为宜)而至黝黑有光泽,不可一次上墨过多,否则有洇墨之虞。

5. 揭取拓片后清洁甲骨。拓片揭取后,再次用棉花蘸清水轻拭甲骨表面,然后将甲骨从所固定的硬面平板上取下。若甲骨上残留有临时固定物,须即予清除。

(五)工作记录

故宫博物院文物库房管理工作制度规定,凡开启库房,必须在"库房工作日志"上填写入库日期、人员姓名、工作内容、动用文物等文本记录。

传拓人员在工作中需各自另备"传拓工作记录册",于每日工作结束时,逐一登记当日传拓甲骨之文物号,工作中发现的问题亦于当日栏目下做详细记录,留备查考。

提取、退回文物由专人负责,集中提取、集中退回。每次提取文物以皮藏柜架之层(屉)为单位,传拓完毕后退回原方位,然后再提取下一层(屉)文物,如此周而复始。提取、退回文物,均须同时在"库房工作日志"及负责提取与退回文物工作人员的"传拓工作记录册"上做详细记录。

所有此类记录,必须做到即时写入,避免事后追补,尤禁事前预记。

(六)拓片标注规范

拓片揭取后应即刻在拓片左下角空白处用铅笔抄写该甲骨藏品编号。每张拓片左下用铅笔记录文物号,右下钤盖传拓责任人专用印章。

使用铅笔记录所拓文物之文物号,是故宫博物院传拓工作的传统,拓片系以所拓藏品编号,有利于与原物对应,可使查找便捷准确,避免拓片积累过多之后发生错乱以致张冠李戴的情况发生。钤盖传拓责任人专用印章,有"物勒工名"之意,即肯定成绩、明晰责任、便于追究、使知矜贵。

(七)拓片质量规范

已完成拓片由小组负责人做质量检验,确定其是否合格。合格的拓片标准可简单概括为两点:

1. 点画分明。点画分明是指拓片上反映出的文物表面上所有起伏痕迹的边界,都要清晰硬朗,凸起处的黑色与凹陷处的白色之间的界限要做到泾渭分明,不能有任何模糊或黑白相侵的情况。

2. 墨不旁渗。墨不旁渗是指墨色落在宣纸上不能湿透到宣纸的背面,也不能有任何晕开的情况。墨色洇透到纸背,会对文物造成直接损害,必须杜绝;而墨色在宣纸上的哪怕是微小的晕开，也势必造成对白色点画的侵染，影响拓片字迹及整体的观感，降低其艺术性。

(八)拓片临时归档

每一批次(层、屉)文物拓片集中装入上开口竖插式档案袋保存，已装入拓片的档案袋上须注明日期、批次(层、屉)、顺序起止号，并临时标注"未扫描"。拓片扫描完成后重新装入档案袋，记录则改为"已扫描"。扫描过程中发现的问题，直接记录在档案袋上。档案袋上的记录内容为手写，随工作进程逐项添加；对于已有的记录内容，可做涂改，但不得完全覆盖。

(九)垃圾处理

传拓工作产生之垃圾，如因质量不合格被毁弃的拓片残片、经多次使用后的吸水宣纸、不堪再用的棉花、废弃扑包等等，均须集中保管。垃圾处理时，需同时安排两人重新检查，一人目验，一人负责将每一片垃圾全部用手捏过，方准移出工作场所。

### 三、拓片的后期整理

(一)存放三个月

已完成的拓片，在档案袋中保存三个月以上，可进行喷水展平处理(略同于托裱的程序，但是只做展平，不加褙纸)。新制作出的拓片需要有一个墨色与宣纸充分结合的过程，方不至在喷水濡湿的操作中发生墨色旁渗晕散的情况。此处规定三个月的间隔是其最低安全时限。

(二)喷水展平

拓片喷水时需在拓片下衬几层宣纸，以及时吸去过多的水分。经喷水的拓片稍晾后趁潮湿贴于玻璃上，用长羊毛排笔轻扫使平，不可稍用力拉抻，然后用毛笔在拓片四周用带有黏性的清水描过，再用棉花按压使之紧贴于玻璃上(有墨色之画心不可紧贴固定)，待晾干透后揭取即可。

(三)数字化扫描

拓片经过喷水展平晾干后，即可扫描录入至电脑储存电子影像。拓片的电子影像制作，参照现有的印刷技术标准制定扫描参数，即原大尺寸、400dpi、tiff 格式、24 位真彩色。

拓片的电子影像文件命名由文物号、拓片、责任人等字段组成，文物号排在最前列。

例：160201-拓片-何巧娟。

此处"160201"为故宫博物院藏品编号(省略"新"字头),"拓片"表明与实物照片的区别,"何巧娟"是该件文物拓片的制作者。

对扫描录入电脑中的甲骨拓片电子影像,须对原始影像备份存档,不得有任何更改。电子影像提交摹文、释文及出版使用时,须另做副本,对副本可做边际裁切处理,但严禁对画心做任何改动。

经整理后的拓片电子影像,须及时上传至文物信息管理系统。

(四)贴入宣纸册

因甲骨拓片多小片,宜贴册保管。宣纸册内页单页使用四尺宣纸八开对折,五十页成一册,外包蓝皮,宋装。

拓片贴册时,依文物号顺序粘贴,单页贴入拓片数量依据拓片大小随时调整,较大者可居中贴一张,超大者贴一端后对折,较小者可贴二至四张。拓片贴上两角,只贴于一面,皆以居中为宜。

(五)登记为文物藏品入库

拓片的最终去向为碑帖库房,经冠号后登入故宫博物院藏品登记账,作为文物资料永久保存。

## 四、几点思考

(一)关于传拓进度问题

晚清刘鹗《铁云藏龟序》称编纂该书时,延聘王瑞卿"竭半载之力,精拓千片",即日均传拓约10片。

甲骨传拓的速度快慢,因甲骨大小、薄厚,以及坚实与否差别巨大,几乎每一件甲骨都有其特殊性,难以一概而论。但是对数以千计的大批量甲骨进行传拓,虽同时跟进文本档案记录及后期整理扫描归档,其平均数字仍有一定的参考意义。在我们的具体工作统计中,第一、二年共传拓甲骨6000件,平均年度完成3000件(包括后期处理)。后几年因所拓甲骨多小片,进度略有加快,最终与计划预期的每年4000件大体吻合。

去除掉日常文物保管、展览等其他工作占用的时间,年平均传拓工作约100个工作日,四人每人日均传拓甲骨也是10片。

(二)专业人才培养储备

《中华人民共和国文物保护法实施条例》第三十三条规定:"从事馆藏文物修复、复制、拓印的单位,应当具备下列条件:(一)有取得中级以上文物博物专业技术职务的人员;(二)有从事馆藏文物修复、复制、拓印所需的场所和技术设备;

(三)法律、行政法规规定的其他条件。"①

博物馆各类专业人才的培养与储备具有重要意义,它决定了博物馆对其藏品进行安全保管、整理、修复,以及采集基础信息的能力和水平。

不同专业人才的培养各有特点。以传拓为例,技术要点十分简单,但是真正掌握起来,一般都需要三年左右的渐进式训练过程。传拓者在掌握技术要点、手工技巧的同时,必须有精准了解所拓文物坚实程度的能力,否则即不具备传拓文物的资质。我们制定的"点画分明,墨不旁渗"的拓片标准,虽然貌似极其简略,但绝非容易做到。能够做到"点画分明",即保障了纹理字迹的通透神韵;而在极薄的宣纸上扑墨,能够完全杜绝透墨、洇墨现象,更不可能只通过短期培训就可以达到。

博物馆的工作中确实并不总是有类似我们传拓甲骨这样的大批量工作,但是由于手工技巧训练的艰难复杂、文物安全保障的泰山之重,因此专业人才呈年龄阶梯式培养,进而达到技术力量的长期储备就显得格外重要。

(三)纸墨的前瞻性预留

宣纸、烟墨以旧为佳,传拓所用纸墨皆宜先期存贮 10 年以上。

传拓甲骨、玉器、青铜器等精细类文物,选用宣纸尽量求薄,因其应用单一,故需专门定制。故宫博物院成立之初,传拓古器物选用"六吉绵连",并大量购备,数十年来,中国社会科学院、中国国家图书馆传拓所用宣纸,多为故宫博物院 20 世纪 50 年代拨交之物。

纸墨的前瞻性预留十分重要,旧墨尚可得,唯传拓古器物所用宣纸,市场无零售,新制则质脆不堪用,非经多年存贮消去火气难以为善。

(四)尽力求精不虚一拓

在金石学的传统中,历来将拓片视为铭刻文物之亚,拓片与铭刻有着几乎相同的地位。拓片在它从铭刻文物上揭下的那一刻起,即已经成为另一件文物,这也是拓片独有的特殊性。

对于拓片精善的追求,如历代内府所刻古帖等,其传拓水平均达到了极致的效果。晚清陈介祺、吴大澂以及民国以来故宫博物院等所制拓片,亦皆称一时无两。但是,近数十年来,许多单位的主导者在获取资料的过程中,片面追求速度,无视拓片本身的艺术性,致使传拓行业整体水平急剧下降。

我认为,从眼前的角度看,两三月与五六年的耗时相差固然悬殊,但是如果

---

① 《中华人民共和国文物保护法实施条例》,2003 年 5 月 13 日国务院第 8 次常务会议通过,2003 年 7 月 1 日起施行。

将目光放远，从历史长河的角度看，两三月与五六年其实并无分别。为了个人、"项目"一时著述之需而置文物安全、拓片质量于不顾，尤不可取。

必须承认，作为一种以紧密接触文物进行操作为特点的影像采集方法，每一次传拓都必定会对文物本身造成直观或微观的影响，所以《中华人民共和国文物保护法实施条例》中才会有对文物传拓的种种严苛限制[①]。也正因此，珍惜、珍重每一次传拓机会，极力追求拓片精善超越前人，对于每一个专业传拓工作者而言，都应当成为时刻自律的信条。

## 五、结语

在"故宫博物院藏殷墟甲骨文整理与研究"项目开始论证之初，有专家介绍某项目经验，"集中20人，经过三天培训后围成一大圈工作，每天工作近10小时，十天拓了5000件"，并建议我们参照实施。

上述专家提到的这种突击式工作方法，作为考古发掘中某种特定条件下抢救性资料采集的权宜之计亦属无奈之举，在博物馆的工作中则必须坚决摒弃。博物馆中凡是涉及动用文物的工作，在任何时候都应有比田野考古发掘、院校科研项目等更加长远的眼光，因为每一代学者对文物的研究总会有新认识、新发现，没有人能够成为学术的"终结者"。在博物馆的工作中，保障文物安全始终是一切工作的前提条件。

因此，作为专业的文物保管员，我们在内心中、在制度上，每时每刻都要存一份自知，即我们今天所做的任何工作，无论从自己的角度看多么完善，都远不如把文物完整地交给下一代的贡献更直接、更实在。

附录：

## 甲骨传拓守则

甲骨系龟甲、兽骨等有机材质，皆沉埋地下逾三千年，水土侵蚀、自然风化，不一而足。晚清刘鹗编《铁云藏龟》时即称甲骨"脆薄易碎，拓墨极难"，民国王国维序《随庵所藏甲骨文字》，亦称"甲骨一经摹拓，便有损坏"。为确保文物安全兼且厘清责任计，兹就传拓操作流程及甲骨安全问题制定此守则，以资参照执行。

---

[①] 《中华人民共和国文物保护法实施条例》第三十二条："修复、复制、拓印馆藏二级文物和馆藏三级文物的，应当报省、自治区、直辖市人民政府文物行政主管部门批准；修复、复制、拓印馆藏一级文物的，应当经省、自治区、直辖市人民政府文物行政主管部门审核后报国务院文物行政主管部门批准。"

一、传拓基本原则

1. 保证甲骨安全。明显糟朽粉变者不拓；有原始书写痕迹者不拓；甲骨文内填有朱砂等颜色者谨慎传拓；明显有断裂旧痕者，需与整理组会商后决定传拓与否。

2. 严格按照传拓操作流程工作。

3. 严禁非授权人员传拓甲骨或擅动他人传拓工具。

二、传拓操作流程

1. 提取甲骨。从柜架中提取甲骨至工作台上。

2. 甲骨固定。将所需传拓甲骨用橡皮泥（胶泥）或宣纸固定于硬面平板上。

3. 传拓前甲骨清洁。用棉花蘸清水轻拭甲骨表面，清除污垢或手油。若需使用工具剔除字口内异物，可选用毛刷、竹签或木签，禁止使用尖锐金属器（钝铁针则可）。

4. 上纸。使用稍带黏性的水（或清水，视情况而定）将宣纸粘牢于甲骨表面，并使用以头发制作的打刷击打（或使用棉花按捺）字口、钻痕等，然后用棕刷（或墩刷）将宣纸刷平、刷牢。

5. 上墨。用扑包蘸墨，在已上好的宣纸上扑墨，使之黑白分明。

6. 拓片揭取。将已扑墨完毕的拓片从甲骨上取下。

7. 拓片编号。拓片揭取后即刻在拓片左下角空白处抄写该甲骨藏品编号。

8. 传拓后甲骨清洁。再次用棉花蘸清水轻拭甲骨表面，然后将甲骨从所固定的硬面平板上取下。若甲骨上残留有临时固定物，须即予清除。

9. 退回甲骨。将已传拓完毕的甲骨退回原方位。

10. 拓片后期处理。拓片的展平、贴册、数字影像制作等工作，可在拓片累积一定数量后分阶段集中处理。

11. 拓片保管。拓片暂由项目负责人保管，待甲骨整理工作结项后依文物号顺序统一贴入宣纸册，经冠号后登入故宫博物院藏品登记账，作为文物资料永久保存。

三、须追究责任的甲骨状况改变

1. 责任人在移动甲骨过程中因不慎脱手坠落造成甲骨状况改变者。

2. 责任人在移动甲骨过程中因不慎磕碰异物造成甲骨状况改变者。

3. 责任人在甲骨传拓过程中因甲骨固定不牢而致甲骨移位失控滑落造成甲骨状况改变者。

4. 责任人在甲骨传拓固定、清洁、上纸、上墨等过程中，因用力过猛造成甲骨状况改变而新断茬尖锐坚硬略有刺手感者。

5. 责任人在甲骨清洁过程中误将原始书写痕迹清除者。

6. 责任人退回甲骨时因未及时清理固定材料而致异物附着凝结无法取下者。

四、毋须追究责任的甲骨状况改变

1. 甲骨原系粘接缀合,其连接处在传拓过程中开粘分离者。

2. 甲骨清洁、固定及拓片揭取过程中因甲骨表面酥朽而稍有残片或残渣剥落者。

3. 因甲骨清洁而致土浸及旧有污迹等非原始人文遗迹被清除者。

4. 因甲骨内质酥朽无法察觉而在传拓过程中受力断裂,然新断茬非尖锐坚硬略有刺手感者。

5. 因甲骨旧有暗伤不易察觉而在传拓过程中受力断裂,然断裂处大半非新茬者。

五、责任追究

1. 责任人发生须追究责任的甲骨状况改变事故,按院规追究当事人责任。

2. 非目前子课题成员未经授权私自传拓甲骨,无论是否发生甲骨状况改变,均按院规损伤文物例追究当事人责任。

3. 经授权的传拓工作人员,自实际传拓工作之日起一年内如发生须追究责任的甲骨状况改变事故,除按院规追究当事人责任外,并按院规同等追究授权者责任。

(郭玉海,故宫博物院研究馆员)

## 史事与人物

# 毕生心血付书山

## ——丁瑜先生的生平与贡献

A Brief Biography of Mr. Ding Yu's Life and Contribution Devoted to the Library

王 沛　林世田

**摘　要**：丁瑜先生毕生从事图书馆事业，曾先后在出版总署图书馆(今中国版本图书馆)、北京图书馆(今国家图书馆)工作。他专注图书馆基础业务，首创图书提要卡片目录，参与编纂《中国图书馆图书分类法》；他热爱古籍事业，在文献搜采、典籍守护、技艺传承、善本书目编纂等方面笃行不倦，成就斐然。他在平凡的岗位上成就伟大事业，是老一辈图书馆专家的典型和今天图书馆人的楷模。

**关键词**：丁瑜；《中国图书馆图书分类法》；古籍修复；《中国古籍善本书目》

2020年6月16日下午，国家图书馆(以下简称"国图")研究馆员、古籍整理研究资深专家丁瑜先生因病医治无效，与世长辞，享年94岁。然而在此半年多以前，丁瑜先生还以93岁高龄与国图其他七位老专家一起，以惦念国家图书馆和文化事业发展的拳拳之心，向党中央建言献策。2019年9月8日，正值国图110周年馆庆前夕，一个振奋人心的消息在国图人之间不胫而走：习近平总书记给丁瑜、薛殿玺等八位老专家回信了！总书记在回信中充分肯定了国家图书馆建馆110年来发挥的积极作用，饱含着对丁瑜等国图人不忘初心、牢记使命的高度赞许。消息传来，不仅国图人，整个图书馆界无不倍感振奋。然天不假年，大家还没从总书记回信的喜悦中走出，丁瑜先生就永远离我们而去了。

丁瑜先生生于1926年，河北高阳人。1950年北京大学图书馆学专修科毕业后到出版总署图书馆(今中国版本图书馆)工作,1954年后长期在北京图书馆(今国家图书馆)工作,1991年5月离休,历任中文提要卡片编辑组组长、善本组组长、善本特藏部副主任、《中国古籍善本书目》编委会分主编,享受国务院特殊津贴。曾任中国文物保护技术协会理事、文化部科技委员会委员、国家文物鉴定委员会委员、全国古籍保护工作专家委员会委员。

梳理馆史资料,捧读先生《延年集》,先生淡泊名利、不计得失、为图书馆事业默默耕耘的身影跃然纸上。作为老一辈图书馆专家的典范和今天图书馆人的楷模,丁瑜先生身上彰显着国图精神,展现了榜样力量!

## 一、学以致用入芸台

丁瑜,曾名丁国璧,笔名"丙寅生""丁岳""丁令威"等。1926年5月出生在河北高阳县一个中产家庭,父亲以经营当地土布为生。七七事变,高阳形势骤然紧张,丁瑜一家欲往内地避难,却因行动过晚,只能随亲戚辗转来到北平。生活稳定后,丁瑜考入府学胡同小学。1940年7月小学毕业后,他进入北京第四中学就读,1942年跳级考入私立成达高级初级中学(今首都师范大学附属中学前身,著名藏书家、版本目录学家、教育家傅增湘曾任该校董事长),改名丁瑜。这一时期,北平处在日伪统治之下,实行奴化教育,既要求学校教授日文,又以一些虚幻的文学作品来宣扬武士道精神,麻痹学生的思想。

写于1942年的诗作《读〈在黑暗中〉》[1]295,反映了16岁丁瑜苦闷的心境:

> 天又阴暗了,
> 沉郁地没有一丝风。
> 低气压下的我,
> 是如何希冀一阵微风吹来,
> 飘逸和清爽呢?

1945年,丁瑜考入北京大学中文系。在北大读书期间,他逐渐认识到,这个时代的人民大众所需要的不是一首唯美的诗和一篇梦幻的散文,需要的是能指引他们走出黑暗、走向光明的文学思想①。

历史总是在偶然中存在着必然。1947年,图书馆界先贤王重民自美归国,次年在北大中文系开办图书馆科,大学四年级的丁瑜选修了图书馆科的目录学、版本学、校勘学等相关课程。授课老师有王重民、赵万里、耿济安等先生。

---

① 见国家图书馆藏丁瑜1950年自传。

1949年4月13日，中共北平市委发布《关于普遍开展学习运动的决定》，由市青年团筹委会和市学联利用暑假举办大中学生暑期学习团，学习时间是7月15日至8月15日[2]，刚从北大中文系毕业的丁瑜随即加入华北各大学暑期毕业生学习团。1949年7月，根据华北高等教育委员会指令，北京大学图书馆学专修科从中文系中独立出来，单独对外招生，学制两年[3]。学习团一结束，丁瑜即向学校申请进入图书馆学专修科继续研读，从而成为北京大学图书馆学专修科二年级的学生，这也是北京大学图书馆学专业的第一批学生。

图书馆学是一门应用型学科，只有在实践中才能增长知识，开阔视野。因此，课业之余，丁瑜相继在北京图书馆和北京大学图书馆实习。丁瑜的第一个图书馆实践，是1949年8月到11月在北京图书馆参与整理中日文图书。这批中日文图书是1946年平津区敌伪图书处理委员会委托北图接收的，共3074箱。由于数量较大，当时申请借用太庙房屋进行存放整理[4]。除本馆工作人员外，还调用北京院校人员参与整理。按照编目要求，中文图书按刘国钧分类法编目，日文图书按照参考用书、日人之中国研究、日人之日本研究、普通书、期刊五大类进行分类编目。丁瑜能够参与其中，大抵是因为他既懂日文，还在图书馆学专修科学习，能够很好地解决语言和专业技术问题。从学习到实践，从需要别人指点到独立负责一项工作，从对图书馆陌生到对各部门工作有大致的认识，丁瑜体会到了"学以致用"的满足感，图书馆情怀更加深厚。

1950年4月，丁瑜从北京大学图书馆学专修科毕业，有师生之谊的北京图书馆代馆长王重民致信出版总署图书馆副馆长孟超，推荐丁瑜参加中央人民政府出版总署图书馆筹建工作。出版总署图书馆于1950年7月1日正式成立[5]，主要负责保管我国出版物样本，以利于出版工作的调查研究和文化传承。在出版总署图书馆，丁瑜主要参与了《全国新书目》的创刊和编辑工作。《全国新书目》以月刊的形式，全面准确地报道和反映我国出版的最新消息[6]。该刊不仅需要将书进行分类，便于读者简便、快捷查到所需内容，还要对精选书目进行摘要介绍。这一经历，为丁瑜在北京图书馆开创提要卡片目录奠定了重要基础。

1954年，国务院撤销中央人民政府出版总署，出版行政业务划归文化部，组织安排丁瑜调职北京图书馆。

## 二、与时俱进开新篇

### （一）开创提要卡片目录

1954年6月1日，丁瑜正式开始在北京图书馆中文编目组工作，承担编目审校等工作,包括分编图书、制作油印卡片、撰写内容简介、整理卡片等,曾担任代组长。

图书馆的核心要素是图书。馆员要管理好图书,读者要充分利用图书,主要依靠卡片目录。丁瑜及时了解读者需求,结合在出版总署图书馆编辑《全国新书目》的经验,增加卡片目录的著录内容,在附注项下加注图书内容简介,首创提要卡片目录。在卡片目录"即类求书,因书究学"基本功能上,增加了荐书的功能,深受读者的好评。丁瑜负责选书、撰写提要,提要卡片经铅印后,北图把它作为推荐目录,同时也向馆外发行。这是我国图书馆正式铅印提要卡片的创始。

1956 年 1 月,中共中央发出"向科学进军"的号召。为协调图书馆界为科学研究服务,1957 年 9 月 6 日国务院批准通过《全国图书协调方案》,编制联合目录、新书通报是其中内容之一。北京图书馆于是在 1958 年委派丁瑜与中国人民大学图书馆马志新负责筹组中文提要卡片编辑组,任命丁瑜为组长,负责审核校对分类和著录。提要卡片由中国人民大学出版社印制,面向全国发行。

该套卡片字体美观,著录项目包括题名、著者、出版时间、出版社、页数、字数、开数、价格、内容提要、分类号等。其中,内容提要对书的内容进行了概要介绍,起到了推荐书目的作用,提高了目录质量,有助于读者使用。此时全国图书分类法尚不统一,故卡片下端印有四个分类号[7]1167,包括中国人民大学图书馆图书分类法、中小型图书馆分类法、中国图书馆分类法和全国出版社的统一书号,便于各馆分类时参考。在发行印制过程中,为了便利各馆使用卡片,避免或减少各馆因编目耗时而积压新书,丁瑜还争取借用出版社校样或样书提前编目著录,以缩短编印卡片时间。据当时使用单位反映,80%的卡片要比其采购的新书提前到馆①。图书铅印提要卡片自发行以来,受到全国图书馆和广大用户的欢迎,对促进中文图书的分类、编目著录标准化,提高图书馆目录质量以及减少各级图书馆分类和编目重复劳动等工作起到了积极作用[8]。1959 年,中文提要卡片编辑组被中国人民大学评为先进集体,丁瑜和马志新被评为先进个人。

(二)参与编纂《中国图书馆图书分类法》

《中国图书馆图书分类法》(简称《中图法》)是中华人民共和国成立后编制出版的一部具有代表性的大型综合性图书分类法,为我国文献检索工作的发展开辟了新的道路。经过几次修订,《中图法》已经成为目前国内图书馆使用最广泛的分类法体系,并于 1985 年 10 月荣获国家科学技术进步奖。丁瑜因为熟悉图

---

① 见国家图书馆藏 1986 年丁瑜《业务自传》。

书分类,曾先后两次参与《中图法》的编辑工作。第一次是在 1961 年 2 月至 11 月,参与编写《大型图书馆图书分类法》草案初稿,北京图书馆面向全国征求意见并开会审查分类体系和类目。第二次是在 1971 年 2 月,北京图书馆向全国发出编辑新的大型图书分类法的倡议书,各兄弟馆选派 2~3 人组成大型图书分类法编辑小组。3 月,在党委书记、第一副馆长刘岐云直接领导下,北图筹建大型图书分类法编辑组,已在善本部工作的丁瑜被借调到编辑组。3 月 18 日至 24 日,大型图书分类法编辑组举办第一期学习班,丁瑜任第一组组长[9]630。参与大型图书分类法的编纂,丁瑜深知责任重大,因为分类法的好坏以后会直接影响到全国千百个图书馆的工作。他自感理论水平和业务水平还跟不上要求,就利用业余时间不断加强学习。也正是因为他一丝不苟的态度、专业的知识储备和永无休止的学习精神,他才从善本部被抽调到大型图书分类法编辑组筹备工作。在丁瑜等人夜以继日的努力下,次年 3 月分类法草案初稿完成,完成使命的丁瑜才又回到善本部工作。

### 三、片纸只字犹珍藏

建馆伊始,国家图书馆就秉承"备群书,供众览"的宗旨[10],肩负"传承文明,服务社会"的使命。1961 年 11 月,丁瑜调入北京图书馆善本部善本组,在赵万里等前辈的带领下,整理善本,丰富馆藏,为保护珍贵的历史文化遗产尽心竭力。在善本部工作的三十余年中,丁瑜先后担任善本组组长、善本部副主任,经手善本无数,包括陈澄中郇斋第二批藏书入馆,购置元刻本《周易象义·下经》与原馆藏《周易象义·上经》合璧为全帙,还有明归昌世手稿《假庵杂著》、明弘治正德间《野客丛书》入馆等[1]序二5。更有一些珍贵典籍因丁瑜先生慧眼识珠,在"人弃我取"的情况下收入馆藏,重获新生。

(一)碎纸片中发现《碛砂藏》

柏林寺位于北京安定门内雍和宫东侧,1962 年 10 月,北京市政府将其划归北京图书馆使用,至 1987 年白石桥新馆建成止,这里一直被视为北京图书馆的第二阅览部。1966 年,北京图书馆曾在柏林寺院内修建简易库房用于存放《龙藏》经版。这年冬至时节,丁瑜和王玉良等同事在柏林寺院中突然看到一片颜色古雅、印有版画的残纸片。因多年在善本部养成的"片纸只字,珍同拱璧"习惯,丁瑜俯身小心翼翼地从地上捡起,仔细端详,从线条和残余的释迦佛像看,推测其为《碛砂藏》扉画残片。经询问值班同志得知,在"破四旧"时,"红卫兵"打破了大殿佛像,在泥塑的大佛腹内发现了佛经 2000 余册。其中,完整的部分堆在大殿中的壁角和书架顶上,还有不少碎片已经和垃圾一同清理,捡到的一片即是从垃圾中散落出来的。丁瑜等人旋即与负责人商议,将此批佛经连同收集的残片运回善本书库。《碛砂藏》自南宋嘉定九年(1216)开雕,中间历经火烧损毁经版,曾数次停刻,至元代至治二年(1322)方始完成。七百年之后国内仅陕西省图书馆及山西崇善寺保存全藏。此次新发现的2000余册,其中还有清康熙年间施舍此经的题记。1992年,北京图书馆善本部对这部《碛砂藏》进行整理,若干谜团得以逐步解开。一是该藏为明宣德七年(1432)由北京信众董福成请印,现残存半数,计2488册;二是藏经上的诸多助缘题记,说明该部经版曾在明代补版;三是从题记可知,明代经版当时尚存湖州碛砂延圣寺;四是提供了此部藏经的源流线索,经卷中发现了明万历三十一年(1603)和清康熙九年(1670)晒经题记,结合封藏佛腹的情形,说明该部藏经自明代以来一直供奉在柏林寺中;五是补充了佛教文献史上的重要问题,如明代补版信息记述了崔法珍刊雕《金藏》的一段史实[11]。

(二)废纸筐中发现卜天寿《论语郑氏注》影印本

1967年,新疆吐鲁番阿斯塔那古墓的唐景龙四年(710)卜天寿写本《论语郑氏注》重见天日,震惊海内外。原件现藏吐鲁番博物馆。1972年,慧眼识珠的丁瑜偶然在人民美术出版社印刷厂废纸筐中,挑拣出十数张《论语郑氏注》的珂罗版影印件。

丁瑜发现这些影印件后,并未将其当作普通废纸视而不见,而是细心缀合,发现竟然是刚出土的唐景龙四年写本《论语郑氏注》。因资料难得,征得印厂同意后,他带回馆中装裱成帙,前有织锦护首,后有镶玉卷轴。经过古籍修复者的妙手,古色古香的《论语郑氏注》展现在图书馆人面前。

也许有人会说,捡到的不过是一个影印件,并非真正的善本。然而,这里还有故事。目前所知,《论语郑氏注》出土后,最早的仿真影印本为1972年日本平凡社所出,国内极为少见。1978年5月,日本学者金谷治编辑的《唐抄本郑氏注论语集成》,由日本平凡社以十六开精装出版。该书收录了郭沫若1972年1月10日所作序言手迹和刊载于1972年《文物》杂志的《唐写本〈论语郑氏注〉说明》、校勘记等文。而在同一天,郭沫若致信日本友好社会活动家中岛健藏:"卜天寿《论语抄本》资料两份谨奉上,请查收。文物出版社一件,系王冶秋同志所交来。"[12]金谷治在该书《后记》中说:"当时(按,指20世纪初)被发现的《论语》的资料大部分被拆散移送到国外,留在中国的被整理的只有非常小的一部分。但是这次完全不同,这次才是完全由中国人进行整理,并能很骄傲地在全世界人民面前公开发表。这份资料在当时的中国不被允许发表,真是胸中所痛,作为日本人的我们,必须进行深刻反省。"所说"这份资料",即是卜天寿抄写的《论语郑氏注》。从时间线上看,1972年1月10日,热爱传统文化并一直致力于推动中日友好交往的郭沫若为《论语郑氏注》作序,致信并将相关资料赠送给和他一样倾力推动中日文化交流的好朋友中岛健藏,9月29日中日建交,同年丁瑜在废纸筐中发现影印件残稿,平凡社出版影印本。由此可见,1972年《论语郑氏注》在国内采用珂罗版影印,因其珍贵独特的史料价值和文献价值,成为中日建交过程中双方文化交流的一部分。而丁瑜发现的这些残页,应为当时的试印稿。时逢"文革",儒家思想受到前所未有的批判,所以作为儒家经典的《论语郑氏注》珂罗版印本难见天日。关于这段历史,也许还有更多不为人知的细节等待人们去挖掘。

珂罗版影印本《论语郑氏注》一直珍藏在国图善本库房,既是研究《论语》和早期唐写本的珍贵资料,同时也是用来接待外宾、见证中日建交历史时刻的精装善本。四十年后的2011年,"西域遗珍——新疆历史文献暨古籍保护成果展"在国家图书馆举办,引起社会轰动。一千多年前年仅十二岁的新疆私塾学生抄写的《论语郑氏注》珂罗版印本平展地躺在展柜中,被人们围观欣赏。可谁曾知,这件展品是丁瑜先生从废纸筐中捡起,经修补、装裱后又重获新生。

时间久去,今人仅仅打开了尘封往事的一角,便已怅然自惭,肃然起敬,而先生的功绩,却和众多不遗余力搜采典籍的图书馆人一起,与书共存。

## 四、恪尽职守护馆藏

自1961年11月到善本部善本组工作后,丁瑜得到赵万里和冀淑英等前辈在业务方面的指导,全面掌握了古籍善本的编目考订、保管庋藏等工作。除完成古籍善本分类编目、登记保管、阅览咨询等日常工作外,他还一直参与善本的保藏保管工作,特别是在"文革"这一特殊时期,做好古籍善本"看门人",坚守岗位,恪尽职责,确保万无一失。

1964年5月起,为在战备时期保障善本书安全无虞,善本部未雨绸缪,对珍贵善本书鉴定分级,按级分批登记装箱。1965年4月12日,中共中央发出关于加强战备工作的指示,在赵万里先生的主持下,丁瑜参与拟定了馆藏善本书的分级标准,并由他执笔拟定选书细则和装箱办法。据其本人记录[①],当时的定级标准把罕见的历史价值较高的珍贵刻本、抄本以及著名的批校题跋本定为特级,一

---

① 见国家图书馆藏1986年丁瑜《业务自传》。

般明刻、明抄及清代乾嘉以后而有代表性的批校题跋本定为甲级。此时赵万里先生因疾病尚无法正常上班，冀淑英在外参加"四清运动"，善本部的装箱工作由丁瑜具体负责。据丁瑜记录，这项工作自5月开始，至10月完成，历时半年，共装特、甲级善本及手稿、新善本等964箱，共计166462册(件)，并编制"装箱登记簿"18册。装箱过程中所有善本都经过丁瑜亲自清点、鉴定，并在装箱目录上签名。根据金石组的《甲骨装箱目录》，丁瑜先生还与杨琳、许中兴一起参与甲骨的装箱。此次战备装箱，从清点装箱到保管庋藏，以及"文革"期间数次抽查和因工作需要而开箱提取使用善本，从未发现错误。

1977年6月20日，丁瑜先生作《十年浩劫志感》诗[1]309：

旧识云烟散，新雨不见来。

壮志消磨尽，漫洒泪阑干。

心血半生耗，回首看兴衰。

白首知命日，何不释愁怀。

此时丁瑜刚刚年过半百，已知天命，恰正当年。一个时代过去，一个时代开启，在历史的滚滚洪流中，埋头沉进去的一个普通工作，即护住了中华典籍，守住了文化根脉。

## 五、承前启后传技艺

古籍修复是一项艺术性极强的手工技术，在我国有着悠久的历史，历代均有创新和发展。历史上众多修复匠人在长期的修复实践中，积累了丰富的经验，但千百年来只是通过师傅带徒弟口传心授得以传承，鲜有专门记载技艺的文字传世。传世文献所载的只言片语多出于藏家、文人之手，既不系统，也不具体。由肖振棠和丁瑜于20世纪60年代合作完成的《中国古籍装订修补技术》一书，是这一领域的开山之作。

1961年11月，丁瑜调入善本部，恰好在四个月前，文化部装修古旧线装书技术人员训练班在北京图书馆开班，由技艺精湛的张士达、肖振棠等担任师傅。

丁瑜深知古籍修复技术对古籍保护的重要性，常利用闲暇时间，虚心向修复师傅请教。1963年12月中国文物保护技术协会开始筹建，丁瑜被推荐参与筹建工作。北图承担1964—1965年国家科委和文化部文物保护科学技术研究工作计划[7]332-335，丁瑜担任其中"善本书修整装订技术的经验总结与改进"研究项目的召集人，项目成员有肖振棠、张士达、张耀华等。1964年初开始撰写、1965年11月完成初稿的《中国古籍装订修补技术》，与"善本书修整装订技术的经验总结与改进"研究项目几乎同步。丁瑜丰富的版本学知识,加上肖振棠先生五十多年的修复经验,使他们最终合作完成了这部古籍修复技术的开山之作。但初稿完成后遇上"文革",竟此尘封十余年。

1978年,第一次"全国古籍善本书总目编辑工作会议"召开,备受鼓舞的丁瑜重理旧稿,删掉了一些与装订技术和操作方法没有直接关系的内容,把原稿36节概括为5章15节,于1980年由书目文献出版社出版。这部书系统、详尽地介绍了古籍修复技艺,并着重叙述实际操作方法,为古籍修复工作提供了极具操作性的指南。全书共五章,分别为:书籍装订技术的起源和发展、装修古旧书籍常用的名词、装修古旧书籍应有的设备及常用材料、古旧书籍的修补与装订、古旧书籍的各种不同装修法。书后附装修书籍操作规程、成品检查标准和装修书籍操作统计单。

值得说明的是,该书对古籍修复的"整旧如旧"原则进行了系统总结,为后人践行这一原则提供了指导。"不再改装,以保存原样"是赵万里先生在1949年5月《赵城金藏》展览座谈会上提出的,即后人熟知的"整旧如旧"原则。根据赵万里先生的"整旧如旧"要求,经过修复师的妙手,《赵城金藏》才得以以最古朴的面貌保留下来。至于当时的"整旧如旧"是如何操作的,除了分析原物,我们可以从《中国古籍装订修补技术》中的详细介绍来一探究竟:"整旧如旧即是为了保持书籍的原始面貌和风格的装修方法","不仅要掌握精湛的修复技术,还要具备一些版本知识,了解不同时代书籍的不同风格,才能达到整旧如旧的要求,使修补过的古书保持原有的面貌"。"整旧如旧装修法"小节从以下八个方面具体介绍了如何做到"整旧如旧":保持旧观的衬纸法、溜口和书角的修补法、书皮和护页的修补法、扣皮法、包书角、书签修整法、订线和打眼、书套修整法[13]。这些总结代表了当时的先进认识,至今仍为古籍修复工作者所遵循。

《中国古籍装订修补技术》是北京图书馆在文物保护技术方面的代表性成果,更是我国古籍修复的第一部教材。该书不仅为古籍修复这项传统技艺的发展奠定了坚实的基础,也及时解决了古籍事业蓬勃开展却苦无教材参考之弊。古籍整理和文物保管单位十分重视此书,纷纷以之作为业务学习教材。日本早稻田大学图书馆的村井田敬在该书出版第二年就将其译为日文出版。20世纪末,牛津大学图书馆的何大伟先生又将此书翻译成英文,对西方所藏汉文古籍保护和修复人员培养产生了重要影响。

## 六、夜以继日铸经典

中国古籍浩如烟海,流传至今的善本古籍是其中尤为珍贵的部分,也是中华文化遗产的重要宝藏。摸清这些善本家底、编纂一部反映全国善本存藏情况的书目，是古籍整理研究和保护首先要完成的基础性工作。1975年，周总理重病之中指示"要尽快地把全国古籍善本书总目编出来"。经过顾廷龙、冀淑英、潘天祯等数十位一流版本目录专家和全国各大图书馆古籍工作者的努力，历时十八年，最终编成了集中反映全国古籍善本存藏概貌的《中国古籍善本书目》。丁瑜先生是参与初审、复审、定稿全过程的九人之一[1]序二6，他兢兢业业，笃行不倦，为此书的顺利完成做出了不可磨灭的贡献。

(一) 参与确定编目体例

编纂《中国古籍善本书目》的第一件事，即拟定编目著录条例。北京地区提供的讨论稿，即以丁瑜在1964年参与编写的《北京图书馆中文线装书编目著录条例（初稿）》作为底稿，而后讨论定稿的。1978年，第一次"全国古籍善本书总目编辑工作会议"在南京召开。丁瑜起草了关于《全国古籍善本书总目收录范围》《著录条例》《分类草表》三个文件的说明，并在大会上宣读。会后，为了配合《总目》的汇编工作，早日实现周总理的遗愿，丁瑜积极参加馆藏乙库善本书的分编审校工作，以便把北图藏善本全部编入《总目》。1979年3月10日至25日，"全国古籍善本书版本鉴定及著录工作座谈会"在广州召开，会议就善本书的版本鉴定、收录范围、著录规则及分类等方面的问题进行了典型发言与经验交流[9]750。丁瑜在会上作了题为《〈全国古籍善本书总目著录条例〉补充举例》的发言，不少省、市图书馆将此发言稿翻印，作为编目著录时的参考，这为以后全国古籍善本著录的统一打下了基础。

(二) 负责《中国古籍善本书目·丛部》汇编工作

1979年8月至9月，编委会组织人员分赴华北、东北、西北、华东、中南、西南六大区的省、市图书馆和重点藏书单位，巡回了解编目情况。1979年12月11日至19日在江西南昌召开的"第四次全国古籍善本书总目编辑工作会议"上，各地巡回检查小组汇报检查情况，丁瑜作了西北组巡回检查鉴定版本的发言，交流了西北地区纠正错定版本的经验。这次会议确定了《总目》主编和参编人员，丁瑜负责《中国古籍善本书目·丛部》的汇编工作，担任第五编辑室分主编。从1980年5月开始，编委会在北京香厂路国务院第六招待所开展《总目》的集中汇编工作，各地参加人员共40余人，整理目录卡片13万余种。当年12月，丁瑜负责的丛部首先完成了汇编初稿，送交主编复审验收。1981年4月22日至28日，"《中国古籍善本书目》主编工作会议"在南京召开，决定将主编已复审的经部和丛部交付油印。1981年9月，《丛部征求意见稿》三册印刷完成，发至全国有关单位及专家征求意见。在编纂丛部过程中,丁瑜注重分析问题,总结经验,与陈绍业、阳海清合作完成《古籍丛书编目著录浅论》一文,1982年在《图书馆学研究》发表。

(三)协助审校《中国古籍善本书目·集部》

完成丛部之后,编委会又分配丁瑜继续协助审校集部。在1982年间,丁瑜经手完成《集部征求意见稿》、总集类中的《通代诗文总集》和先秦至隋唐部分的《断代诗文总集》,以及《地方艺文集》等,共印征求意见稿三册。《丛部征求意见稿》和《总集征求意见稿》完成后,丁瑜作为五编室的分主编任务也告结束。但之后编委会又决定由丁瑜担负四编室未完的"清别集类"和"曲类"的审编工作。1983年4月在黄山召开《总目》编委会正副主任扩大会,确认了由正副主编负责、集中到上海定稿的方案。定稿工作于1983年开始,参加人员有主编顾廷龙,副主编冀淑英、潘天祯,以及丁瑜、任光亮、江凌、沈津、沈燮元、宫爱东、陈杏珍共10人[14]。

(四)建议增加馆藏代号

常用《中国古籍善本书目》的人都知道,这部书的馆藏代号为善本书的分布提供了明确的线索。在油印征求意见稿时,丁瑜建议在目录上加印馆藏代号,以便各馆检查本馆馆藏是否著录有问题。这个建议得到北师大、北大编委的支持,由总编室通信协商最终采纳。参加单位据此检查馆藏是否已收入《总目》或改变了著录项目,一目了然,为汇总各地反映意见、复核原报卡片等都节省了时间,节约了人力,加快了工作进度。冀淑英在《中国古籍善本书目后记》专门谈到这一点:"每类之后,附收藏单位索引表,按各书编号注明藏书单位代号,便于各馆核对馆藏。这样做是为了在《书目》正式出版之前,能得到社会各方面的协助,多方审核,对所定类目、作者、版本和各类中编排先后顺序,如有不当之处,或著录上的失误,经过检查,能得到订补纠正。"[15]

时间是紧迫的,任务是繁重的。为了实现周总理的遗愿,为了充分发挥古籍善本在祖国文化建设中的作用,丁瑜深感时不我待,夜以继日伏案编目审校,甚至专为此延迟五年离休。在圆满完成个人分担工作基础上,他又根据编委会的安排额外承担了更多任务,历经十八年,为《中国古籍善本书目》的顺利完成做出了卓越贡献。

离开工作岗位后,丁瑜先生还继续开展古籍整理研究,提携后学,并以年迈之躯参与"中华再造善本"项目,为"中华古籍保护计划"出谋划策,推动了中华传统典籍保护传承事业的发展。

## 七、结语

回顾往事,丁瑜先生自为学之日起便钟情图书馆,一生为图书馆的基础业务、文献搜采、典籍守护、技艺传承、善本书目编纂默默奉献。先生虚怀若谷,坦荡无私,靠着钻研与传承,凭着专注和坚守,数十年如一日在平凡的岗位上成就伟大事业,体现了国图人的时代担当和与国家、民族同呼吸共命运的精神力量。我们要从丁瑜先生身上汲取奋斗的力量,把他感人肺腑、催人奋进的精神力量传递下去,让国图精神心手相传,让中华优秀传统文化发扬光大。

**致谢**:小文寥寥数言不足书先生精神事迹之万一,谨以后辈景仰之心怀念丁瑜先生。本文撰写过程中,曾就教于国家图书馆程有庆和吴湑时研究馆员及赵爱学博士,谨此致谢。

(王沛,国家图书馆副研究馆员,国家古籍保护中心办公室综合组组长;林世田,国家图书馆古籍馆研究馆员)

**参考文献:**

[1]丁瑜.延年集[M].北京:国家图书馆出版社,2016.

[2]王洰.一场卓有成效的启蒙教育:记1949年暑期大中学生学习团[G]//北京市档案馆.北京档案史料:2006.2.北京:新华出版社,2006:289-296.

[3]李世娟.王重民与北京大学图书馆学系的建立[J].图书情报工作,2003(5):13-19,33.

[4]北京图书馆业务研究委员会.北京图书馆馆史资料汇编(1909—1949)[M].北京:书目文献出版社,1992:870.

[5]中国版本图书馆.中国版本图书馆历史沿革[EB/OL].(2012-02-10)[2020-08-30].https://www.capub.cn/lsygdsj/index.shtml.

[6]李泡光.珍藏和管理全国出版物样本的专门机构:介绍中国版本图书馆[J].出版工作,1983(9):48-51.

[7]北京图书馆馆史资料汇编(二)编辑委员会.北京图书馆馆史资料汇编(二)(1949—1966)[M].北京:北京图书馆出版社,1997.

[8]申伟.文献著录标准化:介绍中文普通图书统一编目卡片的著录及其作用[J].北图通讯,1985(2):57-60.

[9]李致忠.中国国家图书馆馆史资料长编(1909—2008)[M].北京:国家图书馆出版社,2009.

[10]李致忠.百年传承的国图精神[J].国家图书馆学刊,2008(2):8-14,26.

[11]李际宁.北京图书馆藏碛砂藏研究[J].北京图书馆馆刊,1998(3):70-73,51.

[12]林甘泉,蔡震.郭沫若年谱长编(1892—1978年):第五卷[M].北京:中国社会科学出版社,2017:2237.

[13]肖振棠,丁瑜.中国古籍装订修补技术[M].北京:书目文献出版社,1980:70-75.

[14]骆伟.春华秋实:记《中国古籍善本书目》的编辑工作历程[J].图书馆论坛,2010(6):284-288.

[15]冀淑英.中国古籍善本书目后记[M]//《中国古籍善本书目》编辑委员会.中国古籍善本书目:丛部.上海:上海古籍出版社,1990:765-766.

## 版本与鉴赏

# 连四纸误为开化纸考论

On the Misidentification of Liansi Paper with Kaihua Paper

李致忠

**摘　要**：文章就开化纸、开花纸、桃花纸名目混为一谈的现象，围绕开化纸的名色、开化纸不产自开化县、连四纸广泛用于印书、误认连四纸为开化纸、连四纸误为开化纸的例证、清廷用开化纸印造《时宪书》等问题，利用档案史料及现存实物古籍，对连四纸、开化纸的应用进行了论述及考证。

**关键词**：开化纸；连四纸；《时宪书》

近几年来，关于清代开化纸印书的讨论陡然升温，浙江衢州开化县再造开化纸的报道更是连篇累牍，诸如"开化纸是清代最名贵的纸""技艺中断百年之后，御用开化纸行将归来""开化纸将重出江湖，可保存千年以上""开化一个农民工匠与开化纸的复兴之路""绝代风华的开化纸"等，充斥媒体。好像开化县真的成了开化纸的原产地，清代印书（特别是殿本书）用的绝好白色印纸真的就是开化纸了，其实还很值得讨论。

## 一、莫将开化纸、开花纸、桃花纸混为一谈

近年来有几篇讨论开化纸的文章，几乎都认为开化纸又称为开花纸、桃花纸，于是将公私目录著录的开花纸、桃花纸典籍，通算作开化纸的别名，一并统计在开化纸名下，并作为论据加以阐释。窃以为开花纸与开化纸两者音近易混，由

"开化"演变为"开花",或由"开花"演变为"开化",都有可能。但是否真的如此,尚须进一步考证。至若又称桃花纸,则不可轻易下这样的结论。桃花纸久有其名,绝非开化纸或又称桃花纸而才获此名。唐虞世南《北堂书钞》卷一百零四《艺文部》之"桃花纸"目下引东晋《桓玄伪事》云:"诏命准作青赤缥绿桃花纸,使极精,令速作之。"足见东晋时已有了"桃花纸"的名色。唐冯贽《云仙杂记》卷二有"桃花纸"一目,并称:"杨炎在中书,后阁糊窗用桃花纸,涂以冰油,取其明甚。"足见桃花纸早已有其名,何必又与开化纸相混同?如混同就须考辨。本文就是要硬砍实凿地谈开化纸,谈到什么程度就是什么程度。

## 二、开化纸的名色

明倪岳《青溪漫稿》卷二十四所收《保竹公小传》载:"(保竹公)尝分守浙东,东阳邑民杜春与道士某伪立逋券,诬良民,逼索之,反以告公。公摄至,因其辞色有异,疑之,乃各幽一室,俾不相通。首召春,问曰:'汝贷钱与若人,券书何纸所写?'春曰'开化纸'。命左右取纸示,曰'是也'。公收之,幽于原所。又召道士,问曰:'汝与杜春贷钱与若人,券书何纸所写?'道士曰'姚黄纸'。命左右取纸示之,曰'是也'。公亦收之,幽于原所。人莫测其故。少顷,复取二人面讯之曰:'汝二人贷钱与人,谅必相同,何所云券纸不一,非诈而何!'乃出纸示之,彼此相顾失色,扣首服罪。良民获直,人服其明。"这虽是一桩折狱故事,却以纸的名色断出了实情。

倪岳(1444—1501),字舜咨,今南京人。生活于明代正统至弘治间,尝任南京吏、兵二部尚书,明弘治中尝官礼部尚书。而他所写的保竹公,即卢文义,字廷佐,别号保竹,世居姑苏,后徙应天江宁(今南京)。天顺进士,历官湖广左布政使、福建参议等职。尝分守浙东东阳县,才演化出上述那段有趣的故事。其中道士所说的姚黄纸,乃竹纸的一种。明李日华《六砚斋二笔》云:"今独竹纸名天下。竹纸上品有三:曰姚黄,曰学士,曰邵公。"可知开化纸与姚黄纸外表可能相类,所以道士认错。此盖为目下所知开化纸名色的最早记载。

## 三、开化纸不产自开化县

开化纸因产地而得名的说法甚嚣尘上,一时真假难分。下面通过一些文献记载,借以还开化纸原产地的真相。

明王宗沐万历年间所修《江西省大志》卷八《楮书引》一节载:"广信府纸槽,前不可考,国朝自洪武年间创于玉山一县,至嘉靖以来始有永丰、铅山、上饶三县续告官司，亦各起立槽房。玉山槽，坐峡口等处；永丰槽，坐柘杨等处；铅山槽，坐石塘、石垄等处；上饶槽，坐黄坑、周村、高洲、铁山等处，皆水土宜槽。"可知江西广信府玉山县的造纸业，早在洪武年间即已发其端。到嘉靖时，玉山槽房已有五百余家，规模十分可观。嘉靖时，又有永丰、铅山、上饶三县槽户陆续加入造纸行列，更壮大了广信造纸业的队伍，扩大了造纸的规模。但永、铅、上三县槽户仅百余家，只占玉山槽户的五分之一。一个地区，能有六七百家槽房，以今天来看也不啻为当地主流产业。原因就是这里成了明代中后期朝廷用纸的主要产区。

广信槽房的造纸材料"为构皮、为竹丝、为帘、为百结皮。其构皮出自湖广，竹丝产于福建，帘产于徽州、浙江，自昔皆属吉安、徽州二府商贩装运，本府地方货卖。其百结皮，玉山土产"。因知广信四县槽房的造纸原料并不都产自当地，而是要向湖广、福建、徽州、浙江等地去采购，而后加工造成各色纸张，再卖给江西吉安和徽州的纸业商人，由他们负责运往京师贩卖，这显然已带有资本主义萌芽的性质。唯玉山百结皮是当地特产，乃苍天偏爱，特赐一方，所以玉山槽户多，产量大，供纸也最多。嘉靖之后，官办造纸局早已从南昌西山迁到了广信，又将运解费用全摊到槽户身上，加重了槽户负担，又回到了封建社会性质的管理。纸的生产方式也不能完全自由，而要由朝廷根据所需进行派造。据《江西省大志》卷八《楮书引》，内务府司礼监所需绫纱、纸札的抄造，计有"白榜纸、中夹纸、勘合纸、结实榜纸、小开化纸、呈文纸、结连三纸、绵连三纸、白连七纸、结连四纸、绵连四纸、毛边中夹纸、玉版纸、大白鹿纸、藤皮纸、大楮皮纸、大开化纸、大户油纸、大绵纸、小绵纸、广信青纸、青连七纸、铅山奏本纸、竹运七纸、小白鹿纸、小楮皮纸、小户油纸、方榜纸"等，每五年题造一次，每次所需名色不一，有时十余色，有时多至二十六色，数目多至百余万张，乃至九百万张。司礼监之所以需要如此之大的纸量，则用于御制书册、手卷、画轴并糊饰殿宇窗棂、板壁、楹子、仰尘等，十分广泛。明嘉靖四十五年（1566）一年就取用"白榜纸一十五万、白行移勘合纸一十五万、白中夹纸二十万、细白结实榜纸一十五万、细白结实连三纸一十五万、白绵连三纸一十五万、白连七奏本纸一十五万、细白结实连四纸一十五万、白绵连四纸一十万、大样白开化纸二万、小样白开化纸四万、白呈文纸一十万、白毛边中夹纸二十万、白鹿玉版纸二万、白户油纸一十五万、奏本纸二万、小白绵纸二十万、连七纸三十万、广信青纸二万、青连七奏本纸三万"，总为二百三十五万。隆庆六年（1572）又取用各样纸张九百万，其中白大开化纸就有三百万张，占总用纸量的三分之一。由此可知，朝廷所用开化纸数量是相当可观的。

清谢旻雍正时所修《江西通志》卷二十七亦载："司礼监行造纸名二十八色，

曰白榜纸、中夹纸、勘合纸、结实榜纸、小开化纸、呈文纸、结连三纸、绵连三纸、白连七纸、结连四纸、绵连四纸、毛边中夹纸、玉版纸、大白鹿纸、藤皮纸、大楮皮纸、大开化纸、大户油纸、大绵纸、小绵纸、广信青纸、青连七纸、铅山奏本纸、竹连七纸、小白鹿纸、小楮皮纸、小户油纸、方榜纸。以上定例五年题造一次。乙字库行造纸名一十一色，曰大白榜纸、大中夹纸、大开化纸、大玉版纸、大龙沥纸、铅山本纸、大青榜纸、红榜纸、黄榜纸、绿榜纸、皂榜纸。以上随缺取用，造解无期。"并详细介绍铅山县"石塘人善作表纸，捣竹丝为之"的过程。

上述材料充分说明，明代朝廷用纸的主产地在广信一府。广信唐时称信州，宋因之，元为信州路，明洪武初改为广信府，隶江西布政使司，领上饶、玉山、弋阳、贵溪、铅山、永丰、兴安七县。东临浙江衢州府常山县界一百二十五里，西至饶州府安仁县界二百里，南至福建建宁府常安县界一百六十里，北至饶州府乐平县界一百零六里。此地崇山峻岭，水资源极为充沛，植被极为丰茂，非常适合发展造纸业。

明陆容《菽园杂记》卷十三谓："衢之常山、开化等县人，以造纸为业。其造法采楮皮蒸过……"表明衢州之常山县、开化县一带的百姓亦多以造纸为业。但明朱朝藩崇祯时所修《开化县志·赋役志》谈到开化县所产"北京历日黄榜纸，二百伍张，每张价银二分。书籍纸四百九十九张，每张价银一分。白榜纸三千二百二十五张，每张价银一分一厘。共银四十四两五钱六分五厘"，未及开化纸折银多少，显然在该县折银完赋中没有"开化纸"一目。可是清嵇曾筠雍正年间所修《浙江通志》卷一百零六却称："纸，《常山县志》大小厚薄名色甚众，曰历日纸、赃罚纸、科举纸、册纸、三色纸、大纱窗、大白榜、大中夹，又曰十九色纸、白榜、白中夹、大开化、小开化、白绵连三、结实连三、白连七、白绵连四、结实连四、竹连七、竹奏本、白楮皮、小绵纸、毛边中夹、白呈文、青奏本，又间一用之曰玉版纸，帘大料细，尤难抄造。他若客商所用，各随贩卖处所宜，名色不可枚举。凡江南、河南等处赃罚及湖广、福建大派官纸，俱来本县买纳。"可证大小开化纸衢州府的常山县亦有产，而开化县不产。

清李瑞钟光绪年间所修《常山县志》卷二载，北宋乾德四年（966）吴越忠懿王时析常山西境置开化场。南宋咸淳三年（1267）改常山为信安县。元至元十三年（1276）平江南，改衢州为衢州路，改信安县为常山县。明太祖取衢州，改为龙游府，寻改为衢州府，西安、龙游、江山、常山、开化皆属焉。清代因之。开化县"地少山多，民富于山，而贫于田，用饶食寡"。其"西北至际岭，与休宁、婺源邻。七、八两都皆有矿洞，括民为寇，劫掠堪悲。金竹巡检华阜兵营最要害处也。白石寨中堪以避寇,斯又乐窝矣"。而这个白石寨,就在"县西六十二里二十五都,每遇盗贼,窃发男妇登此寨避之,贼不敢近"。因推测吴越国王之所以析常山县西境置开化场,盖缘此地有矿产资源。

清范玉衡乾隆年间所修《开化县志》卷十二录有藤纸诗五首之一,曰:"蔓衍空山与葛邻,相逢蔡仲发精神。金溪一夜捣成雪,玉版新添席上珍。"意谓:藤条与葛条蔓衍攀生为邻;若是遇到蔡伦这样的人(蔡仲,指造纸发明家东汉蔡伦,字敬仲),藤条就会奋发精神,待点石成金,以为有用之物;在激流舂捣之下成为雪白的纸浆;纸的名色中,又新添玉版之珍。由此可知,玉版纸乃为藤皮所抄造。

清杨廷望康熙年间所修《衢州府志》卷二十三《货类·砚纸》亦说衢州"有藤纸、棉纸、竹纸三种"。可知开化产藤纸出名。

上述所载诸端,反复证明开化纸盛产在明代,产地是江西广信府,最大的可能是产在玉山。衢州府常山县亦产开化纸,唯独未有文献记载开化县产开化纸。这是历史事实,无法回避,也不能回避,回避了我们就不是历史唯物主义了。

**四、连四纸广泛用于印书**

连四纸最早出现在何时,无以稽考,但用连四纸印书至晚到明代已很盛行。明葛寅亮《金陵梵刹志》卷四十九《般若波罗蜜多心经集注》所附《请经条例》载:"印经用连四纸,共约二万八千张(每一张足裁经四张,内有尾叶不全,多出纸用印佛头并背掩面壳底及衬贴经签)。每百张三钱五分,共银九十八两。"明刘若愚《酌中志》卷十八载:"佛经一藏,计六百七十八函,十八万八十二叶,共用白连纸四万五千二十三张,蓝绢二百五十三匹七尺四寸,黄绢二十六匹二丈四尺一寸,黄毛边纸五百七十张,蓝毛边纸四千九百一十二张,黄连四纸三百四十七张,白户油纸一万八千九十五张,黑墨二百八十六斤八两,白面一千二百二十五斤,白矾四十五斤。"又载:"道经一藏,计五百一十二函,十二万二千五百八十九叶,共用白连四纸三万八百九十七张,黄连四纸一百七十六张,蓝毛边纸三千十八张,黄毛边纸五百二张……"

明吕毖《明宫史》卷四所载与《酌中志》几同,但佛经一藏中说"共用白连四纸四万五千二十三张"。又加载"番经一藏,计一百四十七函,十五万七十四页,共用腰子白鹿纸一万三千六百四十三张"。表明明代内府刻印释家大藏、道家大藏,都用的是连四纸。永乐朝廷所刻藏文大藏,亦用连四纸付印。因知连四纸早在明代就用于印造卷帙浩繁的大藏经,承担起传承中华文明的历史重任。

连四纸也有很多名色,从造纸原料上分有所谓竹料连四纸、皮料连四纸。从纸的颜色上分有所谓香色蓝色连四纸、黄色连四纸、白色连四纸。白色连四纸，又可分为葱白连四纸、月白连四纸、无灰连四纸等。清迮朗《绘事琐言》卷二载："京师有一种灯花纸，绵韧细薄，可模画稿，惟在京纸坊能造，他省不能也。苏州桃花纸，较灯花纸更薄，易于漏墨，不可临画。惟绵连四纸，细洁而薄净，比灯花纸稍厚，有生有熟，可勾画稿……取连四纸用蜡研光，亦可临画。"可知连四纸的用途是比较广的，所以到了清朝印书，特别是内府印书，讲究者多认用这种"细洁而薄净"的连四纸。现将翁连溪编、广陵书社出版的《清内府刻书档案史料汇编》[1]中有关资料摘出，便可知清代内府刻书连四纸是采用的主轴。

**康熙四十五年八月二十一日**

臣赫世享谨奏：……查前刻印《清文资治通鉴纲目》《古文渊鉴》时，皆用连四纸各印百部，榜纸各印六百部。刷印完毕，有愿刷印者，准其刷印。（见翁书第7页）

**康熙四十八年六月初九日**

臣李国屏谨奏：……今年四月二十四日奉旨，著以竹纸印刷《佩文韵府》三十部，勿用邸报送，印完即写折由邸报奏来。钦此。钦遵。（见翁书第12页）

**康熙四十八年七月初六日**

臣李国屏谨奏：……现已修得竹纸《佩文韵府》二十套，为此谨并奏闻。（见翁书第12页）

**康熙五十一年二月十一日**

奴才和素、王道化谨奏：二月初一日奉旨，海子新衙门一部《性理大全》纸板甚佳，惟第一册是写的，与元本不合，尔等细对，将头一本补正装完，候朕进宫奏闻。既然补头一本，在薄制纸上再刷印一百部。钦此。钦遵。除第一本按元本纸用连四纸刷印外，若采买竹制纸，因纸窄，板上下不够，故此一百部亦拟用薄绵连纸刷印。（见翁书第16页）

**康熙五十一年七月十三日**

奴才和素、李国屏谨奏：本月十日查奏《四书》《书经》《易经解义》之汉文，十二日夜到。奉旨，此等书应以薄纸刷印之。议奏。钦此。钦遵。臣等将满文《四书》《书经》《易经解义》于竹制纸上，量之两边不够，故欲于清水连四纸上，每种各刷五十部。……汉文《四书》《书经》《易经解义》用太史连纸，每种欲各刷五十部。此种板既然翰林院有，即交付翰林院刷之。于经板库查得之满文《诗经》板上，拟用清水连四纸刷五十部。为此谨奏，请旨。（见翁书第30页）

**康熙五十一年八月初一日**

奴才和素、李国屏谨奏：已刷之《避暑山庄诗》上下二卷内，奉旨改正五字。改正后各钉三本具奏。查得《御选唐诗》具奏后，俟刻板刻完即用连四纸、竹制纸刷一千部。现《避暑山庄诗》用哪种纸，刷多少部，降旨后奴才等将板恭谨整治毕印刷之。为此一并谨奏，请旨。朱批：印刷二百部。（见翁书第32~33页）

**康熙五十一年十二月二十六日**

臣李煦跪奏：窃奉发《佩文韵府》，选工刊刻，其上平声之一东韵，已经刻完呈样，蒙我万岁御览矣。今上平声之各韵共十七本，下平声之各韵共十九本，业经刻完。谨将连四纸印刷上平下平各一部，将乐纸印刷上平下平各一部，装钉成套，恭进圣览。（见翁书第39页）

**康熙五十二年五月十九日**

奴才和素、李国屏谨奏：为请旨事……既然如此，御书房所存《五经大全》《四书大全》各一部，武英殿所存《文献通考》一部，畅春园所存《诗文类举》一部，亦如刷《性理大全》一书，照所缺板数，将书篇拆之带来补刻，除连四纸各印刷五十部外，《诗文类举》一书所缺辛集二百余篇，补写后印刷。（见翁书第40页）

**康熙五十二年闰五月十九日**

奴才和素、李国屏谨奏：本年四月二十三日，奴才等奏称将《古文渊鉴》于将乐纸上刷之，纸顶端容不下朱批等因，奉旨即于将乐纸上刷之。纸份既然不够，即舍去批语，易于携带。钦此。钦遵。改完刻板后，将乐纸刷两部，每部为两函十二卷，业经装完，谨奏。（见翁书第44页）

**康熙五十二年七月初二日**

奴才和素、李国屏谨奏：六月二十六日所奏《满文御制诗》刻样二篇，二十八到……将此亦照《汉文御制诗》连画用连四纸印刷二百部。陆续印就后，即上紧装钉具奏。为此谨奏，请旨。朱批：知道了。（见翁书第52页）

**康熙五十二年九月初十日**

臣李煦跪奏：窃臣煦与曹寅、孙文成奉旨在扬州刊刻御颁《佩文韵府》一书，今已工竣，谨将连四纸刷钉十部，将乐纸刷钉十部，共装二十箱，恭进呈样。再连四纸应刷钉若干部，将乐纸应刷钉若干部，理合奏请，伏乞批示遵行，解送进京。臣煦临奏可胜悚惕之至。朱批：此书刻得好的极处，南方不必钉本，只刷印一千部。其中将乐纸二百部即足矣。（见翁书第60页）

**康熙五十三年二月初二日**

奴才和素、李国屏谨奏：……再，奉旨：朕将《御选唐诗》赏人，尔等装完有套者，由报带五部。钦此。现除已装完连四纸、竹制纸《御选唐诗》各二部外，又连夜赶装竹制纸书一部，谨奏。（见翁书第65页）

**康熙五十三年五月二十一日**

奴才和素、李国屏谨奏：以蓝杭䌷套合装之连四纸《大学》一节、《四书》、《中庸》，所刻御纂《朱子全书》一套九本，谨奏。朱批：知道了。（见翁书第67~68页）

**康熙五十四年二月初七日**

奴才和素、李国屏谨奏：《通率表》刻完，用竹制纸刷印十份，用将乐纸刷印十份。再，奴才和素命抄写之小型《四书》一部，谨奏。（见翁书第76页）

**康熙五十四年七月初十日**

奴才李国屏谨奏：已印刷御纂《周易折中》乐文纸一部，棉纸一部，除各装一套十本谨奏外，一俟板成，即将棉纸印刷五十部，装套后陆续进览。现今又将棉纸印刷一百部，印完后，再尽量印刷。据翰林院陈世堪称，装御纂《周易折中》书时，我既已出力，则印刷主子乐文纸书八部及装套时，亦欲出力。故将陈世堪所送之金装套谨奏。朱批：书甚佳，心思已知。（见翁书第78页）

**康熙五十四年七月二十八日**

奴才李国屏谨奏：装完御纂《周易折中》乐文纸书一部，谨奏。朱批：停送。给皇阿哥每人装好之书各二部。（见翁书第78页）

**康熙五十五年十一月十八日**

奴才李煦奏：奴才敬刊《御制诗》三集，已经进呈样本，谨遵照发下南书房校对粘签，细细修改完毕……奴才又新做罗纹纸一万张恭进。朱批：知道了。诗刻得好，留下了。（见翁书第81页）

**康熙五十六年五月二十六日**

奴才李国屏谨奏：为请旨事。今年四月十四日，大太监苏牌胜交罗纹纸一万四千张，传旨此纸用于印书。钦此。钦遵。查得御纂《性理精义》第十卷第十七页内有讲地理一节……刷印此一套需罗纹纸六十张。再，宋版《四书》依模刻板亦将刻竣，刷印此一套需罗纹纸一百四十张。此二种书各刷印几套，请圣上定夺，待奉旨后遵行。现得之版，欲先刷印之。为此谨奏，请旨。朱批：两种各刷印十套。（见翁书第82页）

**康熙五十六年十一月初九日**

　　乾清门侍卫奴才喇锡等谨奏：为请旨事。康熙五十六年四月初四日，奴才口奏：头等侍卫山寿奉圣谕，据称尔家有蒙古《甘珠尔经》……刻竣之板三次刷印，遗误之字，予以复制，用台连纸一百二十篓……（见翁书第83页）

**康熙六十一年十一月日**

　　内阁大学士臣马齐等谨奏：为请旨事……奉旨：发下《大数表》一套、《小数表》一套，著照式刊刻完日，刷印连四纸各二十套，太史连纸各八十套。今装钉《大数表》连四纸、太史连纸各六套，《小数表》连四纸、太史连纸各六套，先呈御览。其余大小数表一百七十六套，并书板，明年正月方能全缴。谨此奏闻。十二月二十日奉旨：著交养心殿。（见翁书第85页）

**乾隆三十九年四月二十六日**

　　臣王际华、英廉、金简谨奏：为请旨事……现在《四库全书》处交到奏准应刻各书，应按次排版刷印。每部拟用连四纸刷印二十部，以备陈设。仍各用竹纸刷印颁发，定价通行。（见翁书第190~191页）

　　又《武英殿聚珍版程式》载，乾隆三十九年（1774）十二月二十六日，王际华、英廉、金简等谨奏："所有应用武英殿聚珍版排印各书，今年十月间曾排印《禹贡指南》《春秋繁露》《书录解题》《蛮书》，共四种，业经装潢样本呈览。今续行校得之《鹖冠子》一书，现已排印完竣，遵旨刷印连四纸书五部、竹纸书十五部，以备陈设。谨各装潢样本一部，恭呈御览外，又刷印得竹纸书三百部，以备通行。"

　　又《清宫内务府奏销档》载，乾隆四十年（1775）五月十五日，金简《奏为热河文津阁陈设〈古今图书集成〉》装潢事："查武英殿现存《古今图书集成》书五部，内竹纸书四部、连四纸书一部。此一部系鄂尔泰家交回之书，残缺八十余本，虽经奏明补写齐全，但书内原有虫蛀之处，难以陈设。现今装潢三阁陈设，应请统用竹纸书三部。"

　　上述所列档案中，明文记载《清文资治通鉴纲目》《古文渊鉴》《性理大全》，满文《四书》《书经》《易经解义》《诗经》《五经大全》《四书大全》《文献通考》《御制诗》《御选唐诗》《大数表》《小数表》，扬州书局刻印的《佩文韵府》，武英殿铜活字排印的《古今图书集成》《武英殿聚珍版丛书》等，都用连四纸刷印。其中满文《四书》《书经》《诗经》《易经解义》还明确记载用的是清水连四纸。因知清代内府刻书，凡涉及呈览、陈设、颁赐之用者，几乎都要采用连四纸，而没有一条采用开化纸的记录。因疑后人所说的开化纸，根本就不是什么开化纸，而是对连四纸的误判。

## 五、误认连四纸为开化纸

误认连四纸为开化纸的始作俑者,可能是曾国藩。曾氏《求阙斋日记类钞》卷下记载他在同治六年丁卯(1867)四月尝"至莫子偲处观渠近年所得书,收藏颇富。内有汲古阁开化纸初印《十七史》,天地甚长"。按汲古阁校刻《十七史》始于明崇祯元年(1628),葳工于崇祯十七年(1644),前后延亘十有七年。其间随校随刻,各史单行,未相连属。至清顺治五年至十三年(1648—1656),毛晋对因战乱而破损的版片又重加补辑,并于顺治十四年(1657)全书通印一次,始有整部《十七史》行世。莫友芝在上海购藏这部《十七史》在同治五年(1866)秋,曾国藩到莫家观书,在同治六年孟夏,看到的当是顺治十四年通印本《十七史》,莫氏《邵亭知见传本书目》史部说是"桃花纸印者,绝宽大",曾氏则正以"开化纸初印"。曾国藩乃晚清重臣,影响极大。他观书之处乃其幕僚莫友芝家,莫氏是晚清著名藏书家、版本目录学家。重臣看名人藏书,遂有"开化纸初印《十七史》"之谓。

光绪二十四年(1898)十月,胡祥鑅为粤商徐润六十寿辰写启,说:"先生不儒而贾,然酷嗜图籍……藏书富有,而以宝铭斋开化纸《图书集成》万卷、殿版初印《二十四史》全帙,尤为世珍。"[2]这里明确指认《古今图书集成》是开化纸印本。

当然,真正将曾国藩的说法奉为圭臬者,恐怕还是陶湘。陶氏在明毛氏《汲古阁刻书目录》中著录"十七史十七种一千六百四十卷",并小字注明:"起崇祯元年,迄十年雕竣。每史均有直行记雕版年月。钱谦益序。张能鳞序。开化纸初印。曾为独山莫氏珍藏。"[3]23 显然陶氏完全采纳了曾国藩的意见,认定当年曾国藩在莫友芝家看到的那部《十七史》是"开化纸初印"。其实依个人管见,汲古阁《十七史》根本不是什么开化纸,最大的可能是太史连纸。可是经曾氏这么一说,不仅陶湘找到了判定开化纸的标杆,也为其后人云亦云开辟了道路。

又有今人南郭书屋主人刘崇德跋汲古阁初印本《十七史》中的《周书》,谓:"毛刻初印本,多以白绵纸,余藏《十七史》《说文》等,皆如是。此本为三十年前得之于琉璃西厂,时主店者,乃刘树清丈,其与刘书和,皆古书界宿老。"[4]落款是"壬辰冬月志于南郭书屋"。刘崇德生于1942年,河北霸州人,据说是位著名的古词曲学家,又喜诗,生性好古。上世纪90年代,寓居天津东郊万新村,于是名其室曰"东郭书塾",并自号"东郭先生"。后又迁往津南,遂又名其室曰"南郭书屋",自号"南郭先生"。由于他收藏了一部汲古阁初印《十七史》中的《周书》,遂下结论"毛刻初印本,多以白绵纸"。其实,白绵纸乃是明代较好的皮纸,绵润厚重,纤维似绵,嘉靖、隆庆半个世纪中,官私刻书凡讲究者多用此纸。这种纸看多了,再看汲古阁刊本之《说文解字》和《十七史》,马上就能辨别出它们根本就不是什么白绵纸,而是太史连纸或连四纸。足见用肉眼来判别纸的名色,很多时候是靠不住的。

当然,真正影响深远,迄今仍在起作用的,当代有三位名人的意见和说法值得注意。第一位仍是陶湘。陶湘(1871—1940),字兰泉,号涉园,武进(今属江苏常州)人。陶氏生于旧式官宦家庭,早年虽亦想走科举仕途,但屡试乡举而失意。辛亥前做过鸿胪寺序班,后累擢至道员。光绪二十八年(1902)因同乡、督办铁路事务大臣盛宣怀和直隶总督袁世凯的保举,先后任京汉铁路养路处机械厂总办、上海三新纱厂总办等。陶氏二十岁即开始收书藏书,而收藏视角盯在明本、闵凌刻套印本、毛氏汲古阁刻本、武英殿聚珍版、清内府开化纸印本等方面。1929年与陈垣、张允亮、朱希祖、卢弼、余嘉锡、洪有丰、赵万里、刘国钧、朱师辙一道,被傅增湘聘为故宫博物院图书馆专门委员。其中唯陶湘是商界人士。傅增湘聘他,看重的大概就是他对殿本书有特殊的兴趣。他在《清代殿板书始末记》中尝言:"殿板书以开化纸印本为尤精美,予生平酷嗜之。吾友吴君眉孙尝戏予曰:'周鼎、商彝,世多赝造,若开化纸自乾隆以后不复制,而其技亦亡。后有巧工无能为役,藏书家宜永宝之。'此虽谐言,中有至理。"[3]68 故肆力搜求,从光绪十五年(1889)起,至民国十八年(1929)止,四十年之功,得殿版书一百数十种。他搜求殿本书关注点不在书的内容,而在书的印纸。只要他认为是开化纸者,便一律收之。傅增湘尝为陶氏所编《故宫殿本书库现存目》题词,谓:"《周易本义》《四书集注》《国朝诗别裁集》三书,其书咸端严雅丽,研妙辉光。纸幅选制,尤称精湛。开化纸洁如玉版,太史连色疑金粟。色香既古,装褙尤精。"[5]1082 又曾为陶氏《涉园鉴藏明版书目》写跋:"余与兰泉订交于三十年前,时方壮盛,即锐意以收书为事。其后南北驱驰,范围乃益廓。所收以明本、殿本、清初精刻为大宗,而尤喜官私初印开化纸之书。缘其纸洁如玉,墨凝如漆,怡心悦目,为有清一代所擅美。厂市贾人遂锡以'陶开化'之名。"[5]1097 这两位都是民国时期书林耆宿,他们的说法谁也不敢轻率质疑。

第三位是周叔弢。李国庆编著《弢翁藏书题跋·年谱(增订本)》载,1982年8月,周叔弢跋清康熙刻开化纸印本《温飞卿诗集笺注》,考述开化纸之名目及清代内府用开化纸印书事:"开花纸之名始于明代。明初江西曾设官局造上等纸供御用。其中有小开花(较薄)、白榜纸(较厚)等名目。陆容《菽园杂记》称衢之常山、开化人以造纸为业,开花纸或以产地而得名,他省沿用之。清初内府刻书多用开花纸模印,雍正、乾隆两朝尤精美。纸薄而坚,色莹白,细腻腴润,有抚不留手之感。民间精本亦时用之。嘉、道以后质渐差,流通渐稀,至于绝迹。此书是康熙时印本,纸之莹洁细润皆逊于雍正、乾隆两朝,非比较不能鉴别,辨其差异。偶有所会,聊记数语于此,他日当取清内府印本以证之。一九八二年八月,叔弢记。时年九十有二。"[6] 弢翁乃当代著名藏书家、版本学家、鉴赏家,又是知名爱国民主人士,一生所藏精品全部慨然捐赠国家图书馆、天津图书馆、天津博物馆,深受世人敬重与爱戴,所以他关于开化纸的上述介绍与描述,通常都被认为是板上钉钉,不可置疑。这三位都是前辈通人,版本学泰斗。陶湘首倡开化纸于前,傅增湘赞誉开化纸于后,周叔弢以九十二岁高龄推测"开化纸或以产地而得名"。遂使开化纸又名贯神州,所以眼下铺天盖地的媒体宣传,并认为产于浙江衢州的开化县,也不完全是空穴来风。

### 六、连四纸误为开化纸的例证

前边所列康、乾两朝内府刻书,绝大部分采用连四纸,其次是将乐纸和竹纸,小部分是罗纹纸,当中未见有用开化纸印书的记录,表明陶湘炒起来的开化纸,很可能就是对连四纸的误认与误判。现再举两个实例,进一步证明开化纸是人们对连四纸的误认和误判。

据档案记载,故宫博物院所藏各种名色纸张中,有"开化榜纸"一目,于是有人就又说北四阁《四库全书》用纸是开化榜纸。其实档案记载北四阁《四库全书》用的是金线榜纸,不是开化榜纸。乾隆四十七年(1782)八月二十,"臣永瑢等谨奏:为遵旨详议具奏事……现办《四库全书》,俱用金线榜纸,若添写三分,仍照前项纸色,恐致牵混。且恭绎谕旨,此书分贮各处,许多士编摩誊录,在于广布流传,与天府珍藏稍有不同,拟用坚白太史连纸刷印红格,分给缮写,以示区别。"[1]324 因知北四阁《四库全书》用的确实不是开化榜纸,而是金线榜纸。而"金线榜纸"有人说是"泾县榜纸"的谐音。清周广业《过夏杂录》卷四《四库书目》云:"《钦定四库全书》计三万六千卷,先写成四分,计共十四万四千册,分贮文渊、文源、文津、文溯等阁。续写三分,颁发江南、浙江两省,计共十万八千册。四分《全书》,俱用泾县榜纸;续办三分《全书》,用棉白榜纸,纸质稍薄,前后面页恐有磨损,仍用泾县榜纸为页。"证实北四阁《四库全书》的用纸,的确是泾县榜纸。金线榜纸盖是皇家的称谓,与开化榜纸毫无干系。

前已论及,《清宫内务府奏销档》载乾隆四十年(1775)五月十五日金简《奏为热河文津阁陈设〈古今图书集成〉》装潢事:"查武英殿现存《古今图书集成》书五部,内竹纸书四部、连四纸书一部。此一部系鄂尔泰家交回之书,残缺八十余本,虽经奏明补写齐全,但书内原有虫蛀之处,难以陈设。现今装潢三阁陈设,应请统用竹纸书三部。"清雍正铜活字排印之《古今图书集成》,当时用两种纸印造,一种是白纸,一种是黄纸。白纸者,向被说成是开化纸。金简受命为文源、文津、文溯三阁《四库全书》配置陈设《古今图书集成》时,武英殿只存有五部,其中四部都是黄色竹纸印造的,所谓洁白开化纸本只有一部,且是鄂尔泰家还回者,既有残缺补抄,又蛀痕难掩,不宜陈设,所以奏请三阁都用竹纸印造之书。金简奏称武英殿所存的五部中为"内竹纸书四部、连四纸书一部",可证白纸印造的《古今图书集成》用的是连四纸,也不是什么开化纸。此乃连四纸被后人误认为开化纸的例证。还有不少例子可举,限于文字,恕不赘举。

## 七、清廷用开化纸印造《时宪书》

无论是翁连溪编辑的《清内府刻书档案史料汇编》,还是中国第一历史档案馆与故宫博物院合编的《清宫内务府奏销档》,都找不到内府使用开化纸印书的记录。因此,前边所说那些所谓开化纸印造的各书,几乎都是对连四纸的误认误判和误解。但有清二百多年真的就没再使用过开化纸? 此问题萦绕在脑际已经很长时间了。近日,台北故宫博物院图书文献处曾纪刚同道所写《古籍"开化纸"印本新考》[7],总算给出了明确有力的阐释。我向他表示衷心的感谢和祝贺。

曾纪刚采用的资料,来源于中国第一历史档案馆珍藏的朱批奏折,其中有一件奏折谈到清廷钦天监每年遵例领用开化纸、呈文纸、台连纸印造满文、蒙古文、汉文《时宪书》之事。乾隆二十九年(1764)准备编印来年即乾隆三十年《时宪书》时,考虑到翌年闰二月,多出一个月,故在领取纸张物料上自然要多领一些。未料钦天监趁应多领一些之机,冒报虚领,遂遭户部奏报:"查得钦天监乾隆二十九年较二十八年多领开化纸四百七十八张半,呈文纸四万八千四百六十九张,台连纸一万八千一百四十四张,黄榜纸……以上九项,缘二十九年系办有闰月《时宪书》,故多领开化、呈文、台连三项纸张。"因知开化纸、呈文纸、台连纸在清代是专供钦天监印造历书的用纸,不是内府和武英殿印书的普通用纸。

"此二十九年比二十八年纸张等九项多领缘由,并详查细数,开列于后:计开开化纸满《时宪书》七十五本、蒙古《时宪书》七十五本、满《七政时宪书》七十五本。每本闰月添六页,共添一千三百五十页。每四页合整纸一张,共合整纸三百三十七张半。汉《七政时宪书》七十五本、汉《时宪书》一百二十本,每本闰月添三页,共添五百八十五页,每六页合整纸一张,共合整纸九十七张半。以上添开化整纸四百三十五张,加破四十三张半,通共添整纸四百七十八张半。"据此不难看出，钦天监托来年闰二月之名，光开化纸一项，就冒领了"四十三张半"。

"钦天监每年印造开化纸大板书四百二拾本，内清字《七政书》七十五本、汉字《七政书》七十五本，清字《时宪书》七十五本、汉字《时宪书》七十五本、蒙古字《时宪书》七十五本。向来以清、汉字《七政书》各一本，清、汉、蒙古字《时宪书》各一本，共五本为一分，进呈皇太后一分，进呈皇上一分，大内位分十二分，共十四分；颁发诸王、贝勒、贝子、公四十二分，公主二分……每年印造呈文纸官板清字《七政书》二十八本，向来颁发各衙门一十九本……每年印造呈文纸官板汉字《七政书》六百本，向来分给各衙门三百七十本……每年印造呈文纸官板清字《时宪书》一万一千六百二十本，向来分颁满洲八旗文武大臣官员每员一本……每年印造台连纸小板汉字《时宪书》三万五千零四本内，向来分颁奉天、顺天等十一府……"由此可以清晰地看出，开化纸印造之大板满、汉文《七政书》及满、汉、蒙古文《时宪书》，印量最小，进呈、赏赐的地位最高。其次是呈文纸印造的《七政书》《时宪书》，印量较开化纸已大增。印量最多的是台连纸，颁赐之人的地位也渐次走低。表明开化纸纸质应该是最好。但清廷钦天监印造历书使用的这种开化纸，是由什么材料制造而成的，产生在什么地方，生产工艺如何，都还有待进一步研究。现存明、清两代古历中，以清代历书为最多。其中现存清代《时宪历》《时宪书》《七政经纬躔度时宪书》最权威的单位，当数北京故宫博物院图书馆。如能在该馆查出开化纸大板《时宪书》或《七政书》，并取样化验它的纤维构成，上述问题就会迎刃而解。开化纸被误认多年的疑团也会风吹云散，其真实面目一定会大白于天下。

（李致忠，国家图书馆研究馆员）

**参考文献：**
[1]翁连溪.清内府刻书档案史料汇编[M].扬州：广陵书社，2007.
[2]胡祥鏶.诰授荣禄大夫徐公雨之先生六十徵诗文启[M]//北京图书馆.北京图书馆藏珍本年谱丛刊：第175册.北京：北京图书馆出版社，1998：194.
[3]陶湘.书目丛刊[M].窦水勇，校点.沈阳：辽宁教育出版社，2000.
[4]张旭.明毛晋汲古阁刻《十七史》之《周书》[EB/OL].(2018-01-02)[2021-01-06].https://www.sohu.com/a/214222063_562249.
[5]傅增湘.藏园群书题记[M].上海：上海古籍出版社，1989：1097.
[6]李国庆.弢翁藏书题跋：年谱（增订本）[M].周景良，校定.北京：紫禁城出版社，2007：323，328.
[7]曾纪刚.古籍"开化纸"印本新考[J].文献，2020(2)：4-44.

# 覆写抑或仿写？
## ——以毛氏汲古阁影抄本为例*

Tracing or Imitation? A Case Study of the Facsimile Copies in Mao's Ancient Book Library (Jiguge)

丁延峰 丁 一

**摘 要**：与一般抄本相比，影抄本尤其是影宋、影元抄本更为珍贵，价值更高。从文字含义上理解，"影"字既有照相式的依样覆写之义，亦有临摹之义。现在保存下来的古代影抄本皆属后者，即仿写或临对。通过对毛氏影抄本的仔细查验与比较，发现毛氏所用白纸根本无法透写，且笔画差别大、异文不少。因此可以判断古人所谓影抄并非指蒙在底本上的覆写，或许古人有过类似操作，但如以宋元佳刻之珍本为底本，恐怕难以实现。出现笔画酷肖的影抄本，有可能是毛氏有意安排与原本笔法酷似的抄手摹写而成。现在保存下来的如赵均、钱曾、黄丕烈等名家影抄本皆与毛氏情况相同。

**关键词**：覆写；仿写；汲古阁

抄写是古代文献保存与传播的基本途径之一，即便在雕版技术发达的两宋时期，抄写也是无法取代的。明清时期，无论是在官方抑或民间，所流传的抄本数量并不比刻本少，只是在流传过程中更易为人忽略，因此至今保存下来的抄本不如刻本多。就抄写方式而言，随着抄录使用的物质材料的不断提升，人们对抄写技术的不断探索，经过千百年的演进，一种更为先进的抄写方式——影抄出现了。至明代，这种方式更加成熟，从而保存了大量"原汁原味"的古籍善本。但是

---

\* 本文为国家社科基金重大项目"存世宋刻本叙录"（项目批准号 20&ZD334）之部分成果。

今人对古人的影抄方式究竟是覆写抑或仿写,并不是很清楚。有鉴于此,本文以古代影抄书最为典型的汲古阁毛氏影抄本为例探讨说明之,或有不妥之处,敬请方家雅正。

## 一、缘起、概念及抄录方式

古代抄本可以分为一般抄本与影抄本两种。比较而言,无疑影宋、影元抄本更为珍贵,价值更高。在诸家书目及题跋中,对汲古阁毛氏影抄本评价是最高的。《天禄琳琅书目》云:"明之琴川毛晋,藏书富有,所贮宋本最多。其有世所罕见而藏诸他氏不能购得者,则选善手以佳纸墨影钞之,与刊本无异,名曰'影宋钞'。于是一时好事家皆争仿效,以资鉴赏,而宋椠之无存者,赖以传之不朽。"[1] 孙从添《藏书记要》称:"书之所以贵钞录者,以其便于诵读也,历代好学之士皆用此法。所以有刻本,又有钞本、有底本。底本便于改正,钞本定其字划。于是钞录之书,比之刊刻者更贵且重焉。况书籍中之秘本,为当世所罕见者,非钞录则不可得,又安可以忽之哉?……惟汲古阁印宋精抄,古今绝作。字画纸张、乌丝图章,追摹宋刻,为近世无有能继其作者,所钞甚少。"[2] 段玉裁校《集韵》云:"毛子晋影钞宋本,每叶版心之底,皆有某人重开、某人重刊、某人重刀,某人者,刻工姓名也。每误处,用白涂之,乃更墨书之。"[3] 而对个案的称赞亦不胜枚举,如缪荃孙曾得"毛钞影宋本"《松陵集》十卷,云"近时重毛钞过于麻沙旧刻,荃孙止存此种,真工绝也"[4]。可见毛氏影抄本举世公认。学者对毛氏影抄本的评价是综合性的,既有书写上的逼真性,亦有用纸、用墨的精良。然学者赞誉毛氏影抄本时,并未具体指出毛氏是如何影抄的,孙从添的"皆用此法"亦未详细交代。考察发现,人们对毛氏影抄宋元刻本的具体方式并非完全了解。那么毛氏究竟用何种方式影抄、其操作过程如何?在解决这一问题之前,需要首先弄清"影抄"一词的具体含义,方可进一步讨论该问题。

2014 年发布的国家标准《汉文古籍特藏藏品定级 第 1 部分:古籍》对影抄本的定义是:"依据某一底本覆纸影摹其图文及版式而成的古籍传本,又称影写本。"[5] "覆"即覆盖之义。一般而言,"影抄"是指将薄纸覆于原本上,照着原样描摹勾画,其字体笔画、标点、行款、版框尺寸甚至边栏等格式与原本完全一样,无毫厘之差。如将白纸覆盖于宋、元、明刻本上,依样描画,所得则称为影宋抄本或影元抄本或影明抄本。这样的本子不仅文字上丝毫无差,且格式形式亦无两样,因此在保留底本原貌上,具有独特优势。通过影抄本即可一览原本之面貌,故为后人所追捧效法,誉称"下真本一等"。关于"影"字,本作"景",从日,京声。

《说文解字》:"景,光也。"段玉裁《说文解字注》云:"日月皆外光。而光所在处,物皆有阴。光如镜,故谓之景。""后人名阳曰光,名光中之阴曰影。"故"景"有两层意思:一是日光,二是指物体的形影、阴影,如《周礼·地官·大司徒》"以土圭之法测土深,正日景以求地中"。第二个字义可引申为依样描绘、描摹。从这个意义上讲,则已与前揭影抄者将纸蒙在底本上描画不同。此摹写者则指将底本与仿写纸分开,不接触原本,一边看记原本文字及格式,另一边靠记忆重新在另一纸上仿写临录下来,而不是蒙纸覆写。当然这种仿写在格式上亦与底本相同,但在字形等仿真度上与覆写本相比,已大打折扣。因此,从字义及习惯用法上,影抄者实有两个含义,为区别两种之不同,称前者为覆写,后者我们姑称之为仿写或临对(亦有称对临者)。显然,仿写本远不如覆写本逼真。覆写之要求甚高,必须满足一个必备条件,即抄纸必须很薄,透过抄纸能够清晰地看到原本上的字,否则因纸厚看不清原本之字,则无法影抄描摹。当然,透写对原本的损害也是很大的,因纸薄,墨迹很难不洇湿原本,再加覆写时反复揉搓,原本肯定会"惨遭蹂躏"。如果同一原本覆写多部,原本肯定会面目全非。宋元刻本如此稀缺,谁会舍得如此摧残?而仿写则无须考虑纸张厚薄。可想而知,这样的覆写本如果有,亦是极为稀少罕见。从现存大量所谓影抄本中,几乎全为仿写本,覆写本很难见到。但既然早在明末已有"影抄"这一概念,覆写本肯定已经有了,只是由于特殊的薄纸覆写难度大,保存下来更难一些,因此今存者少之又少。据说有一种透明的油纸,可以覆写,但今亦未见,有待继续考察。

## 二、实例考察

毛氏曾收藏多部影宋抄本,仅《汲古阁珍藏秘本书目》就著录二十五部"宋板影抄"或"影宋板旧抄",两部"元人抄本影写"。如著录"《广陵先生集》三本,影宋版旧抄,吴方山藏,前有王履吉印"。此本由明嘉靖间吴岫、王宠旧藏。又著录"王黄州《小畜集》三十卷八本,影宋板抄,十八卷副页有钱宗伯朱笔字,二十三卷后有赵清常题识"。此本由万历间赵用贤旧藏。毛氏一定是从所藏前贤影宋抄本中受到启发,影抄了大量宋元本,而今见诸各家所藏及著录为毛氏影抄本者一百余部。目验这些存世毛氏影抄本,发现并非覆写,实皆为仿写本。其理由如下:第一,纸张几乎皆为白纸,较厚,并不透明,根本看不到底本之字,有的稍薄一点,字迹亦非常模糊,无法满足透写覆写要求。天一阁藏有一部汲古阁影宋抄本《集韵》,被阮元称为"稀世之珍",据该馆古籍部李开升老师目验,似为较厚的开化纸,根本无法透写。笔者曾赴日本静嘉堂文库,查看所藏毛氏影抄本二十余种,皆为白绵纸,质地良好,但无法透写。第二,字体不同,经与现存原本对勘,字迹有异,或整体风格不同,或字画稍变。第三,毛氏影抄本中多有异体字,有的甚而有一些形近的误字,有的则以朱笔或白粉涂改,然后再在涂处、行间或天头改回原字,或以朱墨笔径在原字上涂改。如是覆在原本上影抄的话,一般笔画稍异的可能性是有的,出现字形差异很大或抄错的概率极低,但目验一些毛氏影抄本并非这样,有的一页好几个这样的涂字。第四,宋刻本原装皆为蝴蝶装或包背装,尽管至明清时大都改为线装,然今存宋刻本中仍有不少是蝴蝶装的,如《唐女郎鱼玄机诗》《唐求诗集》等,而且毛氏所藏宋本中亦有蝴蝶装的,如南宋末刻元初印本《新刊指南录》四卷《附录》一卷(文天祥撰),二册皆为蝴蝶装,文徵明、毛晋、汪文琛、汪士钟、唐翰题、陆心源旧藏,今存静嘉堂文库。但现存的毛氏影宋抄本皆为线装,从装池上看显然已非原装。第五,其他差异与不同,如刻工、版心题署、版框尺寸等等。最后,将纸覆盖在原本上一笔一画描摹底本笔画,对底本肯定损害不少,玷污亦不可避免,书主人及影摹者不会不知。基于此,一般不会采用这种直接接触原本之法的。因此《汉文古籍特藏藏品定级 第1部分:古籍》定义是否准确理解"影抄"二字的真实含义颇可商榷。进一步而言,如果采用覆写法影刻刷印,也同样难以做到。既然没有覆写清样,又如何将其覆盖在木版上雕刻?意者古代所谓影刻本采用的毛样同样是仿写的。徐蜀《谈谈古籍中影刻本与影抄本的制作方法》一文对此亦有所探讨[6]。当然,近代以来因为珂罗版及摄影技术已经成熟,影写影刻都已不成问题,但在古代是难以完成的。

为详解上述之由,以上海图书馆藏汲古阁旧藏宋刻本《杜工部诗》二十卷与静嘉堂文库所藏毛氏影宋本对勘,可证并非覆写,而是仿抄,或曰临对。上图藏本卷一首五页,卷十七、十八、二十及补遗首六页为南宋绍兴刻本,卷十至十二配宋绍兴间建康郡斋刻本,卷一第六页至卷九、卷十三至十六配清毛扆倩王为玉抄本,卷一开首王原叔《杜工部集记》两页,卷十二第廿一后半页,卷十九第一、二页及《补遗》第七、八页由张元济补录。静嘉堂藏影抄本乃毛晋倩苍头刘臣影写两宋残本及毛扆倩工补写而成,今以上图藏宋椠卷十与静嘉堂藏本之刘臣影抄本卷十校之,区别明显:第一,影抄本白纸较厚,无法透写。个别页次受潮泛黄,纸色异化。第二,字形笔画不同。经审定笔迹,影抄本笔画较软润绵厚,而刻本笔画较板直,露出刀笔雕刻痕迹,笔画粗细不如影抄本明显,感觉影抄本之神韵隐含于字里行间,而刻本气息贫弱。如果具体到个别字上,细细比对笔画的粗细、长短等,差异明显。第三,异体字颇多,且间有误抄。如宋椠卷十首页正面第六行"留别贾严二阁老两院补阙一首"之"阙",影抄本作"闃";本页第八行"收京三首"之"收"，影抄本作"妆"；第九行"哭长孙侍御一首"之"御"，影抄本作"御"。第四页正面第八行"辛苦贼中来"之"辛"，影抄本作"幸"，"幸"字误。第五页背面首行"共被微官缚，低头愧野人"之"缚""愧"，影抄本分别作"縛""愧"，"縛"字误；本页末行"赏应歌杕杜"之"杕"，影抄本作"杕"。第七页正面第三行"通籍微班忝"之"忝"，影抄本作"忝"；本页背面第五行"慎尔参筹畫"之"畫"，影抄本作"盡"，误。第九页正面第八行"黄鸟时兼白鸟飞"之"兼"，影抄本作"兼"。第十一页正面第六行"春旗簇仗齐"之"仗"及第九行"曲江陪郑八丈南史饮食"之"丈"，影抄本分别作"伏""丈"；本页背面第九行"邂逅无端出饯迟"之"邂"，影抄本作"避"。第十八页背面第五行"但添新战骨"之"但"，影抄本作"俱"。第二十五页正面第八行"俱议哭秦庭"之"俱"，影抄本作"俱"，误。其中不少字带有书写者自己的书写习惯，如"妆""闕""丈""伏""俱"等字多次使用。他字如"微"作"微"、"遅"作"遅"、"再"作"再"、"搏"作"搏"、"肩"作"肩"、"甚"作"甚"、"簪"作"簪"等等，而讹字皆因形近而误写①。如宋椠第二十八页正面第八行"谢氏寻山屐，陶公漉酒申"，"申"字误，旁改为"巾"，而影抄本径作"巾"，不作"申"，则更说明并非覆写。第四，宋椠版心下间有刻工，影抄本全无。卷十至十二之刻工：杨茂、言清、言义、王佑、熊俊、郑珣、黄渊、杨诜、翟庠等，卷十七、十八、二十之刻工：宋、宋道、洪茂、张逢、史彦、张由、余青、吴圭、茂、先、英、张谨、洪先、牛实、刘乙、徐彦、彦、施章、田中、骆、张清、寔、吕坚、蔡、王伸、方诚、朱赟、王、骆升、升、葛从、从等，影抄本皆无。可见当时抄写本并未计划抄写这些刻工。自以上诸多不同看出，所谓影抄者绝非覆写，只能是仿写。此六卷刘臣抄本不见校记，而其余王为玉抄本则用朱笔校改，因从另一抄本过录，异文校多。王抄字体亦仿宋，与刘臣抄录有异曲同工之妙。刘臣抄录者，除有个别因形近而误者或有不影响字义的异体字外，别无他误。而王为玉抄本除有以上刘臣本问题外，则另有多误，包括误字、倒文、脱文、衍文等，故校记颇多。因其底本未见，尚不知其差异几何。但校以其他宋本，可知经过校改过的王抄尚佳。两人抄写字体风格亦有不同，王抄字大满格，笔画拙朴，刘抄字小，行间疏朗，俊雅秀美。毛扆在跋宋刻本《杜工部诗》云"命苍头刘臣影写之""有甥王为玉者，教导其影宋甚精，觅旧纸从钞本影写而足成之"，无论是刘写还是王写，皆称"影写"，可见毛扆对这种临写而非覆

---

① 又，第十六页正面第五行"秋听殿地发"之"殿"、第七行"吾道竟何之"之"竟"字，影抄本皆缺末笔。细验宋椠，两字所缺末笔乃后人添补为全字。如阅电子版或影印本，因所补亦为墨笔，与原版字迹不易分辨，故须阅原本方能识出所补末笔。宋椠中有多处宋讳缺笔者，大多已补全，而影抄本多缺，要注意这些。

写的影写方式是心知肚明的。《仪顾堂题跋》卷十著录静嘉堂藏本为"影宋抄王洙本杜诗",《静嘉堂秘籍志》卷十著录同,两家皆笼统称之为影抄。此本卷首贴有两张纸签,一题"影宋钞本《杜工部集》残本,七册",钤有"醉经轩藏",另一题"王洙本《杜工部集》残本,影宋抄,七本",其中"影宋"二字被朱笔涂抹,可知后者对"影抄"又予否定。王抄同刘抄一样,虽称影抄,然均非覆写,实皆为仿写。这是经过实证考察得出的结论,毋庸置疑。

以上仅是详举一例说明,而其他诸本亦属此情况,如国图藏清初影抄明嘉靖六年(1527)孙沐万玉堂刻本《干禄字书》一卷,孙本卷末有绍兴壬戌勾泳序及版心下有"万玉堂雕"四字,此本均未抄,《楹书隅录》卷一误作影宋精抄本。与《干禄字书》合装一册的《佩觿》三卷,底本亦为明嘉靖六年(1527)孙沐万玉堂刻本,版心下"万玉堂雕"及卷末徐充《题新刻佩觿后》,毛氏影抄本亦未抄。静嘉堂藏汲古阁毛氏影北宋天圣明道刻本《国语》二十一卷,卷中朱笔校改不少,更多的则为脱文,所据校者为底本。国图藏明末影抄宋绍兴九年(1139)临安府刻本《汉官仪》三卷(宋刘攽撰),对勘两本,影抄极精,未见异文,但白纸较厚,仍然无法透写,且笔画稍异。如从学术价值上考虑,有些所谓影抄本存在的一个最大问题是抄录不谨,多误字,如国图藏一部《春秋繁露》八卷残本,其底本为宋嘉祐四年(1059)江右计台本,与底本相校,讹字颇多。静嘉堂藏一部《北户录》,据目录后牌记、行款、字体可知,毛氏影抄自南宋临安府尹家书籍铺本,而底本今已不存。今查存世三部尹家书籍刻本《续幽怪录》《历代名医蒙求》《搜神秘览》版心上象鼻皆题字数,下象鼻间题刻工,而《北户录》皆无。毛氏影抄所用底本有不少今已不存,无法一一对质,但通过目验对校当下仍存于世的底本,综合来看,这些所谓的影抄本大都不符合覆写本的标准,客观地讲皆属于仿写本。毛抄是这样,其他亦如是,笔者目验其他所谓"影抄"者也名不副实,如国图藏一部郑振铎旧藏《新刻原本王状元荆钗记》二卷(善本书号:16236),《国家图书馆西谛藏书善本图录》著录为"民国影抄本(据明姑苏叶氏刻本影抄)",半页九行十八字,小字双行同,无栏格。虽然字体模仿原本,但仍与原本有异,而且删去栏格,手绘墨色藏印,如"士礼居""阆源真赏""蓉镜""非昔珍秘""善本"等,笔画及外栏皆圆润,均与原印相差甚远,亦失神韵。类此者甚多。而有的抄写尽管字画上有些微差异,但整体上确实与原版字体风格酷肖,如《永嘉四灵诗》,卷首标以"影宋抄本",实抄自南宋陈氏书棚本,行款为十行十八字,与现存书棚本《唐女郎鱼玄机诗》等完全一样。其字体与书棚本的细楷欧体酷肖,但检验抄纸,仍不能透写,这种情况如何解释?意者毛氏在选择写工时,一定会从众多写工中挑选以欧体字见长、接近书棚本字体风格的抄手来特意完成这一特定任务,因此才会有上述抄字与原字酷似的情况。这对于毛氏来说,操作起来并不困难,因此毛抄中有不少这种酷似原本字体的几可乱真的所谓影抄本。但这种情况当可进一步铆紧仿写而非覆写的证据链。

就字体而言,对于明末清初的写工特别是如毛氏汲古阁这样大量储备的写工来说,临写宋刻本的字体一般没有问题。"入门僮仆尽抄书",汲古阁的写工应该具备一般书法技能,尤其是熟练书写颜、欧、柳等不同风格的字体。一个抄手,一旦形成自己的风格,一般是很难改变的,但个人风格的形成对临写宋刻本不同的字体来说,恐怕不是一件好事,其发生变异、出现与原本风格不一致的可能性因此会大大增加。所谓稳定性,是指欧体、颜体、柳体甚至赵体而言,总体上遵循这几种相对固定的书法风格。但每种风格下肯定会有个人不同,完全有可能出现各自不同的些微变化,这就是毛抄中抄写风格的总体特征:既稳定又灵活变通的点面结合的书法风格。他们在临对抄写时,所记忆者都为文字内容,而非每个文字的形体特征及笔画变化,只需按自己的书写风格顺其自然地抄写就是了,其抄写的是内容,而非字体。如果遴选的写手风格与原本一致或近似,则可能差异更小一些,而如与原本差异较大,则肯定差异亦较大。故此,才导致影抄本与原本在字形上的差异,甚而出现异体字或因形近而产生的误字。一方面遴选字体风格相似的写工临写原字,另一方面,肯定亦有不少与原书字体风格不一致甚至迥异的写工,不论哪种都面临一个问题,即只要是人写,就无法做到百分之百的真实,因此从这个意义上来说,临写与原本永远是一对矛盾,怎能比诸当今照相或扫描技术的逼真?

## 三、余论

版本学家及诸家目录著录为影抄本,并非讹误,只是要明白其并非为蒙在原本上的覆写,而是仿写即可,实即影抄本中的一种而已。这种仿写方式,其实早在三百多年前的毛扆已经知晓。意者明清诸家甚而书估所言之"影抄"者,多有炫耀甚至哗众取宠之意,为抬高售价故名。这从毛扆为鬻售家藏古籍而编制的《汲古阁珍藏秘本书目》所著录影宋元抄本之售价即可知道,其价格仅次于宋元刻本。晚年的毛扆生活拮据,已经大不如从前,多卖些钱也是人之常情。

遗憾的是,今人似乎对此熟视无睹,不作深究,常将其混做一种概念。然从版本学角度,应该疏证清楚,去伪存真。2019 年 10 月 19 日,江苏常熟召开"纪念毛晋诞辰 420 周年暨 2019 年图书馆史志编纂学术研讨会"。会议期间,笔者发言时提及毛氏藏有很多影宋元抄本，沈津先生遂提出"影抄"问题，言及所目验过的很多影抄本并非蒙在底本上覆写，而是临对或仿写，因此使用"临对本"或"仿写本"命名当更准确。笔者亦曾目验过多部毛氏影抄本，对此亦困惑不解，经请教沈先生后，豁然开朗，这类"影抄本"当以著录为"仿写本"更符合实际情况。据调研，当有一种覆写使用的油纸，很薄，有一定的透明性，但笔者尚未发现这种真正意义上的影抄本。毛氏抄本几乎全是白纸，目前没有发现用油纸或更薄的白纸抄写。

还有一种情况亦需注意，即所谓影抄既非覆写，又非仿写，而是一般意义上的抄写，其行款、字形、格式等皆已与底本不同，但因用纸颇佳，抄写精致，字体仿宋元，常常被误作影抄宋元本。如哈佛大学燕京图书馆藏一部宋吴仁杰撰《离骚草木疏》四卷（馆藏号：T5242/2321），《美国哈佛大学哈佛燕京图书馆藏中文善本书志》（以下简称《哈佛书志》）著录为清初毛氏汲古阁抄本，卷端次署"通直郎行国子录河南吴仁杰撰"，卷末有庆元三年（1197）吴仁杰跋、庆元六年（1200）方灿识语，又有衔名三行。半页十二行二十四字。钤印"汲古阁""毛氏图史子孙永保之""美人芳草""黔山黄氏竹瑞堂藏书""正鍪秘籍""雨山草堂""蒋祖诒""穀孙""密均楼""均之心赏""不可思议""曾亮""葛君""长尾甲"等。国图今存一部宋庆元六年（1200）罗田县庠刻本，卷末亦有吴仁杰、方灿跋，行款为十行二十一字。台北"国家图书馆"曾藏一部明抄本，原为汲古阁毛氏旧藏，行款与宋本同，其出于宋本无疑。哈佛藏本究竟出于明抄本抑或宋本，尚不清楚，《哈佛书志》云："此毛氏汲古阁所抄，底本为宋庆元六年罗田县庠刻本"，从抄录内容来看，当是。傅增湘曾于1935年3月目验过哈佛藏本，《藏园群书经眼录》卷十二著录，题曰"影写本"。《藏园订补郘亭知见传本书目》卷十二著录为"影写宋刊本"。然《哈佛书志》曰："傅氏此说或不确，此本并非影宋，宋本每半页十行二十一字，版式高阔，版心上记字数，下记刻工姓名，吴仁杰自序为手书上版。而此版心字数、刻工皆无，行款为十二行二十四字，吴氏自序则为楷书，俱不同也。然抄本书以毛抄最著，此本字体工整秀丽，缮写精绝，纸墨俱佳，堪称'下宋本一等'，当为毛抄精抄入藏者。据王文进以各家书目综合统计，见诸《明毛氏写本书目》之毛抄，约二百四十余部，但此书不见其中。如今传世之毛抄不逾百种，仅中国国家图书馆、上海图书馆、北京大学图书馆、苏州市图书馆及台北'国家图书馆''故宫博物院'有藏。哈佛燕京图书馆藏抄本逾千部，清初抄本以此本冠其首。"[7]比较毛氏抄本与宋本，其字体、行款、版框尺寸、版心设计等皆不同，显然并非影抄。类似这种情况亦不少，仅凭经验而不亲自核对两本，则极易误断。

与一般抄本相比，影抄本尤其是影宋、影元抄本更为珍贵，价值更高。从文字含义上理解，"影"字既有照相式的依样覆写之义，亦有临摹之义。现在保存下来的古代影抄本皆属后者，即仿写或临对。通过对毛氏影抄本的仔细查验与比较，发现毛氏所用白纸根本无法透写，且笔画差别大、异文不少。因此可以判断古人所谓影抄并非指蒙在底本上的覆写，或许古人有过类似操作，但如以宋元佳刻之珍本为底本，则恐怕难以实现。出现笔画酷肖的影抄本，有可能是毛氏有意安排与原本笔法酷似的抄手摹写而成。现在保存下来的如赵均、钱曾、黄丕烈等名家影抄本皆与毛氏情况相同。同时毛氏抄本乃至其他名家中有不少既非覆写亦非仿写的一般抄本，亦有不少误作影抄本的，需要细致核对底本方是。

（丁延峰，曲阜师范大学文学院教授；丁一，深圳图书馆助理馆员）

**参考文献：**
[1] 于敏中,等.天禄琳琅书目[M].徐德明,标点.上海：上海古籍出版社,2007:97.
[2] 孙从添.藏书记要[M].上海：古典文学出版社,1957:38-39.
[3] 陆心源.皕宋楼藏书志[M].续修四库全书：第928册.上海：上海古籍出版社,2002:181.
[4] 缪荃孙.艺风藏书记[M].黄明,杨同甫,标点.上海：上海古籍出版社,2007:381.
[5] 中华人民共和国文化部.汉文古籍特藏藏品定级：第1部分 古籍：GB/T 31076.1—2014[S].北京：中国标准出版社,2015.
[6] 徐蜀.谈谈古籍中影刻本与影抄本的制作方法[N].新华书目报,2019-05-24(16).
[7] 沈津.美国哈佛大学哈佛燕京图书馆藏中文善本书志[M].南宁：广西师范大学出版社,2011:1359-1360.

## 书评与书话

# 专业·专精·专深
## ——《江苏艺文志(增订本)》评介

Expertise, Precision and Thoroughness: A Review of the Revised and Enlarged Version of *The Catalogue of a Biographical History of Jiangsu*

姚伯岳　凌一鸣

**摘　要**：《江苏艺文志》于1987年发轫,历时多年完成。2019年,在江庆柏的主持下,该书增订本问世。《江苏艺文志(增订本)》对原版进行了细致的校对与增补,使之从质、量、体各方面趋于完善,并具有鲜明的地域特征。《江苏艺文志(增订本)》的完成与出版,为将来《中华艺文志》的编纂奠定了基础。

**关键词**：《江苏艺文志(增订本)》；古籍文献；艺文志

放眼华夏大地,古今著述最富、文献最盛的省份,当然非江苏莫属了。据《中国古籍总目》统计,现存中国古籍约20余万种;如果加上各代史志目录中所著录的已佚著作,中国历代从上古到清末,产生的图书文献总量应该在40万种左右。而江庆柏教授主编的《江苏艺文志(增订本)》告诉我们,其中仅江苏一地,就有85309种(含部分民国著作),占了五分之一还要多。

《江苏艺文志》原由南京师范大学古文献整理研究所赵国璋教授主编,从1987年发轫,按当时江苏省行政区划分为11卷15册,于1994年至1996年间由江苏人民出版社陆续出版,从开始编纂到出齐历时整整10年。这部巨著收录了历代江苏籍作者(包括部分流寓江苏者)所撰著、编辑、注评、校勘、增补、翻译的书籍,为江苏一省的通代艺文总志。该书问世后,在学界引起了极大反响,不仅成为研究江苏文史的学者案头必备之书,也成为文献学、目录学、地方志编纂与研究史上的重要里程碑。

《江苏艺文志》成书后，随着计算机技术的发展，古籍目录查询系统日渐完善，数字人文理念兴起，为对如此一部规模庞大的大书进行增补修订提供了可能性。同时，由于条件的限制，原本《江苏艺文志》在内容、编订、体例等各方面难免存在一些不足之处，因此对其展开增订工作也就极为必要。

2014年，由于原主编赵国璋教授已于10年前去世，原书副主编江庆柏教授遂担负起增订本的主编任务，由他组织的团队，人员构成大多是来自江苏省内高校以及图书馆、浸淫于乡邦文献多年的专家学者。在他们的努力下，《江苏艺文志（增订本）》于2019年10月由凤凰出版社出版，全书计13卷28册，皇皇巨制，颇为壮观。我们有幸先睹为快，阅后感慨良多，这里谈几点最突出的感受。

一是全书组织有序，编排得法。

该书按照江苏省2016年的行政区划分为13卷，每个省辖市为1卷，根据内容体量再分为若干册，如《南京卷》为3册，《苏州卷》为8册等。每卷下又按本市各行政区划将历史人物及其著作以朝代为序进行编排，所谓"以年系人，以人系书"是也。全书最后，以一单册作为作者索引，索引主体为《作者笔画索引》，后附《作者首字拼音索引》，检索十分方便。此外，每卷开头都列有先按行政区划再按朝代排列的人名目录，便于浏览。

该书首卷《南京卷》首册前有原主编赵国璋教授的前言，次为增订本的说明，然后是全书凡例。凡例后列《江苏省行政区划沿革》，内容包括三部分：一是从乾隆《大清一统志》卷四十九摘录的江苏省历代建置，二是从《清史稿·地理志五》摘录的清代江苏省行政区划，三是根据有关资料编制的2016年江苏省行政区划。既有历史的可靠依据，又有现今的确切说明，态度严谨，构思巧妙，令人称赏。

增订本每一卷都保留了《江苏艺文志》原有的引言，并在引言后附加"增订者记"，说明增订本的增删订正情况以及收录作者人数、著作种数等。新增之卷如《泰州卷》《宿迁卷》则新撰一篇引言。每卷引言之后还有该省辖市行政区划沿革，对该市及其下属行政区划沿革进行较为详细的介绍，清晰明了。

二是文献学要素俱备，体例佳善。

该书共收从上古至民国作者29617人，各作者姓名、生卒年下，先作一小传，然后开列其所撰、注、校、刻之书；每书著录书名及卷数、四部分类法中所属之部类、存佚情况。如系佚书，其下先著录见于某某目录，再加按语说明古代某书某卷引用情况、后世辑佚情况、各种辑佚版本等；如系现存之书，则著录其现存各种版本及其藏所，后附按语，说明其校注情况及各个版本系统等；如系伪书，按语中则予辨伪;如系禁书,按语中也指明何朝何代列为禁书。一人之下,传记、编纂、目录、版本、校勘、辑佚、辨伪、禁毁等文献学的所有要素几乎全部具备,以往的史志目录、地方志中的艺文志皆无此体例,编纂者专业之精深,思虑之细密,超迈前人。如《南京卷》中仅晋郭璞一人即占12页篇幅,收录其著作65种(含伪托),每书分别按以上体例著录,内容详明,考据确切,是对郭璞著作最全面的著录。

三是责任方式多样,反映全面。

以往的史志目录、地方志中的艺文志只著录或收集作者的各种著述,但《江苏艺文志(增订本)》不仅著录人物的著述,还著录其所校、所刻之书。如明人顾起元(1565—1628),除著录其数十种著述外,还著录其所校书如明马大壮撰《天都载》6卷,所刻书如明杨慎撰《杨升庵外集》100卷、明卓敬撰《卓氏遗书》2卷等。

该书也收录单纯的刻书家。如明万历年间的周曰校,书坊名为万卷楼、仁寿堂、继志斋等,该书收录其所刻书共37种,每书不仅著录书名、卷数、作者、版本,还著录其现今的收藏之所。甚至与某一人物主题相关的著作,有时也会收入当条之下。如"黄丕烈"条下,除备列黄丕烈所著、所刻书外,还著录有不知作者姓名的清刘氏味经书屋抄本《吴郡黄氏所藏宋刊本书目》1卷。此外,黄丕烈抄本《郑桐庵笔记》1卷(清郑敷教撰)也收录其中。

这种将著作者和校勘、抄刻者兼收并蓄的艺文志是以往所没有的,也可以说是该书的首创。这种做法全面反映了一地一人著书、校书、刻书等与文献有关的情况,有助于我们认识一个人的全部文献活动,全方位地还原历史面貌,使得该书更具学术参考价值。

四是参考文献极富,用功甚深。

该书旁征博引,参考文献异常丰富,令人震撼。仅《南京卷》3册,最后所列主要参考文献即达20页之多,分为"一般部分"和"地方部分"。"一般部分"又分为"史传(附传记资料索引)""目录""总集""丛书","地方部分"则包含了历朝各代现今南京市范围内的各种地方志及地方著述。又如《苏州卷》8册,最后所列主要参考文献,仅"地方部分"竟然也有18页之多,包括各类地方志、家谱、目录、别集、传记等等。如果将全书13卷书后的参考文献合在一起,完全可以另辑为一书,作为研究江苏历史文献之指南,也有相当价值。

由该书内容可知,编纂者对其中每一种参考文献的实际利用,都非常深入细致,更何况这样的参考文献有数千种之多!试看一下这些参考文献的题名:《二十四史》《清史稿》《清代碑传全集》《清代传记丛刊》《清代朱卷集成》《北京图书馆藏珍本年谱丛刊》《十史艺文经籍志》《国家图书馆藏古籍题跋丛刊》《全上古三代秦汉三国六朝文》《先秦汉魏晋南北朝诗》《全唐文》《全唐诗》《全宋文》《全宋诗》《四库全书》《四库全书存目丛书》《清代诗文集汇编》《中国地方志集成》《地方志人物传记资料丛刊》《哈佛燕京图书馆藏古籍珍本丛刊》及五批《国家珍贵古籍名录图录》、江苏四批《国家珍贵古籍名录图录》……仅举其题名中荦荦大端,即可知该书的编纂者参考、勾稽各种有关资料,花费了多少心血!

五是强化乡邦文献意识,延续地方艺文志传统。

中国历代纪传体史书、政书、方志等,将历代或当代的有关图书典籍汇编成目录,称作艺文志或经籍志。它是中国古代史志目录的重要形式,最早出现于《汉书》之中,由此开始为后来的官修、私修史书及地方志所沿用,成为体现一时、一地学术文化发展水平的重要标准。编纂地方艺文志是记录地方书籍著述、文脉绵延的重要途径,也是对我国史书艺文志传统的继承与发扬。正如有学者所指出:"艺文志作为史志目录范畴,反映的是中国古代文献书写与保存的基本情况,而区域性的艺文志作为一方区域文献的总目,全面反映了该区域范围内学者在思想、文化、学术、科技等方面所取得的卓然成就。"[1]《江苏艺文志(增订本)》的问世,显示了江苏省作为文献大邦的突出地位,对于强化江苏人士的乡邦文献意识,赓续江苏地方艺文撰述的传统,也将发挥不可忽视的作用。

该书的编纂聚集了江苏省最优秀的一批文献学专家学者。原主编赵国璋教授是文献学名家,他与潘树广教授合作主编、于1991年出版的《文献学辞典》,是文献学史上里程碑式的作品。增订本主编江庆柏教授是原书唯一的副主编,长期从事古典文献学的研究,著作等身。各卷主编如曹培根、徐忆农、李军、薛以伟等都是文献学界的佼佼者。正是由于有这样一支强大的专家队伍,才保证了这部《江苏艺文志(增订本)》编纂的专业、专精、专深。中国文献学界一直期盼着一部高水平、高质量的《中华艺文志》的问世,而《江苏艺文志(增订本)》从各个方面都为我国各省(区、市)编纂本地区《艺文志》树立了一个极好的典范,成为最后汇为一部集古今艺文志之大成的《中华艺文志》的良好开端。

(姚伯岳,天津师范大学古籍保护研究院常务副院长,天津市特聘教授;凌一鸣,天津师范大学古籍保护研究院讲师)

**参考文献:**
[1]崔广洲,张燕.摸清一方文献家底,指示学人治学门径:评《江苏艺文志(增订本)》[J].江苏地方志,2020(6):83-85.

## 研究生论坛

# 天津师范大学藏毛公鼎拓本考

A Research of the Two Copies of Rubbing of Maogong Tripod Collected at Tianjin Normal University

苏文勇

**摘 要**：天津师范大学藏有两份毛公鼎拓本。历史文化学院文物室所藏拓本是拓自陈介祺入藏时期毛公鼎原器，拓工为陈畯。图书馆古籍善本室所藏铭文拓本应是拓自晚清时期簠斋中所制摹刻版，其全形拓片是雕版刷印的。通过对图书馆所藏铭文拓本册页中题跋内容的释读和评析，可以展示晚清学者传统金石学的研究思路与方法。册页内容的解读对其他毛公鼎拓本中题跋的辨伪也具有借鉴意义。

**关键词**：天津师范大学；毛公鼎拓本；王西泉；题跋

天津师范大学现藏两份毛公鼎拓本。一份保存在历史文化学院文物室（下文简称"历史文化学院藏拓"），为挂轴形式，包括铭文拓和全形拓。另一份保存在图书馆古籍善本室（下文简称"图书馆藏拓"），铭文部分已经剪裱装为册页，并将题端、题跋、释文等合为集锦册；全形拓是一张软片，未经托裱。本文将考证两份拓本是否为原器取拓、拓制年代、拓工以及册页题跋中所蕴含的学术内容。

## 一、两份藏拓基本情况

### （一）历史文化学院藏拓

毛公鼎拓片挂轴（图1），画心纵181厘米、横76.5厘米。画心上部是铭文拓,以右上、右下、左上、左下四纸取拓后拼接合裱而成,俗称"四靴形拓"。下部是全形拓,取拓角度为一足在前。全形拓左下侧钤有白文"海滨病史"及白文"簠斋藏古"两枚方印(图书馆藏拓亦钤有此两枚方印,参见本文表3)。

图1　历史文化学院藏毛公鼎拓本(左为铭文拓,右为全形拓)

该挂轴是时任历史系主任张贻宝①于天津师范大学1958年建校后为筹建系文物室采购所得,具体购于何处已无考,入库底账上注明的采购价格为"25元"。相较同期罗振玉、康有为、梁启超、齐白石、张大千等人书法、绘画作品从几元到十几元的价格,此件购价最昂。

(二)图书馆藏拓

图书馆藏拓之铭文拓本册页,为晚清天津籍长洲(今江苏苏州)人王鸿旧藏。古锦包裱面板有洒金宣题签,墨笔隶书"精拓毛公鼎",下有小字注"同治九年,王西泉手拓"(图2)。整体册页式装帧,纵31.5厘米、横18.5厘米,总计十八开。拓本前装吴廷康题端及李山、李筠、翁大年题跋,共五开。毛公鼎铭文剪裱后每半页八行,每行字不等,共计三开(图3、4、5),末开左下角钤白文"庚午"长方印,庚午为清同治九年(1870)。拓本后装铭文释文及王鸿、翁大年、王祖光、吴廷康、王希祖的观款、题跋,共计十开。观款、题跋落款时间集中于同治九年(1870)至光绪丙子年(1876)之间。题端为素白纸托裱,其余拓芯、题跋多采用"五镶"式装裱。是册原装原裱,面板四周边缘因磨损露出黄色草纸板,应为昔日藏者时常翻阅之故。

全形拓软片为宣纸,纵66厘米、横50.5厘米,取拓角度为两足在前(图6),上无题记、钤印,初步鉴定为雕版刷印,非拓自原器。

---

① 张贻宝(1920—1999):别名受之,河北玉田人。1946年毕业于北平师范大学历史系,曾任天津师范学院历史系教授、系主任、校图书馆馆长。著有《中国古籍史概要》(合著)、《中国印刷术的发明及其西传》等。

图 2　图书馆藏铭文拓本册页面板、背板　　图 3　图书馆藏铭文拓本册页第六开

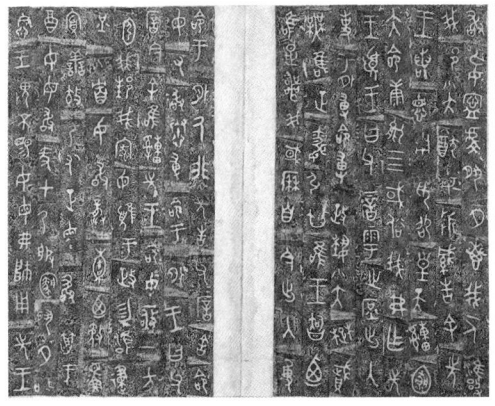

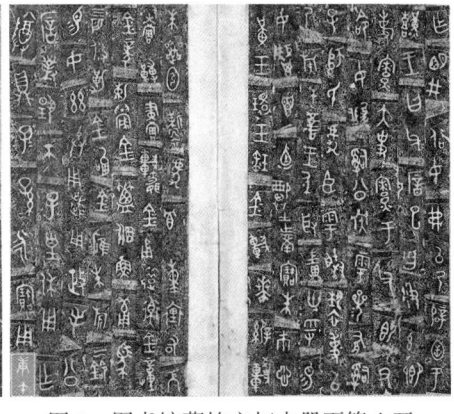

图 4　图书馆藏铭文拓本册页第七开　　图 5　图书馆藏铭文拓本册页第八开

## 二、原器取拓之辨析

毛公鼎作为吉金重器,命运多舛。道光末年(约1850)出土于陕西岐山县京当乡董家,从1852年陈介祺购入到现收藏于台北故宫博物院,其间历经端方、叶恭绰、陈咏仁递藏。不同藏者均制有拓本,但由于数量稀少,原器原拓历来弥足珍贵。特别是早期藏者陈介祺恐"怀璧之罪",对该器严扃深锸,拓本传世极少。正如吴大澂在《愙斋集古录》中言:"毛公鼎为潍县陈寿卿丈介祺所藏,拓本至不易得,尤为可宝。"[1]刘心源在《奇觚室吉

图 6　图书馆藏毛公鼎全形拓

金文述》中更言其重金难购："陈氏所藏古器，其精拓皆有价目可购得之，惟此鼎（毛公鼎——笔者注）秘不示人，有以五十金购其打本者，亦不能得。"[2]出于对巨大利润的追逐，毛公鼎仿拓本迭出，为今人溯拓本之源带来很大困难，故陈介祺时期毛公鼎拓本的断代与辨伪历来是金石学中热门话题。考证天津师范大学所藏两份拓本，对毛公鼎拓本溯源、辨伪具有重要参考价值。下文通过比对拓本与实物，对其是否拓自原器予以考证。

（一）铭文拓本与原器铭文之比对

台北故宫博物院在其《二十件非看不可的故宫金文》[3]一书中公布毛公鼎部分铭文照片（图7），铸痕、锈斑等细节均清晰呈现。两张实物照片虽仅有18行85个字（重文符号未计算），但为传世拓本与其比对提供了重要参考。

图7　毛公鼎铭文实物照片

本文从实物照片中选取14个相对具有代表性的铭文作为参照，以历史文化学院和图书馆藏拓之铭文部分与之一一进行比对。仲威在《〈毛公鼎拓本〉鉴赏与梳理》[4]一文中介绍了上海图书馆所藏"仿陈介祺本"（馆藏号：Z1229。下文简称"上图仿本"，见图8)，本文在此一并列表（表1）对比，便于后续分析。虽然不是整篇铭文比对，但此局部比对结果应该能够作为是否拓自原器的判断依据。

图8　上图仿本

表 1　铭文拓本与实物照片对比

| 铭文 | 位置 | 实物照片 | 历史文化学院藏拓 | 图书馆藏拓 | 上图仿本 | 实物铭文特点 |
|---|---|---|---|---|---|---|
| 1.曰 | 图7 右第1竖行 第3字 | | | | | "曰"字右上内侧有一凹点 |
| 2.父 | 图7 右第1竖行 第4字 | | | | | "父"字右下角有一凹点 |
| 3.厝 | 图7 右第1竖行 第5字 | | | | | "厝"字下"口"部分末笔尾端尖挑内收,非外撇 |
| 4.猒 | 图7 右第2竖行 第1字 | | | | | "猒"字右"犬"部分末笔笔势流畅,无断停 |
| 5.乎 | 图7 右第2竖行 第2字 | | | | | "乎"字上下左右有四个圆点凹痕 |
| 6.配 | 图7 右第2竖行 第4字 | | | | | "配"字右"己"部分末笔下端为收笔,非尖挑 |
| 7.集 | 图7 右第4竖行 第1字 | | | | | "集"字上"隹"胸部中有一月牙形凹痕,非方形 |
| 8.乎 | 图7 右第4竖行 第2字 | | | | | "乎"字左上有一圆形凹痕,与字间距较大 |
| 9.亦 | 图7 右第4竖行 第4字 | | | | | "亦"字右侧的点部分为长条不规则形,非长方形 |
| 10.疾 | 图7 右第6竖行 第3字 | | | | | "疾"字右上角楔形凹痕尖部与字呈45°相对 |

(续表)

| 铭文 | 位置 | 实物照片 | 历史文化学院藏拓 | 图书馆藏拓 | 上图仿本 | 实物铭文特点 |
| --- | --- | --- | --- | --- | --- | --- |
| 11.我 | 图7 右第12竖行第1字 | 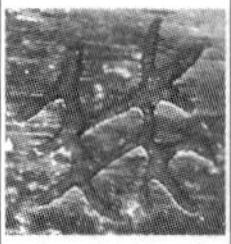 | 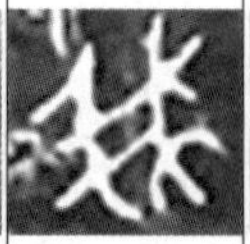 |  | 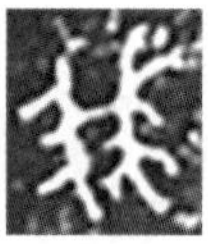 | "我"中一横笔势贯通 |
| 12.家 | 图7 右第12竖行第4字 | 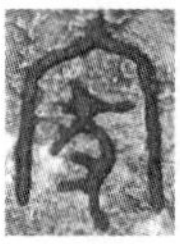 |  |  |  | "家"字内"豕"末笔右侧有一个三角形凹痕 |
| 13.敢 | 图7 右第13竖行第1字 |  |  |  |  | "敢"字下端右内侧有近">"形锈斑,拓本上呈墨色 |
| 14.龏 | 图7 右第13竖行第2字 | 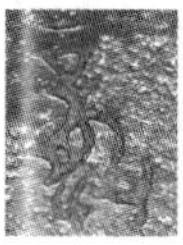 |  |  |  | "龏"字左偏,上部短横纤细 |

从上表中我们可以清晰地看出,历史文化学院藏拓之铭文部分与原器铭文完全吻合,器物上面的锈斑、铸造凹痕也相互呼应,能够肯定铭文部分是拓自原器。图书馆藏拓之铭文部分与原器照片一经比对,虽字形轮廓粗看相似,细审之下则很容易看出其中的差异,真伪立辨。在表1中"实物铭文特点"部分并没有指出字形笔势的差异,但不难看出,原器铭文笔势流畅,图书馆藏拓之铭文笔势滞涩、造作明显,仿刻无疑。同时发现图书馆藏拓之铭文与上图仿本完全一致,这两份拓本应该是拓自同一底版。

(二)全形拓本与原器器身之比对

图书馆藏拓之全形拓软片经鉴定系平面雕版刷印而成,非拓自原器,故不再与原器照片进行比对。

历史文化学院藏拓之全形拓取拓角度为一足在前,参照《彩色放大本金文名品毛公鼎》[5]及《西周重器毛公鼎》[6]中相对应部分实物照片(图9),选取立耳、口沿、重环纹、弦纹、腹部及左、中、右三足共计八个部分进行细节比对,见表2。

图9 毛公鼎实物照片

表 2　全形拓本与实物对比

| 序号 | 位置 | 实物图片 | 历史文化学院藏拓 | 比对要点 |
|---|---|---|---|---|
| 1 | 立耳 | | | 实物立耳根部向内伸入腹壁近口沿上高度三分之一尺寸，拓本如实反映 |
| 2 | 口沿 | | | 口沿宽度不等 |
| 3 | 重环纹 | | | 重环纹线条粗细不均，中间处范线明显 |
| 4 | 弦纹 | | | 弦纹中间部位有一凸起铸痕，拓本如实反映 |
| 5 | 腹部 | | | 实物腹部布满锈斑，拓本腹部凸起黑色块即锈斑的再现 |
| 6 | 左足 | | | 左足内侧"v"形记号及其上锈斑与拓本一一对应 |
| 7 | 中足 | | | 实物范线及足跟部位锈斑与拓本相对应 |
| 8 | 右足 | | | 右足内侧"十"字形记号及其上下锈斑与拓本相对应 |

全形拓起源时间约在清代乾隆年间,要远远晚于铭文拓。全形拓是在传拓的基础上,结合制图、剪纸的技法,在平面上呈现出青铜器的立体全貌。具体说是从主视图角度取青铜器大体,再通过左视图、俯视图角度,将局部器物特征进行采集以强化视觉,最终达到器形图在视觉上的和谐。照片是物体的真实反映,全形拓则只是带有器物主要特征、具有立体感的效果图,因此在上表各部分比对中可以发现,历史文化学院藏拓之全形拓本与实物并不是完全吻合,但是该拓本能够准确"按需选择"器形部分,器形所具有的细节特征如纹饰线条的变化、铸痕、范线、锈斑、记号等均在拓本中真实体现,因此可知该全形拓本是拓自毛公鼎原器。

通过与毛公鼎实物铭文及器形部分照片比对,可以得出历史文化学院藏拓之铭文和全形拓本均拓自原器,图书馆藏拓之铭文拓及全形拓均非拓自毛公鼎原器的结论。

## 三、拓制年代和拓工考证

(一)历史文化学院藏拓

1. 拓制年代考证

历史文化学院藏拓之铭文拓是所谓的"四靴形拓",即上下左右四纸分拓,然后上下拼接形成左右两半,也称"四块拓";其全形拓的取拓角度是一足在前,两足在后。就此拓本之铭文拓、全形拓形式,结合学者、陈介祺后人以及实物图片记载考证其拓制年代。

王国维在《观堂别集·毛公鼎跋》一文中云:"余见秦中旧拓与端氏新拓此鼎,皆不佳,惟陈氏拓最精。陈氏所拓又有四块与二块两种,初拓四块,后拓乃易为二块,故二块者尤精,皆出利津李某(李泽庚——笔者注)手。"[7]王国维在文中肯定"四块拓"为陈介祺收藏时期所制初拓。

2012年潍坊市博物馆举办"陈介祺遗物展",陈介祺曾孙陈秉忱①在一封9页亲笔信②(图10)中介绍毛公鼎拓本情况,其中言及此拓:

簠斋公得毛鼎的时间,当在咸丰年间。

拓本:先是打条子拓,此后拓四块。见到最早裱成的本子和挂幅有条子的有四块的。拓作两块,习称靴子式的,是李星甫(李泽庚,其他书或写作李星符——笔者注)发明的。始于簠斋公在日?还是分到南门里孝笙(陈介祺

---

① 陈秉忱(1903—1986):山东潍坊人。1937年参加革命,一直在中央机关和中央领导身边工作。
② 图片采自"心向清风"新浪博客之2012年9月1日文章。

次子陈厚滋的长子。陈介祺去世后,毛公鼎分给次子,长子陈厚钟已先于簠斋去世——笔者注)二爷存的时候?但拓本之多是在南门里,我还见到过星甫大舅在拓(那是卖出后最后一次拓)。……

  鼎图:刻的时间较早,想是簠斋公在日所刻。还有摹刻的铭文,是木板刻的,在记忆中曾见过。

从陈秉忱信中可知,铭文"四块拓"当为早期初拓。

陈介祺来孙陈继揆①在《毛公鼎旧事(上)》中云:"簠斋是为毛公鼎铭文作考释的第一家……第一稿毛公鼎释文和后记,原装裱为一条幅。条幅分三部分,上段为鼎铭,是四块拓,中段为释文和后记,下段为器型,一足在前,两足在后,是陈氏拓毛公鼎的特点。"[8]结合王国维、陈秉忱及陈继揆所言,毛公鼎早期初拓的特点是:铭文为"四块拓";全形拓是一足在前,两足在后。

我国台湾学者刘阶平在《陈簠斋先生与毛公鼎》[9]一文中言:

  时民国十九年庚午(一九三〇)在吾潍丁氏十笏园,见簠斋手拓古器及题跋四立轴。其一幅为毛公鼎铭文四靴拓本,下为全部铭文考释及题记。题记并署"咸丰二年壬子五月十一日,宝簠居士陈介祺审释并记"。考咸丰二年(一八五二),时簠斋甫得有毛公鼎时,拓本即作四靴形。

刘阶平所言毛公鼎立轴见图 11(图片采自刘阶平《陈簠斋先生手拓毛公鼎铭》),此为截

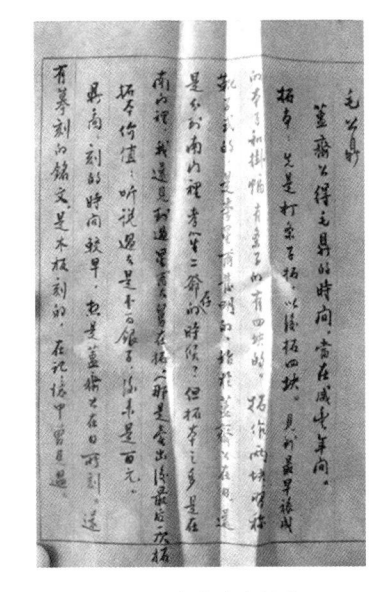

图 10 陈秉忱亲笔信

图 11 刘阶平所言毛公鼎立轴

---

① 陈继揆(1921—2008):山东潍坊人,出生于天津。毕业于北京辅仁大学国文系语言文字学科,曾任天津师范大学历史系主任。

至目前所见有明确纪年、年代最早的毛公鼎铭文和全形拓本。该幅挂轴中铭文拓形式是"四块拓",全形拓的取拓角度同样是一足在前。

历史文化学院藏拓之铭文、全形拓本形式与王国维及陈介祺后人考证相同,与早期刘阶平介绍的拓本图片相吻合,因此可以断定历史文化学院藏拓为陈介祺时期毛公鼎早期初拓。

2. 拓工考证

陈介祺拓制青铜器所用拓工有陈畯、王石经、李贻功、李泽庚等人,历史文化学院藏拓之铭文部分作为陈介祺早期"四块拓",是否如王国维所言"皆出利津李某手"呢?陈介祺曾孙陈育丞在《簠斋轶事》一文中说毛公鼎拓片出自陈畯之手:"(毛公鼎)归簠斋后,深有'怀璧'之惧,秘不示人,仅倩陈畯为拓十余纸,除自考释外,并分寄吴式芬、徐同柏两人……终簠斋之世,无人得见此器。"[10] 两人所言孰是孰非,下文将予以探研。

根据目前所掌握资料,陈畯与李泽庚两人具体生卒年不可考。陈育丞在《簠斋轶事》中言:"助簠斋拓墨之人,能发挥艺术上之能事者,在京则陈畯,在潍则李贻功(字书勋,利津人,为李佐贤之侄)及其侄李泽庚(字星符)。李泽庚客簠斋最久,金文拓本多出其手。"陈秉忱信中言及陈介祺去世后,李泽庚仍在拓,可知陈畯生活年代肯定早于李泽庚。参照陈介祺在毛公鼎拓本上的题记(图12,采自《文物》1964年第4期)、陈畯进入簠斋时间及相关信函,陈畯协助陈介祺拓制毛公鼎更具有可行性。

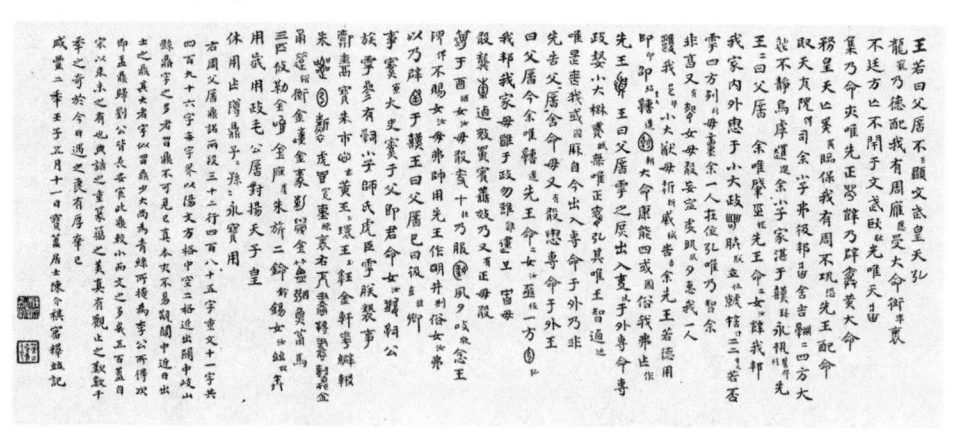

图12 陈介祺咸丰二年释文、题记

陈介祺《簠斋印集》自序中云:"庚戌夏,海盐吾宗粟园翁畯移榻敝斋,详加参考编成此书,校之诸家旧谱少为精审,明曰印集,亦窃附于搜集之役。"[11] 通过此序可知陈畯在庚戌年(1850)即陈介祺入藏毛公鼎之前两年就来到簠斋,开始协助拓印。

《陈介祺年谱》中记载陈介祺在咸丰四年(1854)委托陈畯转赠其金石挚友徐同柏毛公鼎拓本:"四月,徐同柏携子徐士燕至海盐与陈畯(粟园)晤叙,得簠斋毛公鼎拓本,归后即作释文四千余言。"[12]85 此信息说明陈畯在陈介祺于毛公鼎拓片上题写释文、题记的两年后仍在为其办理重要事宜。

陈畯自1850年进入簠斋,到1854年帮助陈介祺转赠徐同柏毛公鼎拓片,其活动时间完全覆盖毛公鼎拓片的制作时间,从时间节点的吻合程度说明陈畯助拓是完全具备可行性的。

陈介祺对传拓的重视及对拓工要求之高在《传古别录》中多有体现,如"重器、朽器不假常人之手","然岂能不传拓,岂能刻刻监之,唯有求谨信之人而任之,或得谨慎之人而监之,庶乎其无失矣"[13]。陈畯的拓技是能够得到陈介祺高度认可的。同治十一年(1872)十月二十五日陈介祺致鲍康书称:"尊斋似必须延一能拓字之友,归来每遇此等事,辄追念粟园不置。"[14] 光绪乙亥年(1875)九月陈介祺致王懿荣书云:"若解事而人又稳妥静细,则粟园后无其人矣。"[15]

陈畯的拓艺也得到了陈介祺金石同好的认同与赞可。如国家图书馆藏《吴大澂书札》稿本(馆藏号:17733)收有吴大澂在光绪十一年(1885)八月致陈介祺孙陈阜的书信,信中提及拟派拓工尹伯圜前往簠斋拓印毛公鼎一事:"伯圜博雅好古,心细不浮,又能手拓吉金文字,可与陈粟园并驾齐驱。尊藏毛公鼎为海内至宝,弟处尚无精拓本(曾得一旧拓本,为墨所污,缺失二十余字)。拟属伯圜手拓两份带下,为他日编刻彝器款识之助,想必慨然允许也。"

从时间的合理性、陈畯的高超拓艺等方面考察,陈介祺为毛公鼎制拓之时,所用拓工应该是陈畯无疑,则王国维记载为"利津李某"是百密一疏。

(二)图书馆藏拓

1. 拓制年代考证

表1中,经与毛公鼎实物铭文照片进行比对,图书馆藏拓之铭文拓本非拓自毛公鼎原器,并且与上图仿本一致。将图书馆藏拓之全形拓与上图仿本之全形拓比对,两者从外形轮廓到平面细节也是同出一辙。可以判断,图书馆藏拓与上图仿本应源于同一底版。图书馆藏拓之铭文拓本不同于上图仿本之"肩胛骨"状,而是剪裱装成册页。针对上图仿本,仲威在《〈毛公鼎拓本〉鉴赏与梳理》中指出:"此本或从翻模器中拓出,清末民初时期高仿,其仿真度极高,非寻常翻刻伪造,可谓'点画无二,毫厘千里'。"[4] 仲威对仿本断代至确。陈介祺后人陈秉忱在亲笔信(图10)中言:"鼎图:刻的时间较早,想是簠斋公在日所刻。还有摹刻

的铭文,是木板刻的,在记忆中曾见过。"可知在簠斋中就有摹刻的毛公鼎铭文及器形刻版,同时可以肯定的是此摹刻底版在仿真程度上应该会远高于其他坊间水平。关于陈秉忱所言这些摹刻版,不知是陈介祺主导制作还是其手下拓工私自为之,有待进一步考证。

图书馆藏拓及上图仿本,很可能就是拓自陈秉忱信中所言之簠斋中刻版。笔者本人搜集了国有机构所藏、私人收藏及近20年拍卖公司拍品共近百幅集毛公鼎铭文、全形拓于一体的作品图片及相关资料,真假杂陈。其中伪拓多制作手段简单,墨色单一,更鲜有土锈铸痕如图书馆藏拓或上图仿本之逼真者,所以图书馆藏拓虽是伪拓,但对毛公鼎拓片研究仍具有重要参考价值。

2. 拓工考证

图书馆藏拓之铭文拓册页,面板题签(图2)中署"同治九年,王西泉手拓",王西泉即王石经。

王石经(1833—1918),字君都,号西泉,别署甄古斋主,斋号李松刘柏之馆。武秀才,山东潍县(今潍坊)人,清末著名篆刻家,有《甄古斋印谱》传世。王石经自陈介祺卸职归里后,即朝夕过从,一直为簠斋金石得力助手。因嗜金石文字,其间凡陈介祺所藏钟鼎彝器皆得观赏临摹;在篆刻方面,"得簠斋指授并介绍推广,为名公大家所激赏"[12]155。

拓本收藏者王鸿在题签中明确注明拓者及拓制时间信息,鉴于王鸿与拓者王西泉、毛公鼎藏者陈介祺都是同时代人,并且也居于山东,可以推测当时王鸿入藏该拓本时应该是清楚其来源和拓制时间的。正如前文所言,毛公鼎在陈介祺入藏期间,深藏箧中,外人不得见,且"仅拓十余纸",当时外人很难对毛公鼎拓本辨伪,因此藏者王鸿未能辨别其非拓自原器也情有可原,这也进一步证明此铭文拓本底版即陈秉忱所言之簠斋中木刻版,应是王西泉所拓。在目前所见毛公鼎拓本图片资料中,除此之外尚未发现有记录拓工及时间信息的。此拓本虽不是拓自原器,但明确的拓制年代及拓者信息为研究陈介祺时期所制毛公鼎摹拓形制、拓工提供了罕见的实物佐证。

## 四、图书馆藏拓之铭文拓册页的学术价值

毛公鼎铭文字数居目前已知先秦单件有铭青铜器之首,其内容被誉为"抵得一篇《尚书》",对西周史研究具有重要价值,故自毛公鼎面世以来,其铸造时代、铭文释读一直吸引着众多学者参与考证。从馆藏册页所附众多题跋中也可见毛公鼎及其拓本受当时学者所重之深。随着对毛公鼎研究的细化,早期学者的品

鉴越来越受到当今金石学研究者的关注。由于陈介祺对毛公鼎什袭深藏，得其拓本者视若拱璧。该铭文拓本虽然不是拓自原器，但并不影响今天对题跋内容中所体现的学术价值的探研。曾在山东聊城任职的藏者王鸿与潍坊陈介祺、王西泉为同时代人，其他题跋者李山、王希祖为山东诸城人，翁大年更是陈介祺金石挚友，这些学者呈现出地缘相近、人缘相亲的文人群体关系。该册众多题跋现在看来仍慧眼独具，为了解早期学者的学术思想提供了重要原始文献参考。

（一）铭文拓册页首开

册页首开（图 13）为吴廷康篆书题端"初拓毛公鼎铭"，落款"晋斋吴廷康题"，钤白文"吴廷康印"与朱文"晋斋"两方自用印。另右下角偏上钤有一方陈介祺常用白文印"簠斋藏古"。从此题端及后面题跋可见其篆书拔俗抱素，每笔不露锋芒，体现出精气内敛、质朴高古之风格。

图 13 铭文拓册页首开吴廷康题端

吴廷康（1799—1888），字赞甫、康甫，号元生，又号晋斋，晚号菇芝，慕陶轩为其藏书室名，清桐城人。工篆隶铁笔，兼善画梅兰。著有《慕陶轩古砖录》[16]81。吴廷康官浙中数十年，精金石考据与传拓，与何绍基为至交，年近九十卒，身后遗墨始为人所重。今上海图书馆所藏之刘世珩藏《砖拓粹聚》（馆藏号：J2648—2647）即有吴廷康题记四则，另中国国家博物馆所藏《张忠烈公墨迹》刻帖最前端为吴廷康篆书题眉。

题端用"初拓"言毛公鼎铭，有别于面板题签之"精拓"，两词虽一字之差而含义不同。"初拓"侧重拓本制作时间之早。青铜器初拓本指青铜器出土或重新发现之后的最初拓本。就毛公鼎而言，陈介祺是真正收藏该器之第一人，陈介祺后，方有具备学术意义的毛公鼎铭文、全形拓本产生，且数量稀少，如其后人陈育丞云"仅拓十余纸"。吴廷康将此毛公鼎铭文拓本称为"初拓"，与当前学者将陈介祺收藏期间所制毛公鼎拓本定义为"初拓本"相吻合。"精拓"侧重拓本制作工艺之精良，指技艺精湛的传拓者在拓本制作过程中用精工细料，刻意追求拓本质量，从而获得至臻完美的作品。"精拓"一词包含对拓本质量的认可以及对拓者的肯定。

（二）铭文拓册页第二开

册页第二开（图 14）为同治庚午年（1870）李山题跋一则：

陈氏藏器三百余,余皆有拓本。推是器不易拓,不轻示人,求之不获,深以为憾。得阅此本,以胡石查摹本较之,间有误处。以文义参考,其为聃季之器无疑。曰"文武",曰"先王",当系成王时诰命,一证也。同姓为叔父,成王时同姓称父者,必成王之弟可知,二证也。末云"用作尊鼎",不云"乃考乃且(祖)",三证也。锡(赐)赉之盛,为他器所罕见,非懿亲无此宠锡(赐),四证也。

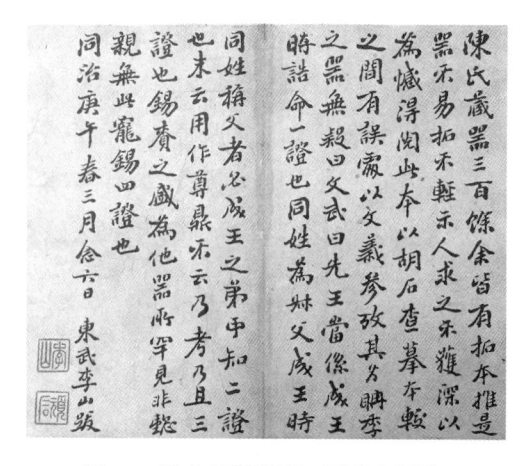

图14 铭文拓册页第二开李山题跋

同治庚午春三月念六日,东武李山跋。(钤印:李山、顽石)

东武李山,其具体资料不详。东武,为山东诸城古称。陈介祺岳丈李璋煜即诸城人,陈氏多次到诸城小住。我们不清楚李山与陈介祺是否存在交集,但从题跋中可知李山藏有陈介祺三百余件青铜器的拓本,可见李山痴于金石并深有研究。

题跋所云"聃季之器",即指原陈介祺旧藏,今在中国国家博物馆的"天亡簋"。陈介祺将其簋铭中的"朕"释为"聃"字,故称之为"聃簋"。据陈氏考证,"聃簋"为文王第十子"毛公聃季载"所作,此说不确。目前学界虽赞同该器确为西周早期之器,但作器者不是"聃季",可参阅孙稚雏《天亡簋铭文汇释》[17]及李学勤《"天亡"簋试释及有关推测》[18]两篇文章。

李山在题跋中认为毛公鼎为"聃季"所作之器,并通过"四证"加以论述,显然具有时代局限性,但对"锡(赐)赉之盛"的关注实为卓见,陈梦家在《西周铜器断代》[19]中也将"赏赐物品"作为毛公鼎断代证据之一。

题跋中提及的"胡石查摹本",鲍康在《观古阁续丛稿·跋毛公鼎摹拓本》[20]也有所论及:

(毛公鼎)初出土时余在秦,曾拓存一纸,顾不致。寿卿复拓赠一纸,此外无获睹者。李竹朋为余装池,遂分去其一。同治壬申潘伯寅始见之,爱弗置,属胡石查钩摹镌版以传,洵大快事。余乞拓十余纸分饷同好,都人士尚有疑其赝者,余亦不与辨也。

李山题跋时间是在同治庚午年(1870),而鲍康所言"胡石查钩摹镌版"时间是在同治壬申年(1872),两者时间存在冲突。胡石查是否在潘伯寅做毛公鼎摹刻本之前就摹刻过？或是鲍康时间记载有误？此处存疑待考。

(三)铭文拓册页第三开

册页第三开(图15)有李山及壬申年(1872)李筠题记,共二则：

> 鼎文古茂,诸家考证极精,而拓本用墨处亦颇淡雅有韵,允宜为子梅兄所宝也。青浮李山观并纪。(钤印：李山、顽石)

> 鼎铭文字严密,秦篆之所祖也。泰山廿九字、琅琊台诸刻具在,可覆按。即吴退庼所

图15 铭文拓册页第三开李山、李筠题跋

藏残诏版亦复如是,惟相斯渐趋方整,不能如此铭之浑厚也。子梅道兄得此拓示筠,亦见诸家考释已详,故不复论,论其篆分用笔之源流以就正焉。

> 壬申正月初十日,吴县雪山道人李筠题记。(钤印：雪山道人)

吴县雪山道人李筠的有关资料不详。题跋中"泰山廿九字"即《泰山刻石》,秦始皇二十八年(前219)东巡泰山所立刻石。原石到北宋时期保存基本完好,至明代仅存4行29字,今剩9字可见,残石现存泰安市东岳庙内。"琅琊台诸刻"即《琅玡台刻石》,是秦始皇二十八年(前219)于山东诸城东南160千米的琅玡山上刻石,秦始皇刻石已无存,只存二世元年(前209)加刻之辞,世称"二世诏书",书体为秦统一后的小篆,现存中国国家博物馆。该题跋从篆书源流角度表达了毛公鼎文为秦篆之祖的观点。建立在宗周故地的秦国,相对于春秋战国时期其他各国,最忠实地继承了西周王朝所使用的文字,秦国文字对西周文字所作的改变最小,因此题跋所言"鼎铭文字严密,秦篆之所祖也"已成为当今古文字学者公认的观点。

(四)铭文拓册页第四、五开

册页第四、五开(图16)为翁大年题跋一则：

> 尝读《尚书》至《商》《周》之际,易读者无论矣,其难读难解者,苟细心体察,熟味详思,觉古圣人处事审慎之精神——呈露,而所谓信屈聱耳(牙)者,反津津有味矣。第不按当时民情国势、其官其人与事之宜者,则不能索解也。此毛公鼎文,后出之周诰也。其文,典策也;其书,大篆也。其书"王若

曰”,系毛氏子孙追述王命祖之辞,如《多方篇》周公转述成王命也。其书“父厝”,示王尊崇毛公而字之,如《文侯之命》之“父义和”也。其不书“唯年月日”,以四“王若曰”,非一时之言,如《康诰》之更端叠起皆冠以“王曰”。唯第四节命辞中有曰“以乃族干御王为取”,“取”即“掫”字,与《左传·襄公廿五年》崔杼弑齐侯事曰“陪臣扞掫有淫者”之“掫”正同。注:掫,捕盗之官。然则毛公此时或为王朝卿士,兼领族姓,充侍卫官,赋卅锊乃其禄也,抑命之班给其族也。援传证鼎,字义可晓。然区区论辩一两字,置之全文中,犹尝鼎一脔尔。古人读书通大意,虏莽固不可,拘泥尤不可。《尚书》百篇,仅存其半。今文古文,通涩不同。师弟传述,字句各别。其有待后人补漏者,亦自不少,以此篇列之,可无事轩轾矣。吾辈生当《尚书》残缺之时,得见其器,读其文,以补《书》阙,何其幸欤!昔宋洪容斋迈尝持汤盘孔鼎之文,以衡其兄适所藏古器铭,仅有“作尊彝”“作宝敦”“子孙永宝”等字,纪诸《随笔》,以致其疑。惜乎!其未见此也,见此则知辉煌典诰之文固自有在,其疑可涣然释矣。呜呼!岐阳石鼓,《诗》外之《诗》。此鼎此铭,《书》外之《书》。后生小子欲求大著作于成周者,舍此二者,其谁与归?然鼓人(入)成均,祭酒、司业之贤有文者恒拓以流传。鼎归潍县陈氏,什袭珍藏,不轻拓以赠人,以故传于世者最为珍奇,余以无意间偶得观阅,岂非幸哉!叔均记。(钤白文印:翁大年印)

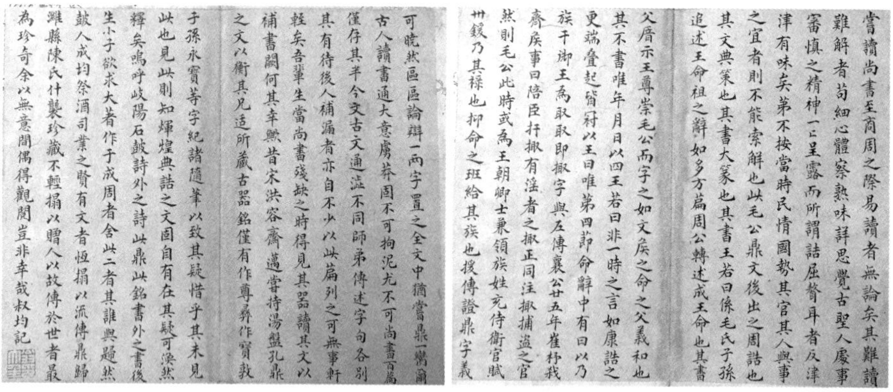
嘗讀尚書至商周之際易讀者無論矣其難讀
難解者茍細心體察熟味詳思覺古聖人慶事
審慎之精神一一呈露而所謂詰屈聱牙者反津
津有味矣第不按當時民情國勢其官其人與事
之宜者則不能索解也此毛公鼎文後出之周誥也
其文典策也其書大篆也其書王若曰係毛氏子孫
追述王命祖之辭如多方篇周公轉述成王命也其書
父厝示王尊崇毛公而字之如文侯之命之父義和也
其不書唯年月日以四王若曰非一時之言如康誥之
更端疊起皆冠以王曰唯第四節命辭中有曰以乃
族干御王為取取即掫字與左傳襄公廿五年崔杼弑
齊侯事曰陪臣扞掫有淫者之掫正同注掫捕盜之官
然則毛公此時或為王朝卿士兼領族姓充侍衛官賦
卌鋝乃其祿也抑命之班給其族也援傳證鼎字義
可曉然區區論辯一兩字置之全文中猶嘗鼎一臠爾
古人讀書通大意虜莽固不可拘泥尤不可尚書百篇
僅存其半今文古文通澀不同師弟傳述字句各別
其有待後人補漏者亦自不少以此篇列之可無事軒
輊矣吾輩生當尚書殘缺之時得見其器讀其文以
補書闕何其幸歟昔宋洪容齋邁嘗持湯盤孔鼎
之文以衡其兄适所藏古器銘僅有作尊彝作寶敦
子孫永寶等字紀諸隨筆以致其疑惜乎其未見
此也見此則知煇煌典誥之文固自有在其疑可渙然
釋矣嗚呼岐陽石鼓詩外之詩此鼎此銘書外之書後
生小子欲求大著作于成周者舍此二者其誰與歸然
鼓入成均祭酒司業之賢有文者恆搨以流傳鼎歸
濰縣陳氏什襲珍藏不輕搨以贈人以故傳於世者最
為珍奇余以無意間偶得觀閱豈非幸哉叔均記

图 16　铭文拓册页第四、五开翁大年题跋

翁大年(1811—1890),字叔均,号陶斋,清吴江(今江苏苏州吴江区)人。翁广平子。承其家学,笃嗜金石考据,工篆刻。著有《古官印志》《古兵符考》《泥封考》《陶斋金石考》等[16]778。

翁大年是陈介祺多位金石挚友之一,两人信函往来频繁。陈介祺自用印多出其手,其第一枚“簠斋”印即翁氏于道光己亥年(1839)所治。翁大年不但工于篆刻,也精于考证,从题跋中可见此言非虚。金文中"某父"之说常见,而少见"父某",翁氏能够将毛公鼎铭文之"父厝"与《尚书·文侯之命》之"父义和"视为同例;根据铭文不书年月日,而认定其内容非"一时之言"。凡此均与后人考证相契合。翁氏将铭文中的"取"释为"掫",注为"捕盗之官",并作"以乃族干御王为取"断句,与当今主流"以乃族干御王身,取貴卅锊"断句方式相异。翁氏观点反映了传统金石学过于注重比附传世文献的研究思路。

(五)铭文拓册页钤印

在铭文册页中钤盖十方毛公鼎收藏者陈介祺自用印(见表3),均是钤在小纸块上再贴裱于册页上面。通过与《陈介祺自用印存》[21]核对,此十方用印都是王石经所治。王石经作为簠斋金石助手,在篆刻方面深得簠斋指授并介绍推广,为名公大家所激赏。簠斋晚年用印亦多出其手。罗振玉曾云:"王石经等为簠斋作印,莫不端庄厚重,尊师铸印,几入汉魏之堂奥,一洗时人流派之失。"[12]155 其中"海滨病史"印文取汉代《天发神谶碑》笔意,灵动生趣,又不失古意,陈介祺尤爱之。

表3 铭文册页所钤陈介祺自用印

| 钤印 | 印文 | 尺寸(mm) | 类别 | 位置 |
|---|---|---|---|---|
|  | 簠斋藏古 | 21×21 | 收藏印 | 首开吴廷康题端右及第九开释文右下角 |
|  | 万印楼 | 18×18 | 斋馆印 | 第六开铭文拓本右侧边纸上 |
|  | 齐东陶父 | 17×17 | 姓名字号印 | 第六开铭文拓本右侧边纸上 |
|  | 庚午 | 16×29 | 纪年印 | 第八开拓本左下角处 |
|  | 簠斋 | 33×28 | 姓名字号印 | 第八开拓本左侧边纸上 |

(续表)

| 钤印 | 印文 | 尺寸(mm) | 类别 | 位置 |
|---|---|---|---|---|
|  | 十钟主人 | 28×42 | 姓名字号印 | 第八开拓本左侧边纸上 |
|  | 海滨病史 | 24×24 | 姓名字号印 | 第八开拓本左侧边纸上 |
|  | 簠斋藏三代器 | 21×21 | 收藏印 | 第十四开铭文释文左侧边纸上 |
|  | 宝康瓠室 | 21×21 | 斋馆印 | 第十四开铭文释文左侧边纸上 |
|  | 平生有三代文字之好 | 21×21 | 闲章 | 第十四开铭文释文左侧边纸上 |

(六)铭文拓册页第九至十四开

册页第九至第十四开为毛公鼎铭文释文(图17)。

该释文部分相较其他题跋,没有题署时间、书者,应摘录自孙诒让同治壬申年(1872)所作毛公鼎释文,可对照《古籀拾遗·毛公鼎释文附》[22]部分。相较《籀庼述林》[23]所收孙诒让光绪癸卯年(1903)所作释文,本篇阙文尚多,后者可视为孙诒让释文定稿。

(七)铭文拓册页第十五至十七开

册页第十五、十六开(图18)及第十七开右页(图19)为同治壬申年(1872)王鸿题跋一则:

毛公鼎铭三十二行,连重文四百八十四字,今世界所存三代之器,字数无多于此者。旧藏潍县陈氏,其授受源流不可考。考《通志》:"毛氏,为周文王之子毛伯明之所封,世为周卿士,食采于毛,子孙因以为氏。"又《通考》:

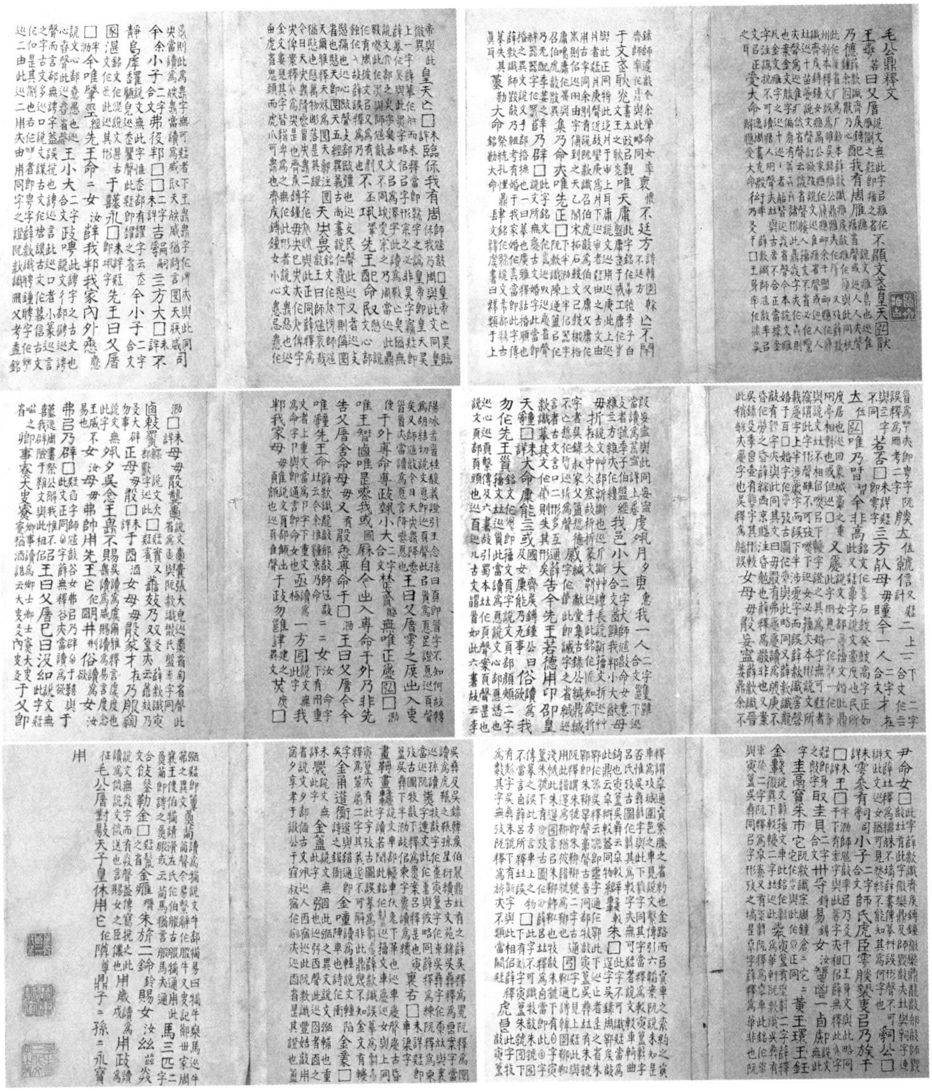

图 17　铭文拓册页第九开至第十四开毛公鼎释文

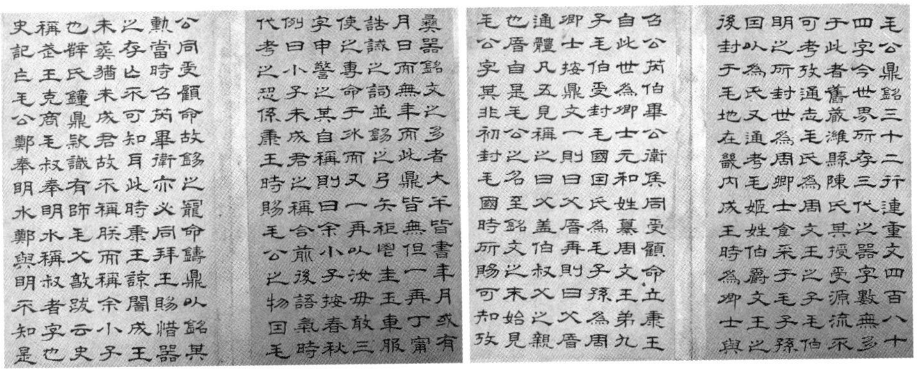

图 18　铭文拓册页第十五、十六开王鸿题跋

"毛,姬姓伯爵,文王之后,封于毛地,在畿内。成王时为卿士,与召公、芮伯、毕公、卫侯同受顾命。立康王,自此世为卿士。"《元和姓纂》:"周文王弟(第)九子毛伯受封毛国,因氏为毛。子孙为周卿士。"按鼎文一则曰"父厝",再则曰"父厝",通体凡五见称之曰"父",盖伯叔父之亲也。厝自是毛公之名,至铭文之末始见毛公字,其非初封毛国时所赐可知。考彝器铭文之多者,大半皆书年月,或有月日而无年,而此鼎皆无,但一再丁宁诰诫之词,并锡(赐)之弓矢秬鬯、圭玉车服,使之专命于外,而又一再以"汝毋敢"三字申警之。其自称则曰"余小子",按《春秋》例,曰"小子",未成君之称,合前后语气、时代考之,恐系康王时赐毛公之物。因毛公同受顾命,故锡(赐)之宠命,铸鼎以铭其勋。当时召、芮、毕、卫亦必同拜王赐,惜器之存亡不可知耳。此时康王谅闇,成王未葬,犹未成君,故不称"朕"而称"余小子"也。《薛氏钟鼎款识》有师毛父敦,跋云:"史称'武王克商,毛叔奉明水',称叔者字也。"《史记》乍(作)"毛公郑奉明水"。郑与明不知是一是二,总之文王之子,武王之弟,断无可疑。或即始受封之毛伯欤?此毛公厝者,按世系当为毛叔之子,故康王以父呼之。《竹书纪年》:"康王十二年秋,毛懿公薨。"岂即厝乎?

同治十一年岁次壬申二月二十六日,天津子梅王鸿书于东溪草堂。(钤印:王鸿之印、子梅)

王鸿(1807—?),又名王鹄,字子梅,号天全,天津籍长洲(今江苏苏州)人。曲阜县令王大淮之子。官聊城县丞,后入张祥和幕府。喜交游,所识"皆当世贤豪",善作诗词,有《喝月楼诗录》《天全诗录》及《盗诗图诗卷》一卷存世[24]。目前笔者没有找到王鸿有关纸本书迹,只见泰山五大夫松附近石壁上与其叔王大堉于道光己亥年(1839)刻石(图20)。其题诗"梦游天地外,身堕烟霞中。愿举饱腹稿,万古开心胸",书法苍劲有力,诗文借咏松之句以言己志。

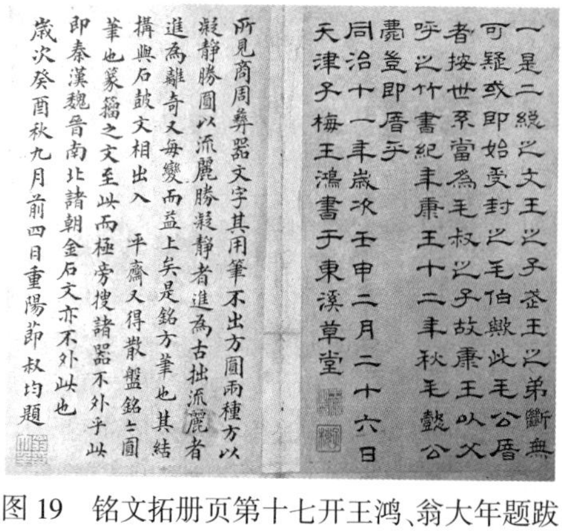

图19 铭文拓册页第十七开王鸿、翁大年题跋　　图20 王鸿泰山题诗刻石(笔者摄)

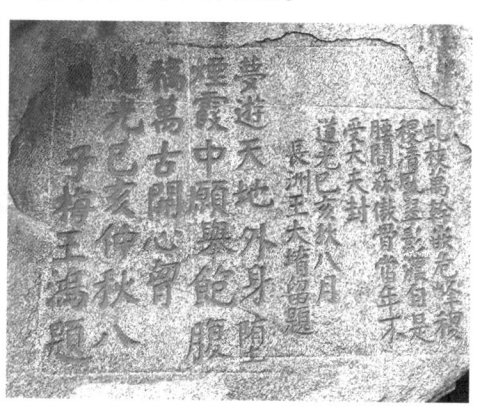

王鸿在题跋开篇言及毛公鼎铭文为484字。关于毛公鼎铭文究竟有多少字,因为计算方法不同,历来学界有多种说法,诸如497字、499字及500字之说。台湾学者游国庆在《毛公鼎的字数问题——兼述铭文内容并语译》[25]一文中,认为铭文内重文10字、合文13字、失铸2字均应计算,则正好500字。目前学界基本认同此说。

第十七开左页为癸酉年(1873)翁大年题跋一则。

> 所见商周彝器文字,其用笔不出方圆两种。方以凝静胜,圆以流丽胜。凝静者进为古拙,流丽者进为离奇,又每变而益上矣。是铭方笔也,其结构与石鼓文相出入。平斋又得散盘铭,亦圆笔也。篆籀之文至此而极,旁搜诸器不外乎此,即秦汉魏晋南北诸朝,金石文亦不外此也。
>
> 岁次癸酉秋九月前四日重阳节,叔均题。(钤印:翁大年印)

翁大年题跋中所言"平斋"即晚清著名金石学家两罍轩主人吴云。大盂鼎、毛公鼎、虢季子白盘、散氏盘有"晚清四大国宝"之称,其铭文书法历来受书家赞誉。毛公鼎文质朴、散氏盘文圆润,从翁跋中可见清人对其推崇备至。

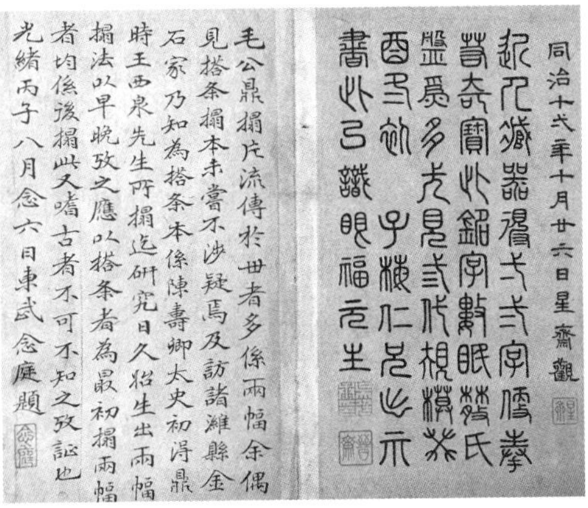

## (八)铭文拓册页第十八开

册页第十八开(图21)有同治十一年(1872)王祖光观款、吴廷康题跋及光绪丙子年(1876)王希祖题跋各一则。

> 同治十一年十月廿六日,星斋观。(钤印:星斋)

"星斋"即王祖光。王祖光,字心斋,号星斋,清大兴(今属北京)人。主要活动于同治年间。工书,偶作花卉,有徐渭、陈淳风韵。善刻印[16]669。

图21 铭文拓册页第十八开王祖光观款及吴廷康、王希祖题跋

> 近人藏器,得弍弍字便奉若奇宝,此铭字数眠(视)散氏盘为多,尤见弍代规模。癸酉冬初,子梅仁兄出示,书此以识眼福。元生。(钤印:吴廷康印、晋斋)

吴廷康情况前文已有介绍,兹不赘述。

> 毛公鼎拓片流传于世者,多系两幅。余偶见搭条拓本,未尝不涉疑焉。及访诸潍县金石家,乃知为搭条本,系陈寿卿太史初得鼎时,王西泉先生所

拓。迨研究日久,始生出两幅拓法。以早晚考之,应以搭条者为最初拓,两幅者均系后拓。此又嗜古者不可不知之考证也。

　　光绪丙子八月念六日,东武念庭题。(钤印:念庭)

"东武念庭"即王希祖。王希祖(生卒年不详),山东诸城人,系金石收藏大家王戟门之长子,王绪祖之兄。

文中所提及"搭条本"系陈介祺初得鼎时王西泉所拓之说,与王国维和陈育丞说法不同。另言之"搭条者为最初拓,两幅者均系后拓"符合毛公鼎入藏陈介祺时期拓本制作的发展顺序。今学者已考证出,陈介祺对毛公鼎铭文拓本的制作,是从最原始的"条子拓"(即题跋中的"搭条本")发展到"四靴形拓",至于最后定型的"两靴形拓"是否为陈介祺在世时所制,尚有争议。

## 五、结语

历史文化学院藏拓作为陈介祺入藏毛公鼎时期的早期原器初拓,弥足珍贵。根据目前所搜集到的材料,拓制时期相同、形式相同的拓本实物挂轴仅见上海图书馆藏有一份(馆藏号:Z1330)及国家图书馆藏有一份(刊载于《国家图书馆藏陈介祺藏古拓本选编·青铜卷》)[26]。正如《金石碑拓善本掌故(一)》一书中所言:"由于陈介祺是收藏毛公鼎的第一位专业收藏家,其所传拓的毛公鼎全形拓便如古籍之初印本一般,珍贵难得。"[27]

图书馆藏拓之铭文拓本册页,题跋者基本来自拓本所有者王鸿为政的山东及家乡苏州两地,并非全是享有盛名之大家,而均为与王鸿有交谊且雅好金石的朋友。这种"人以类聚"的题跋群模式,较之名家荟萃的题跋群更显真实和自然。是册精装细裱,不仅说明王鸿对毛公鼎铭文拓本极其宝爱,也体现了他将友朋同好的墨迹"藏之名山"、以永其传的良苦用心。题跋者对毛公鼎时代、作器者的考证虽然带有明显的时代局限性,但其在学术史上的地位不容小觑。此外,题跋者对毛公鼎铭文体风格的赏析可谓别开生面,于毛公鼎之研究另辟蹊径。王希祖题跋中有关毛公鼎初拓的记录也因其渊源有自、异于常说而弥足珍贵。从该册拓本中也能充分体会到,晚清时期的拓片收藏与鉴赏活动,既蕴含了当时文人生活的风雅情致,也为知识阶层内部的社会交往提供了专业性的话语平台。

另:2016年嘉德秋拍,拍品1282号为"周毛公鼎六名家题跋本"(见嘉德拍卖图录《中国嘉德2016秋季拍卖会大观:中国书画珍品之夜·古代》),因其成交价1138.5万元而轰动一时。唐友波在《大盂鼎拓本评析:兼及前期青铜器全形拓》[28]中已考证其全形图为刻本。今观其上所附张祖翼、陆恢两人之题跋内容，居然与图书馆藏拓之铭文拓本册页中王鸿与翁大年之题跋内容雷同。王鸿及翁大年题跋时间为同治壬申年（1872）、癸酉年（1873），而"周毛公鼎六名家题跋本"中，张祖翼、陆恢于题跋中所署时间为宣统二年（1910）、宣统三年（1911），相差近四十年。不仅如此，与张、陆内容相同的题跋也见于鸿海2012年秋拍之286号拍品"毛公鼎拓片"（见鸿海拍卖图录《上海鸿海壬辰年秋季艺术品拍卖会：文苑英华·书画文献碑版专场》）。张祖翼、陆恢之题跋内容源自何处？其与校图书馆藏拓之铭文拓本册页中王鸿、翁大年题跋的关系如何？似乎还有继续考证的必要。

**致谢：**本文写作过程中得到姚伯岳、杨效雷、白国红、鲁鑫、周余姣、李海涛诸位老师的关心和指导，天津师范大学图书馆付莉老师、侯娴老师，历史文化学院文物室张方老师在资料调阅方面给予极大帮助，谨致谢忱。

（苏文勇，天津师范大学历史文化学院2018级考古专业硕士研究生）

**参考文献：**
[1]吴大澂.愙斋集古录[M]//刘庆柱,段志洪,冯时.金文文献集成：第12册.北京：线装书局,2005：202.
[2]刘心源.奇觚室吉金文述[M]//刘庆柱,段志洪,冯时.金文文献集成：第13册.北京：线装书局,2005：178.
[3]游国庆.二十件非看不可的故宫金文[M].台北：故宫博物院,2012：66-69.
[4]仲威.《毛公鼎拓本》鉴赏与梳理[J].书法丛刊,2015(4)：65-83.
[5]孙宝文.彩色放大本金文名品：毛公鼎[M].上海：上海辞书出版社,2014.
[6]张光远.西周重器毛公鼎[M].自印本.台北：1973：图版玖—壹壹.
[7]王国维.观堂别集：附别集[M].北京：中华书局,1959：1191-1192.
[8]陈继揆.毛公鼎旧事（上）[J].文物天地,1991(6)：41-45.
[9]刘阶平.陈簠斋先生与毛公鼎[J].故宫文物月刊,1984(12)：126-131.
[10]陈育丞.簠斋轶事[J].文物,1964(4)：53-57.
[11]桑椹.历代金石考古要籍序跋集录[M].杭州：浙江古籍出版社,2010：988.
[12]陆明君.陈介祺年谱[M].杭州：西泠印社出版社,2015.
[13]陈介祺.簠斋鉴古与传古[M].北京：文物出版社,2004：7-8.
[14]陈介祺.簠斋尺牍：第8册[M].石印本.上海：涵芬楼,1919.
[15]陈介祺.簠斋尺牍：第6册[M].石印本.上海：涵芬楼,1919.
[16]池秀云.历代名人室名别号辞典[M].太原：山西古籍出版社,1998.
[17]孙稚雏.天亡簋铭文汇释[G]//中华书局编辑部.古文字研究：第3辑.北京：中华书局,1980：166-180.
[18]李学勤."天亡"簋试释及有关推测[J].中国史研究,2009(4)：5-8.
[19]陈梦家.西周铜器断代[M].北京：中华书局,2004：301.
[20]鲍康.观古阁丛刻九种[M].上海：上海古籍出版社,1992：324.
[21]陈进.陈介祺自用印存[M].天津：天津人民美术出版社,2015.
[22]孙诒让.古籀拾遗[M]//刘庆柱,段志洪,冯时.金文文献集成：第10册.北京：线装书局,2005：

252-255.

[23]孙诒让.籀庼述林[M]//刘庆柱,段志洪,冯时.金文文献集成:第16册.北京:线装书局,2005:461-466.

[24]张用衡.泰山石刻全解[M].济南:山东友谊出版社,2015:474.

[25]游国庆.毛公鼎的字数问题:兼述铭文内容并语译[J].故宫文物月刊,2008(309):38-47.

[26]国家图书馆金石拓片组.国家图书馆藏陈介祺藏古拓本选编:青铜卷[M].杭州:浙江古籍出版社,2008:16-18.

[27]陈红彦.金石碑拓善本掌故:一[M].上海:上海远东出版社,2017:55.

[28]唐友波.大盂鼎拓本评析:兼及早期青铜器全形拓[M].上海:上海大学出版社,2020:208.

# 编后记

王振良

2020年12月,国家古籍保护中心主办、天津师范大学古籍保护研究院和图书馆承办的《古籍保护研究》发展研讨会举行。与会专家学者针对如何办好《古籍保护研究》进行了专题研讨。根据专家学者的意见和建议,第八辑的栏目设置进行了重新整合,以期更加符合古籍保护及其研究工作的实际。本辑共刊出稿件17篇,分别纳入10个栏目。

"古籍保护综述"栏目刊文2篇。钱律进《第六批〈国家珍贵古籍名录〉和"全国古籍重点保护单位"评审工作综述》指出,建立《国家珍贵古籍名录》和命名"全国古籍重点保护单位",是党中央、国务院加强古籍保护的重要举措。文章重点介绍了第六批《国家珍贵古籍名录》和"全国古籍重点保护单位"评审过程,以及最终入选的珍贵古籍与藏书单位的特色,体现了相关流程的不断完善、评审细则的日益科学,对今后的申报和参评工作具有指导意义。陈怡爽、安平、赵洪雅《"十三五"时期古籍保护的宣传实践与特色》认为"十三五"时期是古籍保护事业的黄金时期,文章在详细梳理这一时期古籍保护相关政策法规的基础上,对"中华古籍保护计划"的宣传进行了重点回顾,并从策划、组织、传播三方面,总结出重点的宣传实践和宣传特色,对未来古籍保护宣传工作具有一定启示作用。

"探索与交流"栏目刊文3篇。姚伯岳、周余姣《从学问走向学科——古籍保护学科建设述论》强调,古籍保护学科建设是古籍保护人才培养的关键,是培养高质量古籍保护人才的基本保障。各种因素呼唤着古籍保护学科的产生,建议根据2020年8月全国研究生教育会议精神,在新增交叉学科作为学科门类的基础上,在其下设立古籍保护一级学科,这种设置既顺应与符合古籍保护的逻辑属性,又较增设文化遗产保护学科门类更加现实可行。文章建议,应按一级学科规模对古籍保护工作进行学科规划,并积极探索其建设和实现路径。古籍保护学科的独立,其作用不仅仅在于研究保存旧有实物,还可以借此探索新途径和新手段,使中华优秀传统文化既有继承又有发扬。柯平、胡娟、朱旭凯《关于古籍保护学科建设与人才培养问题的思考》指出,随着古籍保护事业不断推进,学科建设与人才培养的呼声越来越高。文章论述了古籍保护学科建立的学科背景、社会需求和已有基础,利用SWOT方法分析了古籍保护学科的归属问题,并在此基础上探讨古籍保护学科之研究重点和人才培养的战略走向,为未来古籍保护学科发展与人才队伍建设提供了基本建议。董桂存整理《〈古籍保护研究〉发展研讨会实录》,根据录音再现了前述《古籍保护研究》发展研讨会的专家发言。来自全国古籍保护领域的领导和专家四十余人齐聚天津师范大学,共商古籍保护工作暨《古籍保护研究》发展大计。在天津师范大学党委书记张玲,国家图书馆馆长、国家古籍保护中心主任兼《古籍保护研究》第一主编饶权在开幕式上致辞之后,与会专家针对本刊栏目设置、内容重点、突破方向等给予了指导和建议。

"普查与编目"栏目刊文1篇。洪琰《2012年至2020年全国古籍普查登记工作综述》,全面介绍了九年来全国古籍普查登记工作的成果,同时结合具体详尽的数据分析,从工作实施、主要成果、经验教训及在"十四五"时期的发展四个方面,对普查登记工作进行了总结,凸显了其对全面摸清古籍存藏情况、建立古籍总台账、开展全国古籍保护的价值和意义。

"修复与装潢"栏目刊文3篇。彭德泉、景一洵、彭克《四件敦煌遗书的修复与思考》介绍了四川西部文献修复中心抢救性修复四件敦煌遗书的过程,包括修复方案的制定、主要的修复环节、取得的实际效果等。四件敦煌遗书经卷纸张物理强度极低,并伴有严重霉变、酸化、脆化、粘连、板结等病害,部分已成粉状,修复难度巨大。文章通过与国家图书馆、河南博物院的修复案例对比,为敦煌遗书修复提供了新的经验。喻融《德国五家纸质文献修复机构考察情况及启示》,通过对德国五家纸质文献修复机构经营规模、经费、人才培养模式、主要修复或保护对象等情况的介绍,分析了德国纸质文献修复行业的特点,提出在我国个人修复工作室将重新迅速发展,区域性修复中心辐射作用将进一步加强,社会对高素质修复人才的需求将持续增加等观点。文章认为德国纸质文献修复行业的相关经验对中国古籍保护实践具有参考价值。韦胤宗《古代视觉材料中所见之古籍装具考》选题十分新颖，文章把视觉材料视作不同于书写材料、实物材料的一种文献，以古代绘画为主，辅之壁画、雕塑、版画中的图像，考察不同时期书籍盛装器具的面貌并借以分析其形制特征。因书籍形制的演进，古籍装具在不同时代有着不同的形制和特征，如卷轴时代以书帙为主，册页时代以书函最常见，佛道之卷轴与经折多以经函盛装等，而书帙和书函还各有子类。本文还借助古代视觉材料，全面考察了书帙与书函的外形特征，并较为完整地构建起古籍装具形制演进的图像谱系。

"保藏与利用"栏目刊文2篇。郭晓光、周华华、王璐《常压低氧气调技术在古籍保护中的应用与探讨》通过文献检索与分析，论述了低氧气调技术预防古籍损害的基本原理，包括低氧气调环境下对生物危害的抑制，延缓藏品的氧化，避免藏品遭受空气污染和不当湿度的危害，防火于不燃等预防措施的基本原理。文章还考察了影响低氧气调技术杀虫防霉效果的因素，如氧气浓度、置换气体的类别、低氧处理时间等。文章特别指出，氮气具有价格低廉、易制取等特点，在未来古籍保护及虫霉防治领域应用前景广阔。黄艳燕、杨光辉《纸质文物表面微生物研究及其采样方法优化》详细介绍了纸质文物表面微生物的研究价值、研究方法等，并就纸质文物的特殊性提出了微损采样方法的优化建议。

"再生与传播"栏目刊文1篇。郭玉海《甲骨传拓规范刍议》认为，安全和有序是一切文物整理工作的基本原则。甲骨拓片制作首先要保障文物安全，建立可资复查的文本档案；其次要制定直观确定、明晰可辨的拓片制作标准，以及完整无隙的后期整理流程。甲骨拓片制作进度以保证文物安全、拓片质量为唯一衡量尺度，切忌贪多求快。为保证可持续发展，相应专业人员应按年龄呈阶梯式培养，以实现长期储备。此外，纸墨材料的前瞻性预留，在相关业务中也十分必要。

"史事与人物"栏目刊文1篇。王沛、林世田《毕生心血付书山——丁瑜先生的生平与贡献》介绍了毕生从事图书馆事业的丁瑜先生。丁先生先后在出版总署图书馆（今中国版本图书馆）、北京图书馆（今国家图书馆）工作。他专注图书馆基础业务，首创图书提要卡片目录，参与编纂《中国图书馆图书分类法》；他热爱古籍事业，在文献搜采、典籍守护、技艺传承、善本书目编纂等方面笃行不倦，成就斐然。文章认为丁瑜先生在平凡岗位上成就了不平凡的业绩，是老一辈图书馆专家的典型和今天图书馆人的楷模。

"书评与书话"栏目刊文1篇。姚伯岳、凌一鸣《专业・专精・专深——〈江苏艺文志（增订本）〉评介》指出，《江苏艺文志》1987年发轫，1994年至1996年陆续出版，2019年在江庆柏主持下增订本问世。该书增订本对原版进行了细致的校对与增补，使之从质、量、体各方面趋于完善，并具有鲜明的地域性特征。《江苏艺文志（增订本）》的出版，为将来《中华艺文志》的编纂奠定了基础，提供了经验。

"版本与鉴赏"栏目刊文2篇。李致忠《连四纸误为开化纸考论》针对开化纸、开花纸、桃花纸名目混为一谈的现象展开论述，具体探讨了开化纸的名色、开化纸不产自开化县、连四纸广泛用于印书、误认连四纸为开化纸、连四纸误为开化纸的例证、清廷用开化纸印造《时宪书》等问题。文章还利用档案史料及古籍实物，对连四纸、开化纸的应用进行了考证和论述。这一研究深化了对古籍纸张的认识，对古籍版本鉴定等具有实践意义。丁延峰、丁一《覆写抑或仿写？——以毛氏汲古阁影抄本为例》提出，虽然"影"有照相式依样覆写和临摹两义，但现存古代影抄本皆属后者。作者通过对毛氏影抄本的查验发现，其所用白纸根本无法透写，而且笔画差别大，异文也不少，可据以判断古人所谓影抄并非蒙在底本上的覆写，或许古人有过类似操作，但以宋元佳刻为底本恐难以实现。文章认为出现笔画酷肖的影抄本，或是毛氏有意安排与原本笔法酷似的抄手摹写而成。现存赵均、钱曾、黄丕烈等名家影抄本，皆与毛氏影抄本情况相同。

"研究生论坛"栏目刊文1篇。苏文勇《天津师范大学藏毛公鼎拓本考》介绍了天津师范大学历史文化学院和图书馆所藏两份毛公鼎拓本。历史文化学院所藏拓本拓自陈介祺入藏时期的毛公鼎原器，拓工为陈畯；图书馆所藏拓本拓自晚清簠斋中所制摹刻版，其全形拓片乃雕版刷印。文章通过对图书馆所藏铭文拓本册页题跋的释读和评析，展示了晚清学者传统金石学的研究思路与方法。文章指出，册页内容的解读对毛公鼎其他拓本题跋的辨伪也具有借鉴意义。

随着《古籍保护研究》第四、五、六、七辑的陆续印行，本刊的影响也与日俱增，稿件的数量、品类、内容都日渐丰富。在本辑最后定稿时，多篇高质量稿件都被迫转入下期。这既体现了本刊的社会需求和生命活力，也给编辑部工作提出了更高要求，即今后用稿如何统筹把握，合理布局，优中选优，提升质量。面对这样的发展态势，我们既希望作者能够理解，同时也期盼作者继续支持！最后，例向顾问、编委、作者及大象出版社编校人员致以谢忱！

2021年7月5日

# 征稿启事

《古籍保护研究》集刊的编辑出版,旨在推行"中华古籍保护计划",为古籍保护工作者搭建一个古籍保护工作与研究成果的交流平台,广泛宣传古籍保护工作的重要意义,总结先进工作经验,及时发表古籍保护研究成果,推进古籍保护工作与学科建设向纵深发展。

本刊由国家古籍保护中心主办,自2015年底到2018年底共出版三辑。自2019年第四辑起,由国家古籍保护中心主办、天津师范大学古籍保护研究院承办,刊期半年,分别于每年3月31日、9月30日前由大象出版社出版,每辑约25万字。

本刊设定栏目为"古籍保护综述、探索与交流、普查与编目、修复与装潢、保藏与利用、再生与传播、人才培养、史事与人物、名家谈古籍、版本与鉴赏、书评与书话、研究生论坛、古籍保护大事记"等。敬希广大古籍保护工作者、专家学者及古籍爱好者垂注并赐稿。

一、稿件要求

1. 稿件必须为原创,要求观点明确,层次清楚,结构严谨,文风朴实。

2. 篇幅一般在1万字以内,有关古籍保护方面的重要工作综述、重要研究成果和特邀稿件不受此限。

3. 论文层级一般为三级,采用"一、(一)、1"的形式。文章结构为:文章标题(附英文标题)、作者姓名、摘要(100~300字)、关键词(3~5个,用分号间隔)、正文、参考文献、作者介绍。

4. 文章标题用三号宋体加黑,居左;作者姓名用小四号仿宋,居左;摘要、关键词用楷体,居左。正文用五号宋体,1.5倍行距;小标题加黑,居左空2格。

5. 参考文献列于文后,请按《信息与文献　参考文献著录规则》(GB/T 7714—2015)要求标注。

6. 注释采用页下注的形式,每页重新编号,均用圈码(①②③……)表示。

7. 所有来稿请提供作者基本信息,包括姓名、工作单位、职称或职务、联系地址、邮政编码、电子邮箱、电话号码。

二、投稿事宜

1. 请登录本刊网站(https://gjbh.cbpt.cnki.net),在页面左下方的"作者投稿系统"登录个人账户(首次投稿须注册),完成"导航式投稿"或"一步式投稿",投稿后可随时查阅审稿进程。

2. 来稿将在2个月内得到录用或退稿答复;如无答复,作者可转投他刊。

3. 来稿一般采用双向匿名外审制度,本刊将为作者保守个人信息。

4. 来稿一经刊用,即按本刊标准支付稿酬,出版后另寄赠样书2册。

5. 本刊已被中国知网收录,正式出版后所有文章可在中国知网内下载。

三、联系方式

联系人:周余姣　凌一鸣

电话:022-23767301

邮箱:gjbhyj2018@163.com

地址:天津市西青区宾水西道393号天津师范大学古籍保护研究院

邮编:300387

《古籍保护研究》编辑部
2021年7月5日